嬗变

近代以来山西乡村社会研究

苏泽龙 著

商务印书馆
创于1897
The Commercial Press

图书在版编目（CIP）数据

嬗变：近代以来山西乡村社会研究／苏泽龙著.—北京：商务印书馆，2022
ISBN 978−7−100−21117−8

Ⅰ.①嬗… Ⅱ.①苏… Ⅲ.①乡村—社会发展—研究—山西—近代 Ⅳ.①C912.82

中国版本图书馆CIP数据核字（2022）第076239号

权利保留，侵权必究。

嬗变：近代以来山西乡村社会研究

苏泽龙　著

商　务　印　书　馆　出　版
（北京王府井大街36号　邮政编码100710）
商　务　印　书　馆　发　行
北京顶佳世纪印刷有限公司印刷
ISBN 978−7−100−21117−8

2022年6月第1版　　　开本 710×1000　1/16
2022年6月北京第1次印刷　印张 16

定价：88.00元

《山西大学建校 120 周年学术文库》总序

喜迎双甲子，奋进新征程。在山西大学百廿校庆之时，出版这套《山西大学建校 120 周年学术文库》，以此记录并见证学校充满挑战与奋斗、饱含智慧与激情的光辉岁月，展现山大人的精学苦研与广博思想。

大学，是萌发新思想、创造新知识的学术殿堂。求真问理、传道授业是大学的责任。一百二十年来，一代又一代山大人始终以探究真理为宗旨，以创造新知为使命。无论创校初期名家云集、鼓荡相习，还是抗战烽火中辗转迁徙、筚路蓝缕；无论是新中国成立后"为完成祖国交给我们的任务而奋斗"，还是改革开放以后融入科教强国建设的时代洪流，山大人都坚守初心、笃志求学，立足大地、体察众生，荟萃思想、传承文脉，成就了百年学府的勤奋严谨与信实创新。

大学之大，在于大学者、在于栋梁才。十年树木、百年树人。一百二十年的山大，赓续着教学相长、师生互信、知智共生的优良传统。在知识的传授中，师生的思想得以融通激发；在深入社会的广泛研习中，来自现实的经验得以归纳总结；在无数次的探索与思考中，那些模糊的概念被澄明、假设的命题被证实、现实的困惑被破解……，新知识、新思想、新理论，一一呈现于《山西大学建校 120 周年学术文库》。

"问题之研究，须以学理为根据。"文库的研究成果有着翔实的史料支撑、清晰的问题意识、科学的研究方法、严谨的逻辑结构，既有基于社会实践的田野资料佐证，也有源自哲学思辨的深刻与超越，展示了山大学者"沉潜刚克、高明柔克"的学术风格，体现了山大人的厚积薄发和卓越追求。

习近平总书记在 2016 年哲学社会科学工作座谈会上指出，"一个国家的发展水平，既取决于自然科学发展水平，也取决于哲学社会科学发展水平。

一个没有发达的自然科学的国家不可能走在世界前列，一个没有繁荣的哲学社会科学的国家也不可能走在世界前列"。立足国际视野，秉持家国情怀。在加快"双一流"建设、实现高质量内涵式发展的征程中，山大人深知自己肩负着探究自然奥秘、引领技术前沿的神圣责任，承担着繁荣发展哲学社会科学的光荣使命。

  百廿再出发，明朝更璀璨。令德湖畔、丁香花开，欣逢盛世、高歌前行。山大学子、山大学人将以建校120周年为契机，沿着历史的足迹，继续秉持"中西会通、求真至善、登崇俊良、自强报国"的办学传统，知行合一、厚德载物，守正创新、引领未来。向着建设高水平综合性研究型大学、跻身中国优秀知名大学行列的目标迈进，为实现中华民族伟大复兴的中国梦贡献智慧与力量。

目　录

导　言 1

集体化制度视角下的社会嬗变

20 世纪 50 年代农村生产互助与国家扶助措施研究 6

新中国成立初期传统农业改造研究 20

20 世纪 50 年代农业生产体制变革研究
　　——以太原市郊区晋华村为中心 32

改革开放后农村双层经营体制下集体作用研究 45

自然生态视角下的社会嬗变

罂粟种植与清末山西农民生计问题 62

明清以来文峪河流域环境与社会经济变迁 75

鸦片与近代开栅 89

农业技术视角下的社会嬗变

20 世纪 50 年代山西现代农业技术路径探索 98

集体化时期的农业机械化与乡村社会 107

乡村视野中的农业技术与社会变迁 123

新中国成立初期山西农业技术推广与乡村社会 134

劳动与变迁：新中国农具推广与农民生活研究
　　——以山西省为中心 145

文化教育视角下的社会嬗变

灌溉与稻作：晋水流域民间文化信仰研究 158

民间文化与区域社会历史研究 172

抗日战争时期太行根据地的冬学运动 180

20 世纪 40 年代山西冬学与乡村社会 187

20 世纪 50 年代山西农村扫盲与农业生产研究 198

社会嬗变的历史理论思考

技术与社会为中心的区域社会史研究的路径问题 212

小地方与大历史 228

导　言

　　在传统农业社会的劳动中，农民自发组织变工互助提高生产，但未形成固定模式，只限于少数农户之间临时搭伙，无法从根本上改变生产方式。新中国成立初期，全国范围内完成土地改革，并借此发展农业、改造农村社会，广大农民的生产热情得到极大提高，生产力获得解放。然而，农民虽然分到土地，但缺乏必要的生产资料，许多地区的农业生产无法正常开展。变工互助成为土改后解决农村生产困难的主要方式，但传统互助模式存在持久性差、不公平等价等诸多弊端，无法满足广大农民日益增长的生产需求。为妥善解决这些弊端，国家向农民发出"组织起来"的号召，帮助农民克服生产困难，以此改良传统农业和互助模式，促进基层农村的合作化进程。互助合作制度在对传统农业改造的同时，还促进了农村社会变化，显现出新中国的制度优势。壮大新型农业互助组织开始成为基层农业发展的制度性措施，亦是集体化时期构建农村新社会的重要途径。十一届三中全会召开后，广大农村率先进行改革，实行家庭联产承包责任制，包产到户顺应了当时生产力的发展要求和农业发展状况。但随着新型大农业生产趋势的出现，小农户的生产逐渐面临农业技术、机械难以推广等一系列问题，农户分散经营面临诸多弊端。党中央顶层设计与各级地方基层探索相结合表明：只有发挥集体的作用，壮大集体组织的经济实力进行统分结合、双层经营才能有效地应对分散经营带来的一系列问题。集体作用的重提、集体经济组织的壮大成了解决分散经营难题的关键。

　　有关环境史理论研究的属性、目的、内容等方面已上升到哲学高度，进一步明确环境史不能单纯地以自然环境为考察对象，更要将自然环境的研究与社会变迁结合起来。历史时期的山西水资源丰富，有众多的河流、湖泊和泉水，并形成不同的区域历史文化。晋水是晋祠难老、善利、鱼沼三泉汇聚而成河流的一个总称，晋水水量充沛稳定，灌溉历史悠久，其灌溉田地高峰时达千百顷，周边受益村庄30余个，是当地水稻生产的主要水源。晋祠水稻也因泉水灌溉久负盛名，历史悠久的稻作生产使晋水流域生成并衍化出一系列文化信仰。晋水流域老百姓供奉神祇众多，信仰体系繁杂，但无一例外地都打上了水的烙印，成为晋祠地区化历史的一个重要特征，亦成为人与环境和谐的发展典范。但历史上也存在破坏环境最终限制发展的情形，近代的山西省一度成为鸦片泛滥的重灾区，乡村普遍种植罂粟。这真实地体现了自然环境促使近代山西农民向市场需求妥协，做出牺牲环境换取经济利益的生计选择。因此，看似关于历史时期环境问题的探讨，其实对于当代生态文明建设仍具有现实意义。乡村社会经济的发展是中国社会近代化过程中的重要组成部分，对于社会变迁问题的探讨离不开自然生态环境的演变。

农业从传统到现代转变的核心是农业技术的变革，即农业技术路径选择的过程。近代以来，国人曾尝试通过良种引进、提高种植技术等多种方式来进行传统农业改造，力求达到改变农村社会的目的。但是这种单纯通过改造农业技术或提高文化水平来改变中国农村社会的方式，其实际效果微乎其微。直至新中国成立前，中国农民基本上还是延用着传统的农业技术，生活在一成不变的农村社会。事实证明，在为农民提供新技术的同时也必须有相应的制度保障。新中国成立初期，先进地区的生产经验证明："互助合作与新的技术密切结合起来，是互助合作运动新的发展方向。"20世纪50年代，山西省开展农业技术变革工作，以从传统到现代化演进的角度显示出农业技术发展的路径选择。在此过程中，农业技术与乡村社会存在必然联系。以山西省华村为例，作为中国农村社会中比较典型的一个村庄，华村农业生产的主要资源主要依靠晋祠泉水，传统农业社会中的稻田灌溉技术发展过程，逐渐形成以"水"为中心的乡村社会体系。新中国成立后，华村的农业生产实现了由传统"依水而作"到"技术种田"方式的转变。农业技术的衍生和发展是每个地区不可忽视的重要内容，因为它既代表着本地区生产力的发展方向，也能够反映本地区各种因素影响的合力。

在乡村社会变迁中，文化教育向来是一项举足轻重的影响因素。山西省先后发动的"冬学"和"扫盲"成为开展教育、宣传文化的重要方式，形塑了山西省乡村社会变迁路径。冬学是山西农村社会中存在的一种传统文化教育方式，其以形式多样、寓教于乐而受到广大农民的欢迎。在20世纪40年代的战争环境中，中国共产党以山西根据地为依托对这一文化形式进行了重新构建，新"冬学"将农民的文化普及工作与民众教育相结合，将农民的生产、生活与中共农村政策相结合，使农民群众在接受新文化的同时完成了对根据地乡村社会的改造。传统文化的变迁与乡村社会改造是20世纪40年代山西根据地社会的两大主题，冬学的承传与构建是中共在农村社会中因地制宜利用传统文化进行现代化建设的一个创举。到新中国成立初期，扫盲运动成功延续了冬学对农村和农民的积极影响，最终作用于山西省范围内的农业生产。在农村社会发展亟须解决农业生产方式落后、民众文化知识匮乏等问题时，山西省通过在农村开展识字扫盲工作，农民群众初步掌握了文化知识，纠正了对农业生产的认识，改变了农村几千年来的耕作方式，推动了农业新技术的普及和农业生产的发展。更为重要的是，农民识字人数的增加、农民知识群体的建立推动了中国农业合作化的发展，对整个社会产生了重要影响。

新中国成立初期，各级政府因势利导，将开展改良农业技术、推广新农具等新技术工作与互助合作相结合确定为农业生产新的发展方向。"农业技术"作为一个学术研究概念反映出农村社会变迁的特征。从"农业技术"的视角延伸到整个社会的变迁，从地区生态环境出发，因地制宜地推出农业技术，从帮助农民基层劳动入手转变农村生产方式，通过与生产实际结合的文化教育改造农民传统生产思想，"小概念""小地方"成为社会嬗变过程中的重要组成部分，也是近代山西乡村社会逐步走向现代化过程的重要内容。正是社会史研究所倡导的以小见大的研究范式，促使许多曾经被忽略的研究对象由边缘走到中心，成为深化社会史研究、建构区域社会史的一种重要理论与方法。

近年来，区域社会史研究日渐繁荣，并逐渐形成自己的研究范畴。《嬗变：近代以来山西乡村社会研究》一书关注近代以来山西乡村社会特征的主题，除涉及的问题都具有明显地域特征，体现近代以来山西乡村社会的特点外，还将上述问题置于大历史的背景下讨论，包括历史唯物主义史学的制度、技术、生态、文化问题。这样有利于全面地还原历史真相，阐释社会发展脉络，也厘清了区域史与大历史研究的不同，为这一学科的独立研究奠定了基础。鉴于社会史是一门研究范围广、研究对象多元化的学科，有着其特有的学科研究特点，本书选刊的文章坚持了社会史研究的这一多学科、多文献结合的方法，还根据山西乡村社会特征提出一些新的观点与方法，比如把农业技术、文化教育视为社会结构所要讨论的核心内容，这有别于传统史学的观点，避免陷入区域史研究的碎片化、同质化问题，突破了当今社会史研究的一些瓶颈。本书是区域社会史著作，在资料的收集和使用过程中，地方档案就显得尤其重要，它们的运用是对本书研究成果真实性的体现。此外，还运用了报纸、地方文献、未刊行的民间史料以及口述资料，它们也反映了鲜活的历史。在丰富史料的基础上，本书从历史唯物主义关于社会历史发展动力的整体框架来认识、分析和研究山西区域社会史，既不能脱离一定时期的生产力发展水平，也不能忽视自然生态等一定历史条件下的社会生产关系，同时须重视制度、教育文化对社会发展的重要作用，这一研究新路径的提出有利于推动社会史研究的发展。

集体化制度视角下的社会嬗变

20世纪50年代农村生产互助与国家扶助措施研究

一、新中国成立初期农业生产与农村社会状况

新中国成立后，政府积极推进土地改革，恢复农业生产。1950年6月，中央人民政府颁布了《中华人民共和国土地改革法》，以立法的形式确立了农民土地所有制。截止到1952年年底，除新疆、西藏等少数民族地区及台湾省以外，土地改革在全国范围内基本完成，约3亿农民分到了7亿亩左右的土地。[①] 土地改革消灭了封建剥削制度，解放了农村生产力，但持续不断的战乱使农民在获得土地后，却要面对生产资料匮乏的困境，即使在早已完成土地改革的老解放区，农民手中有限的生产资料仍是制约农业生产发展的主要因素。以农具和耕畜为例，"据山东省16县49个典型村的调查统计，农民平均缺犁14%，耙20%，耧10%"。河南省全省共有旧犁2025606件，农户总数为6879939户，平均每户有犁0.29件。[②] 山西省5个典型村"平均每户富裕中农有两头大牲口，中农平均不到一头，贫农平均三户才有一头。太行山区许多村子，平均三四户才有一条驴"。"在各个老解放区，犁、耧、耙齐全的农户只占少数，水井、水车、大车、小车都不够最低的需要"。[③]

生产资料匮乏的情况在贫雇农中尤其突出。陕西省长安县高家湾村，"全

---

① 廖鲁言：《三年来土地改革运动的伟大胜利》，《人民日报》1952年9月28日。
② 中国社会科学院、中央档案馆编：《1949—1952中华人民共和国经济档案资料选编·农业卷》，社会科学文献出版社1991年版，第407页。
③ 杜润生主编：《当代中国的农业合作制》（上），当代中国出版社2002年版，第94、95页。

村 167 户农民，土地改革后，8 户雇农还全无牲口；107 户贫农只有 36 户有牲口，还有 71 户没有牲口……大车、水车都很缺，雇农两样都没有；贫农 107 户只有两辆大车、三辆水车……其他农具，贫农还缺的不少，中农也有缺的，雇农缺的更多"①。在山西省代县的一些村庄也存在同样的问题，槐树院村有 48 户人家，180 口人，1700 亩耕地。土地改革后，广大农民分到了土地，但贫农既没有牲畜，又少农具，全村只有 10 头毛驴，而且大部分掌握在中农手里。②

由于缺乏生产资料，农户的生产面临很大困难。在山西省太原市南郊的南大寺村，"农民虽然分得了土地，但是劳力、农具、畜力和耕作技术既紧缺又不平衡，不少人家不能适时耕种、管理和收获"。北郊后王村"农民缺乏牲畜、马车、水车、犁耙等生产工具和资金，生产条件很差，有 20 多户贫雇农有土地而无力独立进行生产"。③

调查资料显示，在湖南省浏阳县的一些地区，部分农户出现了经济困难，竹玉、茶园两村因土地、耕牛、农具分散原因经济下降的有 20 户，占两村农户总数的 9%，其中贫雇农 14 户，约占贫雇农的 10%。部分农民不得不出卖家具和日用必需品，土地改革后贫农刘友田分得土地，但因缺少劳动力，缺乏生产资料，"他家早在今年二月间已无米下锅，从去冬起，即开始变卖什物……目前正急待出卖仅存的床、桌等日用必需品"④。在中南地区的部分村庄中，"一般贫雇农都缺粮两三个月，个别缺粮四个月"⑤。因无力

---

① 中国社会科学院、中央档案馆编：《1949—1952 中华人民共和国经济档案资料选编·农村经济体制卷》，社会科学文献出版社 1992 年版，第 481 页。
② 山西农业合作史编委会：《山西农业合作史典型调查卷》总卷第 1 册，山西人民出版社 1989 年版，第 578 页。
③ 太原市农业合作史编辑委员会：《太原农业合作史·典型村社史》，山西人民出版社 1993 年版，第 66、48 页。
④ 中国社会科学院、中央档案馆编：《1949—1952 中华人民共和国经济档案资料选编·农村经济体制卷》，社会科学文献出版社 1992 年版，第 484 页。
⑤ 同上注，第 482 页。

生产，一些贫困户开始依靠出卖土地来维持生活。根据山西省忻县地委调查，因缺乏耕畜和生产投资，静乐县丰润村40户农民和忻县部落等3个村的113户农民都出卖了土地，其中鳏、寡、孤、独等无劳力户占15.73%，难以维持生活的农户占到26.54%。[①] 在河南省的5个典型乡中，土地改革后卖地者92户，占总户数1711户的5.4%，其中贫雇农有65户。在卖地原因中，人畜病亡与生活困难的户数占52%。[②] 许多地区的高利贷剥削情况又有所抬头，部分农户因缺乏生产资料不得不通过举债来维持生产。据1950年对山西省太原市郊区40个村庄的调查，"其中15个村庄都有借高利贷的现象"[③]，仅南大寺村就有"30多户苦于生产没底垫，借债受高利贷剥削"[④]。

此外，土地改革后，个体劳动的生产局限性也十分突出。"个体农民在单独进行生产中，遇到了许多个人所不能克服的困难，如耕田时有牛没人，便不能耕；挖河泥、拉水车等事，一个人做不成；或光有劳力而无牛、船、水车，或单有牛、船、水车等而缺少劳动力，或劳动技能不好等等。"[⑤] 如果遇到灾害，个体或贫困农民的风险抵御能力则更差，"1950年夏，太原阳曲县上后背村大面积土地遭受了历史上罕见的冰雹和虫害侵袭，灾情十分严重，粮食减产四成以上"[⑥]。

面对土地改革后农村出现生产困难的状况，一些地区开始自发地组织变

[①] 中国社会科学院、中央档案馆编：《1949—1952中华人民共和国经济档案资料选编·农村经济体制卷》，社会科学文献出版社1992年版，第487页。

[②] 同上注，第488页。

[③] 太原市农业合作史编辑委员会：《太原农业合作史·总卷》，山西经济出版社2001年版，第45页。

[④] 太原市农业合作史编辑委员会：《太原农业合作史·典型村社史》，山西人民出版社1993年版，第66页。

[⑤] 中国社会科学院、中央档案馆编：《1949—1952中华人民共和国经济档案资料选编·农村经济体制卷》，社会科学文献出版社1992年版，第513页。

[⑥] 太原市农业合作史编辑委员会：《太原农业合作史·典型村社史》，山西人民出版社1993年版，第208页。

工[①]生产。传统农业生产中的劳动互助变工,成为土地改革后解决生产困难的主要方式。

二、生产互助中的国家扶助措施

新中国成立初期,农村生产互助的特点是依照惯习,在土地私有制的基础上,农民按照等工或等价交换的原则实行变工互助,这一生产方式符合农民在人力、物力、畜力上互相调剂的需要。以1950年年初山西省农村为例,"富农和富裕中农占有车马、农具和较好的土地,但因为不能雇人,而缺少劳力。贫雇农户虽有劳力但缺少生产工具。于是二者之间出现了变工互助的形式。比如,贫农王富贵与有车马的乔满红变工,王富贵用乔满红的车马耕作,王富贵给乔满红以劳工顶替车工"[②]。有着历史传统的变工互助,对于土地改革后的农业生产起到了积极作用。为了进一步引导变工这一互助方式,国家向农民发出了"组织起来"的号召,赋予劳动互助组"享受国家贷款、技术指导、优良品种、农用药械和新式农具的优先权,以及国家贸易机关推销农业和副业产品、供给生产资料的优先权"[③]。

1950年,为解决农民的困难,"河北、平原、察哈尔、绥远四省即发

---

① 变工是中国农村社会中一种传统的生产互助方式,一般是由本村的几户农民组成,按照等价互利的原则,通过人工与人工或人工与畜工互换的方式,轮流帮助各家各户进行生产劳动,到秋收后统一结算。这种生产互助方式在全国农村都很普遍,在北方称作"插犋""札工""拨工""对工",南方则叫作"伴工""换工""参忙"等。

② 太原市农业合作史编辑委员会:《太原农业合作史·典型村社史》,山西人民出版社1993年版,第48页。

③ 中国社会科学院、中央档案馆编:《1949—1952中华人民共和国经济档案资料选编·农业卷》,社会科学文献出版社1991年版,第39页。

放各种生产、救灾贷款达二亿余斤小米"①。1951年，华东区发放的农业贷款比上一年增加近30%，"其中半数以上是肥料贷款，其余是一般农业贷款（小型农田水利、药械、新式农具、牲畜等）和大型水利、渔业、林业贷款"②。1952年，中央人民政府除大型水利修建和肥料贷款外，决定下拨的农业贷款达到了1万亿元（旧币，下同）。③为了发挥资金的最大效用，国家银行在农业贷款工作上给予了农民组织适当的支持，以促进合作事业的发展。为此，农业部和人民银行专门发布联合指示，"各地人民银行应通过农贷工作奖励农民组织起来，因此，发放农贷要以群众（农民、渔民、牧民）组织、生产互助小组为对象，鼓励农民集体使用农贷。对于已经在生产上组织起来的农民，要优先给以贷款，酌予减低利息"④。山西省当年共发放国家农业贷款1800亿元，主要用于购买肥料、水车、农具和农药等生产资料。其中，农业贷款大部分贷给了互助组和农业社，用贷款购买的水车、农具、机械都成为互助组的公共财产。⑤河北省规定"对互助组贷款有让息二厘的优待"，河南、湖南、江西等省"对耕牛贷款采用了'伙贷、伙养、伙用'的方法，使同样数量的贷款集中地解决更多人的困难"。⑥

在东北等地，政府还根据具体情况对不同类型的互助组进行贷款扶植。第一是"对大型健全、长年不散、农副业结合的互助组织，要扶助使其提高

---

① 中国社会科学院、中央档案馆编：《1949—1952中华人民共和国经济档案资料选编·农业卷》，社会科学文献出版社1991年版，第888页。解放战争时期，由于各解放区分别发行了币值不同的货币，以小米为货币单位计算是为方便各解放区统一财政预决算和供给标准，这种方法在1949年以后的一段时期内仍在沿用。
② 《中央农业部和人民银行发布联合指示，及时发放农贷，配合爱国丰产运动，华东区发动农业增产竞赛运动并开始发放农业贷款》，《人民日报》1952年3月22日。
③ 江夏：《做好农贷发放工作，支援农民提高单位面积产量》，《人民日报》1952年3月23日。
④ 《中央农业部和人民银行发布联合指示，及时发放农贷，配合爱国丰产运动，华东区发动农业增产竞赛运动并开始发放农业贷款》，《人民日报》1952年3月22日。
⑤ 山西省农业合作化史编委办公室：《山西省农业合作化史综述卷》，中央文献出版社2002年版，第108页。
⑥ 江夏：《做好农贷发放工作，支援农民提高单位面积产量》，《人民日报》1952年3月23日。

改进生产技术，改良畜种增强畜力，贷给马拉农具，促使土地联在一起，引导土地入股"，"发展为生产合作社形式，作为其他互助的典范"；第二是"对较健全的插三大季的小组"，"贷给新农具，调剂补充畜力"，"解决副业生产周转资金，促其农业副业结合，巩固提高到长年组织"；第三是"对农村未上升及部分下降农民，应采取积极扶持方针以使其有力量和条件参加较健全的互助组织……以资促使其经济生活迅速上升"，"力求金额小、作用大，并避免单纯救济"，"形成扶助富裕，要从生产出发，使困难户打下生产基础"。[①]通过贷款促进和鼓励农民组织生产互助，对发展和巩固互助组起到了很大作用。"1952年，山西全省互助组数量达到28.059万个……比1951年增加79%。"[②]

国家还通过专项贷款推广新式农具的使用。新式农具因为效能高，适合于伙贷、伙用，所以对于农业互助组织的发展起到了积极的推动作用。山东省"栖霞县七区邢家庄谢佑何互助组贷用新式犁后，便有五个单干户要求参加"。"察哈尔省推广的新式农具，百分之八十以上是贷给了互助组，其中大部互助组是因为要贷犁临时组织起来的。东北海伦县十七区禄生村王永珍互助组，今年为了使用新式农具，改变了组织形式，由六户增加到十一户"。[③]山西省太原市南街村王变全互助组，筹集资金"购买了一部新式七寸步犁，开荒10亩种水稻，还买了一台手摇脱粒机、一台脚踏打稻机、一部灭草喷粉机等新式农具发展生产"，显示了互助合作的优越性。到1951年年底，互助组很快增加到4个。[④]由此可见，新式农具不仅成为单干农民组织起来的

[①] 中国社会科学院、中央档案馆编：《1949—1952中华人民共和国经济档案资料选编·农村经济体制卷》，社会科学文献出版社1992年版，第643—644页。

[②] 山西省农业合作化史编委办公室：《山西省农业合作化史综述卷》，中央文献出版社2002年版，第108页。

[③] 中国社会科学院、中央档案馆编：《1949—1952中华人民共和国经济档案资料选编·农业卷》，社会科学文献出版社1991年版，第433页。

[④] 太原市农业合作史编辑委员会：《太原农业合作史·典型村社史》，山西人民出版社1993年版，第134页。

主要因素，而且巩固了已有的农业互助组织。

新中国成立初期，农民习惯于传统的农业生产方式，许多互助生产仍是沿袭过去的传统。因此，改良传统农业生产方式就成为人民政府促进农业合作发展的重要工作。资料显示，在完成土地改革后，国家始终将农业技术改良作为促进农业互助生产的主要措施。1949年，全国农业工作会议把推广良种作为农作物增产的重要措施。其后，"农业部先后开展了玉米和棉花群众性的选种活动，发掘农家优良品种"[1]。根据这一精神，地方政府相继开展了优良品种的遴选。1950年，"山西省人民政府发出《关于秋季选种工作的通知》，提出了搞好选种工作的四点指示"[2]，"推广的玉米新品种有华农2号、英粒子、金皇后、白马牙、密脂黄等"[3]，等等。到1952年，"全国良种种植面积达到813.3万公顷，比中华人民共和国成立前扩大了11倍，其中棉花优良品种种植面积已占棉花总种植面积的50%以上"[4]。同时，国家还下发了一系列文件对主要农作物的种植进行技术指导，"农业部除颁布农业生产《技术指导总纲要》外，还颁布了《水稻丰产指导纲要》《冬小麦丰产技术试行纲要》《棉花丰产技术指导纲要》"[5] 等，积极推进耕作技术的进步。这些促进农业生产方面的举措，大都是围绕农业互助合作开展的。

1952年5月10日，中共中央转发东北地方局《关于推行农业合作化的决议》，该决议提出了政府促进农业互助合作与经济发展的具体方针政策，"例如，建立新式农具技术指导站和推广站；在农民中培养农业技术人才；轮训县、区、乡、村和合作社干部；改良马种等"[6]。在推进这一工作的过程中，"农业技术人员深入农村传授科学技术，不少村庄建立了技术研究委员

---

[1] 武力、郑有贵编：《解决"三农"问题之路》，中国经济出版社2004年版，第321页。
[2] 杨文宪主编：《山西农业大事记》，山西经济出版社2003年版，第9页。
[3] 太原科学技术志编纂委员会：《太原科学技术志》，山西人民出版社1993年版，第152页。
[4] 武力、郑有贵编：《解决"三农"问题之路》，中国经济出版社2004年版，第321页。
[5] 同上注，第322页。
[6] 同上注，第311页。

会、技术小组、小农场与示范户，印发各种技术手册、技术图表及说明书，举办了农业技术展览会，总结和交流了提高农业技术的经验，使农业科学技术逐渐与农民生产经验相结合"[1]。山西省基本形成了以互助组为基础的农业技术传授网，其中"黎城县1331个互助组建立了高额丰产地，交城县1098个互助组有农业技术员"[2]。各地政府根据农业生产的实际情况，积极把新技术引入互助生产，"使互助组与提高耕作技术、土地加工、发展水利、植树造林、繁殖牲畜、组织供销等事业结合起来，大大充实了互助组的生产内容，增加了组员的财富，从而也就巩固和提高了互助组。同时由于群众觉悟程度的提高和生产发展的实际需要，一部分互助组已开始积累与建立了若干合作财产，如伙买伙用大农具或新式农具，伙买伙喂牲口，伙养羊群，伙打水井，伙安水车，伙搞副业，集体开荒和伙建义仓等，解决了一家一户农民不能解决的困难，这对农民参加互助组有积极的教育和诱导作用"[3]。

随着各项农业扶助措施的实施，互助生产在全国各地农村很快发展起来，据国家统计局资料显示，到1951年，全国"互助组发展到423.6万个，有1916万多户参加，约占农户总数的近18%，主要分布在老区和半老区"。在全国各大区中，"东北区参加互助组的农民为农户总数的57.3%，华北区为38.6%，西北区为20.5%，华东区为11.6%（其中山东省为35%），中南区为13.1%（其中河南省为34.5%）"[4]。到1952年，全国"共有农业互助组802.6万个，参加互助组的户数4536.4万户"[5]。新中国成立初期，农村互助组的发展是国家农村社会扶助事业发展的历史起点。

---

[1] 中国社会科学院、中央档案馆编：《1949—1952中华人民共和国经济档案资料选编·农业卷》，社会科学文献出版社1991年版，第886—887页。
[2] 山西省农业合作化史编委办公室：《山西省农业合作化史综述卷》，中央文献出版社2002年版，第108页。
[3] 中国社会科学院、中央档案馆编：《1949—1952中华人民共和国经济档案资料选编·农业卷》，社会科学文献出版社1991年版，第886页。
[4] 杜润生主编：《当代中国的农业合作制》（上），当代中国出版社2002年版，第105页。
[5] 高化民：《农业合作化运动始末》，中国青年出版社1999年版，第65页。

三、新型农业互助与农村新社会的构建

传统农业生产是以"一家一户""自给自足"方式进行的，家庭成员就是主要劳动力，家庭组织即为经营单位。在这种小农生产方式中，每个家庭的资金、工具、人力等生产资料的投入是十分有限的，因而，各地普遍存在变工。新中国成立初期，虽然各地开展的变工互助对农业生产起到一定的积极作用，但如果缺乏资金和技术的投入，只单纯地增加劳动力其成效毕竟是很有限的。因此，"互助合作与新的技术密切结合起来，是互助合作运动的新的发展方向"[①]，各地在国家提供的资金、新式工具、农业技术等扶助措施下开展起新型的农业互助生产。

第一，传统农业生产方式中变工多由亲戚或朋友组成，组织范围有限且随意性强，生产的目的是维持生计，缺少扩大再生产的动力。新中国成立初期，新型农业互助是在政府主导下自愿结合，按照等价交换和民主管理原则组织的农业生产互助，政府成为农业互助生产的主体。察哈尔省土地改革全部完成后，基于多数农民生产的需要，政府要求 70% 的农户"参加了合资伙养牲畜、人畜变工、集体成摊、伙买农具、三户合伙用一耧、人力拉犁、以工换料等各种合作互助的生产形式"[②]。这种互助方式打破了村庄原有变工的合作范围，避免了在变工过程中因资金、工具、人力等生产资料的不平等而导致农村社会产生新的剥削现象。

第二，传统农村生产互助的成员多经济贫困，或缺少农具和牲畜，通过

[①] 山西省农业合作化史编委办公室：《山西省农业合作化史综述卷》，中央文献出版社 2002 年版，第 63 页。

[②] 中国社会科学院、中央档案馆编：《1949—1952 中华人民共和国经济档案资料选编·农村经济体制卷》，社会科学文献出版社 1992 年版，第 521 页。

人工调换农具、牛工，采用"以工调工""穷帮穷"的办法互助，以解决农业生产中遇到的问题，这种单纯的"工工互助"不利于新工具、新技术的推广应用。政府引导的新型农业互助，强调生产必须与提高农业技术相结合，要逐步开展改良农具，推广新式农具，改良土壤，防治病虫害，兴修水利，精耕细作等工作，①以充实并提高劳动互助的内容。

第三，新型农村互助生产，不但可以克服传统农业生产方式中劳动力不足的困难，而且可以开展个体农民无法进行的农业基础设施建设。例如，河南省鲁山县水旱灾害危害甚大，人民政府领导组织群众开渠、修河、筑堤、打井，全县共计开排水渠61道，能保护土地1.5224万亩；筑堤164道，堵决口24处，能保护土地2.955万亩；修复灌溉渠8道，可灌溉土地2653亩；修复、新打水井39眼，修理、新购水车58架，共可浇地1650亩。②这些农业基础设施的建成和修复，较好地解决了当地水旱灾害频发的问题，为促进农业生产的发展奠定了基础。

第四，政府积极引导新型互助生产，发展多种经济，避免传统农业单一生产。中共中央在《关于农业生产互助合作的决议（草案）》中明确指出："用种子、肥料和农具贷给农民，从而帮助他们能够有效地组织起来"，"成立各种特种作物，例如棉花、麻、花生、烟叶等等的互助组和生产合作社，各种副业和手工业的生产合作社，以及修水利、修滩、造林、经营水产和牧畜等的互助组和合作社"。③1951年春，吉林省永吉县二道沟村供销合作社积极组织棉、麻、大豆等农民互助组，与1950年相比，全村"多种大豆51垧、洋麻12垧、大麻子6垧和向日葵13垧"④。

---

① 山西省农业合作化史编委办公室：《山西省农业合作化史综述卷》，中央文献出版社2002年版，第63页。
② 中共鲁山县委宣传部：《鲁山人民摆脱了饥荒》，《人民日报》1950年12月29日。
③ 中国社会科学院、中央档案馆编：《1949—1952中华人民共和国经济档案资料选编·农村经济体制卷》，社会科学文献出版社1992年版，第508—509页。
④ 同上注，第634页。

第五，政府开拓购销渠道，新型农村互助组成为农村经济、社会发展的有利保障。土地改革后，一些老区农村已开始出现商业、雇工、高利贷三种剥削，阶级分化现象严重。为防止新的阶级分化，农民也迫切要求发展生产、供销、信用的互助合作。① 为此，中共中央明确规定："国营经济机关，或者经过供销合作社，或者直接和农业互助组及农业生产合作社，成立各种可能的经济上的合同。"②

全国各地农村建立新型农业互助组织后，农村社会也随之发生了新变化。农业生产得到恢复与发展，广大农民收入增加，生活水平普遍提高。江西省萍乡县芦溪区易瑞生互助组，"全组共 11 户，69 人。1950 年成立，现已由原始换工互助发展成为一个常年定型的互助组"。互助组每亩"平均收稻谷 903 斤，超过全村最好单干户单位面积产量的 16% 以上，比一般的高 30%"。全组原有"耕牛八头、犁十七张、耙十五张，今年买了一头半牛、五张犁和二张耙。全组原有猪十七只，今年又增添了十四只。过去生活困难的，现在都不那样困难了，一般餐餐有油，吃大米饭，并有四户各添新棉被一床，三户制了蚊帐，三十三人做了棉衣，今春男女都做了一身单衣"③。在华东地区，互助合作初步改善了农民的生活，"贫雇农都有了养猪养鸡的能力，新的茅屋添了不少，过年大都穿上了一袭新衣，合作村还有三个雇工结了婚，穿上新棉鞋"④。据统计资料显示，互助合作开展后，全国"按人口平均，粮食产量从 1949 年的 209 公斤增加到 1952 年的 288 公斤。随着粮食生产的恢复和发展，按国家规定缴纳农业税后，农民自己留用粮食（包括生产用粮和生活用粮）逐年有所增加。1952 年与 1949 年相比，农民留用粮食增长 26.4%"⑤。随

---

① 中国社会科学院、中央档案馆编：《1949—1952 中华人民共和国经济档案资料选编·农村经济体制卷》，社会科学文献出版社 1992 年版，第 643 页。
② 同上注，第 508 页。
③ 同上注，第 587 页。
④ 《华东二万余乡土地改革后农村一片新气象》，《人民日报》1951 年 3 月 13 日。
⑤ 吴承明、董志凯主编：《中华人民共和国经济史》第 1 卷，中国财政经济出版社 2001 年版，第 920—921 页。

着各地新型农业互助组织的发展，农民生活保障也有了长足的进步。在传统农业生产方式中，农民的生活保障主要来自家庭，这种低水平的保障相当脆弱。在土地改革完成后，农民虽然分到了土地，但是"许多贫农，则因为生产资料不足，仍然处于贫困地位，有些人欠了债，有些人出卖土地，或者出租土地"①。一些地区农民的生活依然无法保障，在河南省宁陵县逻冈乡，土地改革后，周门清全家6口分得了15亩地、1头驴和480斤高粱。由于右腿残废，妻子眼睛有病，孩子小，只能依靠出租土地生活，一年中有4个月得挨饿。合作化开始后，周门清参加了互助组。虽然不能下地参加生产，但周门清有磨油的技术，仅1952年2—4月，周门清磨出的油已经为组里赚了67万多元，给组里添了不少农具、种子。②在互助合作发展的过程中，一些常年互助组在群众自愿的基础上"采取积累公积金和公益金的方式，用以准备扩大生产的物质基础和防备天灾人祸"③，"在华北、东北和山东的某些老解放区，已经出现在劳动互助组中的积谷义仓（即公积金）"，对此政府给予了支持和提倡。④

互助合作运动开展后，全国农村的社会结构出现了中农化趋势。"1954年与土改结束时相比，贫雇农占农户总数的比例从57.1%下降到29%，中农占总户数的比例从35.8%上升到62.2%，接近2/3，中农还成为农村生产资料的主要拥有者"，广大农民通过自己的劳动逐步解决了生活问题，农村中的贫困户在逐步减少。"严重困难户约占贫农户的1/3，占农村总户数的10%。"⑤新技术在农业互助组织的推广应用，不但推动了农业生产的发展，而且成为构建农村新社会的重要途径。农村劳动妇女在土地改革中享有和男子同样的权

---

① 《毛泽东文集》第6卷，人民出版社1999年版，第437页。
② 翟苏：《河南宁陵逻冈乡右腿残废的周门清加入互助组搞副业生产帮助组里添买农具》，《人民日报》1952年5月20日。
③ 中国社会科学院、中央档案馆编：《1949—1952中华人民共和国经济档案资料选编·农村经济体制卷》，社会科学文献出版社1992年版，第506页。
④ 同上注，第500页。
⑤ 苏少之：《论我国农村土地改革后的两极分化问题》，《中国经济史研究》1989年第3期。

利，分得了一份土地，获得了经济的独立。随着生产互助的开展，她们不仅要求男女同工同酬，而且提出了婚姻自主、家庭民主、学习文化、参加政治活动等要求。"山西平顺县西沟乡青年团员申纪兰，发动妇女参加田间劳动，耙地、匀粪、间谷苗，女社员与男社员展开比赛，女社员并不比男社员少做活，间谷苗时，男社员还落在女社员后面。社务委员会从此取消了妇女不论劳动多少好坏，一天只记5分工的办法，妇女们用实际行动赢得了'男女同工同酬'的权利。"①山西省和顺县高丘村妇女郑成花，以前总被丈夫有忠看作只会吃饭不会做活的累赘。自从郑成花参加劳动后，增进了夫妻感情。成花上地回来迟了，有忠就把饭给做好；成花回来累了，有忠就把饭给盛到碗里；家里不论办大小事，他都要和成花商量商量。②妇女参加劳动，还改变了男性劳动力认为妇女上地是瞎混的偏见。③妇女一经组织起来，在新农村社会中立刻形成一支重要的力量，在各种工作中发挥了巨大的作用。

互助组提倡"劳动光荣、懒汉可耻"的新道德标准，根除掉农村一些不良的社会风气，"往年每到冬天农闲时，各村都有部分农民赌博、游荡，寿昌县卜家蓬乡十八村是历来出名的赌窟，外村人都来村中聚赌，土地改革后赌风已经绝迹。有个雇工叫周炳荣，过去拿到工资没出地主家门就已输光，现在自己种田已积余二十多担谷；团结乡顶有名的懒汉黄金根，过去每天人家烧午饭他才起床，现在已能很早起来劳动了；下余村十多个二流子现都已下了田坂"④。新技术的使用还打破了农民的保守性，增强了群众对人民政府的信任。山西省太原市南郊农民长期把庄稼害虫认为是天灾、"神虫"，遇到虫灾就在田间地头磕头拜神。"1951年，南街、王郭村、小站村、赤桥等十余个村子两千余亩稻田发生蝗虫，当地政府组织群众用六六六扑灭蝗

---

① 山西省农业合作化史编委办公室：《山西省农业合作化史综述卷》，中央文献出版社2002年版，第126页。
② 受钟、宿元、存喜：《集体劳动改善了夫妇间的关系》，《山西日报》1956年6月8日。
③ 《男人们信服了妇女的力量》，《山西农民报》1956年10月30日。
④ 《华东二万余乡土地改革后农村一片新气象》，《人民日报》1951年3月13日。

虫。"①随着药剂灭虫的开展，农民在农田里烧香磕头的现象不见了。

新中国成立初期，新型农村互助组织的发展，打破了制约中国传统社会经济发展单一的小农经济结构，改变了小农生产的生产关系、社会关系。以国家扶助措施为基础建立的农村集体保障体系，由生产领域延伸至社会领域。以吉林省永吉县二道沟村为例，1949年冬，该村为了解决土地改革后生产中遇到的困难，建立了供销合作社，"不但组织起全村95%的人口，并且还扶持和领导了57个农业生产互助组（其中20个互助组成为长期巩固的，5个被选为全县模范组）"。供销合作社"采取了和互助组结合的方针。两年来合作社贷给互助组的款占信用部贷款总额的69%。在供应业务、信用贷款、推销产品、交配牲畜、推广优良籽种上，都给互助组以优先权，以奖励'组织起来'"。在农忙时节，合作社还"从公积金中抽出100万元，开办了农忙托儿所，每天收容十二三个小孩，使15个劳动妇女得以安心地参加生产，解决了一部分革命烈士家属和革命军人家属劳力不足的困难"②。在农业生产互助运动中，由农民创造和开展的合作、互助医疗成为后来农村解决"病有所医"的重要形式。农业互助组织的壮大，逐步成为农村社会发展的重大力量，这一时期国家制定的农业生产和农民生活的具体扶助措施成为农业合作化进一步发展的基本出发点。

---

① 《太原市各区一九五一年各项工作计划、报告、总结》，太原市档案馆藏，档案号：14-1-6。
② 中国社会科学院、中央档案馆编：《1949—1952中华人民共和国经济档案资料选编·农村经济体制卷》，社会科学文献出版社1992年版，第634页。

新中国成立初期传统农业改造研究

在中国传统农业社会中，农业经济主要是以小农生产为主，农民既是农业生产的主要劳动力，又是农业生产的管理者。农业生产领域对农业技术的需求主要取决于农民自身的需求，种植技术、工具修缮等活动主要是在农业生产过程中完成的，农业技术的完善主要是依靠农村社会中的经验累积。这种传统的经验技术模式不仅是中国亿万农民从事农业生产的"看家本领"，还反映了农业社会的封闭性，即农业生产是以"自给自足"为目的的家庭消费。因此，技术一旦满足于生产与消费需求，其发展便出现缓慢甚至停滞。另外，在传统文化的影响下，农民经验技术还具有很强的保守性，即使面对人口压力所产生的危机，解决问题的办法也主要是国家通过开荒政策鼓励增加耕地面积，而不是提高农业技术。

近代以来，关于中国传统农业的改造主要有两种方式。一是国家通过良种引进、提高种植水平等多项农业技术进行传统农业改造。自光绪二十八年（1902年），清廷在保定的直隶高等农业学堂设立"农业技本传习所"负责推广农业技术开始，直至新中国成立前，在这长达半个多世纪的时间里，这种力求以提高农业生产力来改变农村社会落后局面的方式，其实际效果微乎其微。这种忽视农民大众以及农村社会的实际情况的农业技术是无成效的。二是将传统农业的改造置于文化发展视野中的乡村改良运动，这一运动希望通过实施普及农村教育、提高农民文化素质的方式进行传统农业改造。然而对农民的文化教育并非一蹴而就之事，在没有制度保障下，文化成为农村中一个虚构的社会，农民得不到实际利益，技术推广更难以实施。因此，以上两种对传统农业改造的方式只是片面、局部地起到了增加粮食产量、提高农民素质的作用，并没有实质性地改造中国传统农业、农村社会。直至新中国成立前，中国农民基本上还是延用着传统的农业技术，生活在亘古不变的农村社会中，农村社会并没有发生实质性变化，依然是贫穷落后，有限的变革改变不了传统社会农业生产的方式，更改变不了中国农民的命运。

一、组织起来与提高技术：新中国成立初期的农业发展

新中国成立后，国家由战争环境转入和平建设时期，农民通过土地改革做了土地的主人，农业生产迅速恢复，根据解放区农业生产的经验，党和政府继续引导农民走互助合作的道路。"但在土改进行较早的一些地区出现了农业生产水平提高后，劳动互助组织呈现出涣散、萎缩的趋势，单纯为了克服劳力、畜力不足而建立起来的互助组织已不能满足农民进一步发展生产的要求，它要求劳动互助有新的形式和新的内容。在解放较早的东北地区，有些农民参加互助组是为了贷款，一旦得不到贷款达不到个人目的，就退出互助组。"[①] 另外，劳动互助组织的涣散，也是农民小私有者本质的表现。"1949年下半年，随着东北农业生产的初步恢复和发展，不少农户经济上升，买了耕畜、农具，能独自使用一副犁杖、一辆大车子，对单干、雇工和上升为富裕中农以至富农感兴趣，互助合作的热度随之下降。"[②] 山西省委对老区互助组织的调查显示："1949年全省老区参加互助组的农户，比解放战争时期减少了37%。壶关县1947年参加劳动互助的劳动力，占总数的70%—80%，到1950年，参加劳动互助的劳力仅占总数的25%。农民们反映这几年是：'生产一年比一年好，劳动互助一年不如一年'。沁源县城关村，1947年有

---

① 《中共密山县委关于解决农民思想提高生产情绪的几点意见》，《松江建设》1951年2月9日。
② 《当代中国的农业合作制》编辑委员会编：《当代中国的农业合作制》（上），当代中国出版社、香港祖国出版社2009年版，第102页。

30个互助组，参加的农户440户；1950年只有16个互助组，参加的农户147户。武乡县东村，1949年参加互助组的有130户，1950年参加互助组的仅71户。平顺县北头村农民张存顺说：'我有劳力两个，有了房子有了地，耕畜农具什么都有，不参加互助也行了。'"①这代表了很多农民的思想。农民把劳动互助看作度过困难的暂时办法，有了土地，有了耕畜，有了余粮、余钱，经济力量增强后，就不愿再组织互助，想单干。

这一情况表明，传统农业的生产要素已经达到很好的配置，习惯于小土地经营的农民在土地改革后从事生产基本上可以达到"衣食无忧"了，农民生产方式的理性化与生活的理想化相结合，实现了"一头牛二亩地，老婆孩子热炕头"的美好生活。然而新中国成立伊始，百业待兴，国家的发展离不开强大农业的支持，传统的耕作方式已不能适应国家对农业快速增长的需求，精耕细作、兴修水利等积极的生产措施都因农民的保守思想而停滞，改良土壤、推广良种等农业新技术的推广对独立经营土地的农民所具有的风险性使之更加难以实施。由于农业生产投入和对预期生活的不明确性，农民不愿意对生产进行继续投资。在东北和山西等土地改革较早的地区出现了农业停滞发展的现象，"对于农业敢不敢再发展、如何发展的问题，农民的回答是'一碗水'，即维持现状"②。

针对上述农业生产中出现的情况，1949年年底东北局召开农村工作座谈会，要求当时的互助合作"在获得生产工具的改进之后，还可以进一步提高与发展，即从小型互助组'逐步地提高为联组'"③。1950年1月召开的中共山西省委第一次代表会议提出："互助合作与新的技术密切结合起来，是互助合作运动的新的发展方向。运用组织起来的经济力量，合伙购买新式

---

① 山西省农业合作化史编委办公室：《山西省农业合作化史综述卷》，中央文献出版社2002年版，第61页。

② 同上注，第60页。

③ 郑谦主编：《中华人民共和国史（1949—1956）》，人民出版社2010年版，第199页。

农具，在互助中研究改进耕作技术。"①互助合作是由中国农村传统的互惠式劳动方式"变工"发展而来的，"变工"在北方称作"插犋""札工""拨工""对工"，南方则叫作"伴工""打伙""换工""参忙"等。它解决了农村劳动力或畜力不足与农耕生产之间的矛盾。在老解放区，互助合作劳动组织是农村社会较为普遍的生产形式。为进一步发展农业生产，新成立的人民政府希望将互助合作劳动组织在新解放区也发展起来，1950年2月，农业部颁布的《关于1950年农业生产方针及粮棉增产计划指示》中，关于恢复发展农业生产具体措施的第一条就是："大量发动和组织劳动力，以恢复及提高耕作水平，组织劳动互助，在老（解放）区应成为农民习惯、并达劳力的一半以上；在新（解放）区，亦应在旧有的习惯下，通过典型加以推广。"②无论在老区还是新区，要进一步发展互助合作劳动组织，提高农业生产，只有为互助合作注入新的生产力，才能提高农民生产合作的积极性，只有通过发展农业技术才有可能使农业生产力获得提高，两者是辨证统一的关系。因此，新中国成立后，"普遍的发展劳动互助，已不仅是为了克服劳动力困难的问题，而应该是通过互助生产，逐步引导农民走向集体化的道路，并改良农业生产技术"③。作为一个已有多年互助生产合作经验的老解放区，1951年山西省人民政府以先行先试的方式在长治老区试办了10个初级农业生产合作社，④试办农业社就是希望通过"组织起来与提高技术

---

① 山西省农业合作史编委会办公室：《山西省农业合作史典型综述卷》，中央文献出版社2002年版，第63页。
② 中国社会科学院、中央档案馆编：《1949—1952中华人民共和国经济档案资料选编》（农业卷），社会科学文献出版社1991年版，第36页。
③ 《组织起来与提高技术相结合，应成为今年互助生产的主要方向》，《山西日报》1950年3月5日。
④ 长治老区试办的10个社分别是平顺县川底村郭玉恩、壶关县翠谷村冯海科、黎城县王家庄董桃气、襄垣县长畛村陈二明、长治县南天河村曹林水、屯留县东坡村王成喜、武乡县窑上沟村王锦云、枣烟村魏名标、东监漳村暴银锁、西监漳村崔五林等互助组为主，建立以土地入股，按劳动、土地分红为主的10个初级社，共190户，790人，入社土地2112亩，自留地8076亩，代耕和租入地294亩。

相结合"①来满足农民迅速发展生产的要求。

长治老区试办的农业社都注重了先进农具的运用和农业技术的推广。1951年10个社共集资或贷款购置农具177件（内有新式农具和机械57件），牲口17.5头。与此同时，利用剩余劳力投入土地基本建设2523个工，修地堰1105丈，开渠道370丈，调剂改良土壤341亩，充分发挥了技术的作用。②其中，"平顺县川底村的农业合作社，还对耕作技术作了很大改进，他们已做到普遍深耕，过去一般耕深三寸，1951年一律耕深四寸。过去多数耕两遍，1951年一律耕三遍，并已能做到及时秋耕。普遍采用优良品种，并统一实行药剂拌种。秋收打场时，把过去的18个场合并为一个场，节省了大量劳力、畜力和农具。初级社给农民带来的明显变化是土地投资加大，社员们说：'土改人翻身，入社地翻身。'"③

长治老区10个社试办一年，粮食产量明显增加。"入社土地每亩平均产量比上年1石6斗增产7.5斗（包括经济作物在内）。如果只从粮食作物看，每亩平均产量2.075石，超过上年21.5%，超过当地好的互助组9%，超过好的单干户28%。"④社员收入增加了，"10个社每人平均收入与互助组、单干户比较，社员人均收入折款38.018万元（旧币），互助组32.043万元，单干户30.5万元。社员收入超互助组5.975万元，超单干户7.518万元。社员收入与1950年的收入比较，多收1石以下的户占3.1%，多收1石至5石的户占38.4%，多收5石至10石的户占26.3%，多收10石至20石的户占23.1%。总起来说，有91%的户比上年增收，6.7%的户持平，2.7%的户不如上年。川底、窑上沟、南天河、东坡、枣烟、长畛、翠谷7个社是户户超过1950

---

① 赖若愚：《山西省第二次党代表会议向华北局的报告》，《建设》1951年3月27日，第104期。

② 山西省农业合作史编辑委员会：《山西省农业合作史典型调查卷》，山西人民出版社1989年版，第6页。

③ 张正书、吴昂等：《长治市典型村农业社史》，山西人民出版社1989年版，第13页。

④ 同上注，第18页。

年，他们最少的户都比上年多收 3 石以上。川底社最少的户比上年多收 10 石以上"①。从分配结果看，"不但个人收入增加而且集体经济壮大。10 个社共有公共山林 60 多亩；公共土地 31.6 亩，农具 177 件，牲口 17.5 头，羊 449 只，公积金 315.85 石，其它生产资金 256.92 石"②。王家庄社的岳礼存、刘保贵等人说："农业社一年闹下这么多家业，真是兴旺发达，这是单干户一辈子也办不到的。用铁棒打我也不出社啦！"③农业社不但完成了农业生产，而且为国家工业生产提供了原料，屯留东坡社按土地特性和国家需要种植，烟叶地由上年的 0.9 亩扩大到 26 亩，所产烟叶全部支援了国家工业建设。④

长治地区试办农业初级合作社取得了成功，受到了广大群众的欢迎。不但这 10 个社内没有一户社员要求退社，而且在合作社所在村及其周围村产生了很大影响，有 45 个互助组、605 户要求入社或组社。⑤与此同时，在全国其他一些地方的劳动互助也在继续发展，典型的有河北省饶阳县的耿长锁合作社、山东省莒县的吕鸿宾合作社以及吉林省延吉县的金时龙合作社等。这些合作社通过把个体农户组织起来、推广新技术来引导农民走合作化的道路，对农业进行社会主义改造，取得了较大成功，显示出"组织起来与提高技术相结合"的优越性。

---

① 黄道霞主编,《当代中国农业合作化》编辑室编辑:《建国以来农业合作化史料汇编》,中共党史出版社 1992 年版，第 96 页。
② 张正书、吴昂等:《长治市典型村农业社史》,山西人民出版社 1989 年版，第 18 页。
③ 同上。
④ 同上。
⑤ 中共山西省委党史办公室著:《中国共产党山西历史（1949—1978）》第二卷,中共党史出版社 2012 年版，第 99 页。

二、互助合作：传统农业改造与农村社会变迁

1951年9月，中共中央在北京召开了全国第一次农业互助合作会议，通过了《中共中央关于农业生产互助合作的决议（草案）》（以下简称《决议（草案）》），同年12月中共中央印发《决议（草案）》通知，通知指出：党中央从来认为要克服很多农民在分散经营中所发生的困难，要使广大贫困的农民能够迅速地增加生产而走上丰衣足食的道路，要使国家得到比现在多得多的商品粮食及其他工业原料，同时也提高农民的购买力，就必须提倡"组织起来"，发展农民劳动互助的积极性。这种劳动互助是建立在个体经济基础上（农民私有财产的基础上）的集体劳动，其发展前途就是农业集体化或社会主义化。《决议（草案）》中还规定了政府在贷款、供给新式农具和优良品种、劳模奖励等方面的政策鼓励农民合作化组织发展农业生产。这一《决议（草案）》是在土地改革完成较早的东北、山西农村经济发展所提出的问题上形成的，其目的就是要通过"互助合作能够胜过单干"这一事实，教育和引导农民由个体经济走向集体经济形成互助合作制度，互助合作制度是在对传统农业生产方式改造基础上形成的具有中国特色的农业生产制度。

历史实践证明，这一制度的实施是成功的，其主要表现在以下几个方面：第一，互助合作制度解决了土地改革后全国广大农村普遍出现的个体劳动在畜力、农具、资金等方面不足的问题。"广东省河源县土地改革后，耕牛、农具和资金的缺乏，贫下中农虽然分得了土地，部分农民无能力个体耕作，更无能力精耕细作。针对这一新情况，政府组织人力到农村积极贯彻中共中央拟订的农业互助合作的决议草案，发动群众组织起来，八区秀水乡赖观林牵头成立了本县第一个互助组合作社。这个合作社5户23人，其中劳动力11人，耕地494亩，其中水田30.8亩，堤坝18.6亩，耕牛4头，犁4

张，耙8张。1951年秋合起来进行秋收；同年冬天至1952年春合起来开沟、修圳、积肥。1952年互助组收获稻谷9600公斤，比1951年增加2000公斤，当年赖观林被评为县互助劳动模范，参加了粤东劳模代表会。"①

第二，互助合作制度有利于农业技术的推广。传统社会中农民自身具有很强的社会风险控制意识，再加上祖宗留下的生产经验"简单实用"，所以他们不会轻易地接受技术变革。很多地区的互助合作组以试验田的方式推广农业技术，降低了农业技术推广的风险性。吉林省延边朝鲜族自治州龙井县吕根泽互助组为了进一步提高水稻产量，从1952年开始，就划出一块地，进行肥料性能、各种密植法和品种改良、试种实验。不少互助组的农民来参观他的试验田，无不啧啧称赞，鼓励他继续试验，为广大农民打开一条多打粮的渠道。②一些常年互助组与供销社合作，通过推广新农具、新技术有力地促进了农业生产的提高。"吉林省延吉县金时龙农业生产合作社与本村供销合作社签订了供销合同。他们将生产的粮食、猪、鸡蛋等农、副产品，交由供销合作社推销，并及时从供销合作社取得农具、肥料等生产资料和日用品。这样全体社员便能集中全力参加生产，耕作技术有了显著改进，因而该社增产计划也不断提高。主要作物水稻每垧（十五市亩）计划产量达一万一千斤，比常年产量高百分之八十四。大豆和高粱的计划产量，都比原订计划增加百分之十左右。"③

第三，互助合作制度提高了农业生产抵御自然灾害的能力。合作化前农村土地普遍处于分散状态，而面对水、旱等自然灾害，农民大都无能为力，只能祈求神灵保佑。互助合作制度推行后，各地农村发挥出集体与技术的作用，以兴修抗涝防旱的水利设施为例，"1955年，山西盂县入春后久旱无雨，

---

① 冯平主编：《广东当代农业史》，广东人民出版社1995年版，第468页。
② 《龙井文史资料第3辑》，中国人民政治协商会议龙井县委员会文史资料研究委员会1990年编印，第153页。
③ 《金时龙农业生产合作社提前完成春耕播种工作，开展夏锄竞赛，东北农业部进行春耕竞赛评比和夏锄竞赛试点工作》，《人民日报》1952年6月1日。

6月中旬北部地区7个乡又发生洪灾，全县共担水浇地14万亩，挖卧牛坑2.49万个，蓄水池4627个，打深井17眼，旱井59眼，采取以工代赈方式，发挥群众抗灾潜力。当年，进圭等7个乡打坝18条，成地1440亩；活川口等11个乡垒塔155道，石门子等6个乡开山治沟15处，成地479亩，护地912亩；白土坡乡打井11眼，可浇地149亩"①。这个县依靠集体建设的水利设施有效地保障了农业生产。

互助合作是新中国成立后，党和政府从农业生产实际出发在农村推行的一种新的生产方式，这种生产方式对于解决当时农民的生产困难、农业技术推广、提高粮食产量都起到积极作用。平原省②原阳县杨庄村的土地都是沙碱薄地，粮食产量低，这里是远近闻名的"穷村"，解放后，杨庄村群众组织起来，通过改良土壤的方法提高了农作物的产量一跃成为县里的先进村，他们总结的经验是："我们组织了互助，力量可大啦！没互助时，我的地只能犁五寸深；互助以后，犁到八寸深。往年我的地每亩只能收一百二十斤，今年收了七百斤，每亩产量提高了将近五倍。"③在新中国初期主管财经工作的政务院副总理陈云曾论述：只有在农业合作化后，各种增产措施才更易见效。故合作化是花钱少、收效快的增长办法。据以往经验，合作化平均产量可提高百分之十五到三十。④自1951年9月中共中央在北京召开了全国第一次农业互助合作会议后，全国范围内的农村互助合作组织发展迅猛，根据国家统计局数据显示："1952年全国共有互助组808万个，参加的农户为4500万户，占全国农户总数的40%，参加互助组的农户比1951年增加了116%，每个互

---

① 盂县史志编纂委员会：《盂县志》，方志出版社1995年版，第456页。
② 新中国成立后，设立平原省，省会新乡市，由中央直接领导。辖新乡、安阳、湖西、菏泽、聊城、濮阳等6专区，新乡市、安阳市2地级市，共56县、1矿区、5镇。1952年11月，平原省撤销，将新乡、安阳、濮阳3专区，新乡市、安阳市2地级市划归河南省；菏泽、聊城、湖西3专区划归山东省。
③ 王玉堂：《参观先进村的生产情况可以克服农民的保守思想》，《人民日报》1952年8月19日。
④ 陈云：《陈云文选》（第二卷），人民出版社1995年5月，第239页。

助组平均 5.7 户，比 1951 年平均 4.5 户增加了 1.2 户。这一年全国除上海、湖南、广东、广西、贵州、云南等省市外都建立了农业生产合作。全国参加 1952 年秋收分配的农业生产合作共有 3600 多个，入社农户为 59000 户。"①

现有的学术研究中有关新中国初期互助合作制度的研究成果已非常丰富，但大都没有涉及社会变革的内容。互助合作之所以能取得成功，除农业经济提升外，最根本原因是在实现技术改造农业生产的同时，互助合作也发挥出改造传统农村社会的制度作用。互助合作制度推行后，通过推广技术增加了农业收入，许多农村因此建立起了公共财产积累制度。一方面利用公积金购买先进的农机具发展生产。黑龙江省克山县和平集体农庄"以总收入的百分之三作公积金，购买农具、牲畜和进行公共建筑，修理农具、购买肥料农药的费用和保险费等按实际需要支出"②。另一方面一些常年互助组在群众自愿的基础上"采取积累公积金和公益金的方式，用以准备扩大生产的物质基础和防备天灾人祸"③。"据一九五一年上半年调查，许多老区的互助组已有自己的公共财产。例如，山西长治地区十四个县里已有 430 个互助组有公积金，这些公共积累能起社会保险的作用，组员遭受意外的灾难或有特殊的急需，互助组可以帮助，使他们避免陷于破产的境地。"④

互助合作提高了农业生产的合作能力，还根除了传统社会的一些弊病。传统农业生产方式中变工多由亲戚或朋友组成，组织范围有限且随意性强，生产的目的是维持生计，缺少扩大再生产的动力。新型农业互助是在政府主导下自愿结合，按照等价交换和民主管理原则组织的农业生产互助，政府成为农业互助生产的主体。察哈尔省土改全部完成后，"基于多数农民生产的需

---

① 国家统计局农业统计司编：《农业合作化和 1955 年农业生产合作社收益分配的统计资料》，统计出版社 1957 年版，第 3 页。
② 燕凌：《访和平集体农庄主席郭凤阳》，《人民日报》1952 年 10 月 26 日。
③ 中国社会科学院、中央档案馆编：《1949—1952 中华人民共和国经济档案资料选编·农村经济体制卷》，社会科学文献出版社 1992 年版，第 506 页。
④ 杜润生主编：《当代中国的农业合作制》，当代中国出版社 2002 年版，第 105 页。

要，政府要求 70% 的农户参加了合资伙养牲畜、人畜变工、伙买农具、三户合伙用一楼、人力拉犁、以工换料等各种合作互助的生产形式"[1]。这种互助方式打破了村庄原有"变工"的合作范围，避免了在"变工"过程中因资金、工具、人力等生产资料的不平等而导致农村社会产生新的剥削现象，互助合作组织还可以科学分工，统一调配人力、物力资源，更好地发挥出集体劳作与农业技术相结合的优势，培养出农民集体劳动的习惯，即使在冬季，合作社也可以组织农村劳动力参加农田基本建设，这样就改变了农村"盼冬闲，怕冬闲，到了冬天去耍钱，输了一年血和汗"[2] 的陋习，同时帮助农民树立起集体观念，有利于改造农村社会中的小偷、懒汉、二流子等落后分子。

新中国成立初期的农业生产中，随着农业生产的恢复和经济状况的改善，部分农民满足于现状，对于改进农业技术、发展生产不感兴趣，"种不上百亩地，打不下百石粮。生产已到了顶，再讲技术也不行"[3]。

互助合作通过开展农业技术教育，让农民认识到新技术对于农业增产的重要性，同时打破经验累积式的农业技术，使农业技术不再成为保守的知识，去除了"技不传人""生产到顶"等一些顽固思想。山西省平顺县在改革耕作制度时也遭到了保守思想的强烈抵制，县委在春播开始后召开老农座谈会，"老农郭成龙介绍他在 1954 年春天混种的经验，并且进行了间苗、松土、追肥和人工辅助授粉。到秋季，在这块田里除了刨到 3000 斤马铃薯外，还收了 70 多斤玉米"[4]。一些人对混种增产的怀疑思想都被老农所讲的事实打消。

---

[1] 中国社会科学院、中央档案馆编：《1949—1952 中华人民共和国经济档案资料选编·农村经济体制卷》，社会科学文献出版社 1992 年版，第 520 页。

[2] 中国民间文学集成全国编辑委员会编：《中国歌谣集成·北京卷》，中国 ISBN 中心 2009 年版，第 387 页。

[3] 《山西省开展农业技术改良运动的经验》，《人民日报》1952 年 8 月 14 日。

[4] 《改革耕作制度要同群众商量》，《人民日报》1956 年 7 月 20 日。

三、余论

在中国传统农业生产中，除土地、技术、劳动力外，社会因素也在农业生产过程中起着重要作用。近代以来，农业技术的快速发展为如何改造传统农业提出一个世人值得深思的问题。既然在中国的传统农业生产过程中技术不是单独存在的生产要素，那么我们必须通过制度、社会等因素来改造传统农业。以 1951 年年底《决议（草案）》发布后的实施情况来看，旧的农业生产方式很快被打破，全国各地农业生产普遍发展迅速，除上述生产要素在这一时期得到合理配置外，互助合作制度也为农业生产发展后的农村提供了必要的社会环境，使农业技术的发展与社会相协调一致。依此研究我们可以看出，"组织起来"发挥制度优势是新中国成立后根本解决农民问题的唯一切入点和出发点，是实现个体劳动向集体劳动生产方式的重要途径，是促进农村社会变革的重大举措。重新审视新中国成立初期的农业合作化工作，对于目前"三农"问题的根本解决也具有重要的借鉴作用，尤其是伴随着城镇化速度加快，农业现代化程度的不断提高，农业从业人员越来越少等问题的出现，如何通过制度优势来合理高效配置农业资源，确保农民增收、农业增长、农村稳定，为农业生产、农村社会改革提供持续动力具有理论和实践的双重意义。

20世纪50年代农业生产体制变革研究

——以太原市郊区晋华村为中心

一、资料与方法：20世纪50年代农业生产体制研究

学界有关20世纪50年代农业生产体制变革的主要问题集中于国家动因与组织过程研究。早在20世纪50年代薛暮桥等人就农业生产集体化政策进行了讨论，①进入80年代后薄一波以回忆录的方式呈现了1949—1956年乡村政策演变的基本脉络，同时指出农业社会主义改造的胜利开创了"农村的新时代"。②杜润生在自述中展示了集体化的复杂性，从制度、政策研究宏观层面勾勒出了全国农业集体化运动的发展，并着重论述了国家党政领导人对于合作化运动的认识和思考。除对集体化制度起源的探究外，农业生产集体化的历史进程也是学者关注的内容。③叶扬兵以时间顺序为线索，从农业合作化运动的发轫、发展、高潮、整顿和调整、巩固等方面再现了中国农业合作化运动的历史进程。作者通过"决策—结果"的叙事模式，论证了从农村的历史背景出发分析中共在农民中进行农业合作化运动的合理性。④高化民在全面论述农业合作化过程的基础上，对农业合作化符合中国国情的特点与历史教训进行了客观、中肯的评价，并就关于社会主义建设的党内争论以及整顿互助组、工农业并举、大力发展生产、纠正生产中存在的"冒进""小

---

① 薛暮桥等：《中国国民经济的社会主义改造》，人民出版社1957年版。
② 薄一波：《若干重大决策与事件的回顾》，中共党史出版社2008年版。
③ 杜润生：《杜润生自述：中国农村体制变革重大决策纪实》，人民出版社2005年版。
④ 叶扬兵：《中国农业合作化运动研究》，知识产权出版社2006年版。

脚女人"等问题进行了讨论。① 此外辛逸指出人民公社制度建立的原因是由中共中央直接促成的，中央政策是我国农村社会深刻变革必要的制度条件。② 马晓河则从集体化制度建立的历史背景、过程等方面对农村互助—合作—人民公社的道路做了宏观分析。③ 以上学者大都认为新中国成立后农村个体经济改造为农业生产走上合作经济，以及探索农村基层组织发展道路提供了条件。学术界在肯定中国农业生产集体化制度的历史必然性的同时也指出一些问题。以上研究成果的资料主要集中于《农业集体化重要文件汇编》《建国以来农业合作化史料汇编》《1949—1952中华人民共和国经济档案资料选编·农村经济体制卷》、《中国农业合作史资料》《当代中国的农业合作制》资料等。

新中国成立后，在土地改革完成后，农业生产发展走上合作化道路，1951年12月中共中央发布《关于农业生产互助合作的决议（草案）》。截止到1953年冬季以前，全国的互助合作运动都是以互助组为主。1953年12月中共中央通过《关于发展农业生产合作社的决议》，提出了农业社会主义改造的具体道路，确立的发展目标是"从1953年冬季到1954年秋收以前，全国农业生产合作社应由现有的14000多个发展到35800多个"。自此，老区的农业生产合作社由试办进入发展阶段，以互助组为中心转向以农业生产合作社为中心，新区普遍开始试办农业生产合作社，农村迅速掀起了一个大办农业合作社的高潮。④ 1955年7月，毛泽东作了《关于农业合作化问题》的报告，农业合作化运动急剧升温，在短短一年时间内参加高级合作社的农户比例即从1955年年底的4%增加至1956年年底的87.8%。⑤

---

① 高化民：《农业合作化运动始末》，中国青年出版社1999年版。
② 辛逸：《制度"创新"与人民公社的缘起》，《山东师范大学学报》2003年第6期。
③ 马晓河：《中国农村50年：农业集体化道路与制度变迁》，《当代中国史研究》1999年第5期。
④ 罗正楷主编：《中国共产党大典》，红旗出版社1996年版，第604页。
⑤ 沈开艳、陈建华：《当代中国政治经济学》，上海社会科学出版社2018年版，第94页。

对于新中国农业生产体制的变革，国家的政策下达与实施需要一定的路径，那么付诸实施更为重要。尤其是对于典型地区的关注，例如，1951年长治地委为把全区互助组提高一步，成功试办10个初级农业社，为山西省乃至全国农村提供了重要经验的研究。这一研究在资料方面尤为重要，《山西农业合作史》《长治农业合作史》等地方性的农村合作化史料为我们了解这一历程做了详细介绍，同时也展现出合作化过程中的差异性，这种区域实施差异性研究已有学者关注。李怀印、张向东、刘家峰利用来自全国16个省的131份乡村史访谈，把农民的生产积极性问题放到集体化时期特定的历史和社会背景中重新加以考察。集体经济组织形式、收入分配制度等正式制度，村落内部的社会网络、行为规范、集体制裁、性别角色等非正式制度，以及非制度因素，即当地的地理环境、自然资源和人口压力之间的相互作用，共同制约和激励村民在集体生产中的行为，从而形成了农民行为的多样性，也解释了集体制下的农业生产在不同地方和不同时期所表现出来的巨大差异。除对口述史资料的研究外，基层村级档案也以微观研究视角审视了新中国农业生产体制变革，在此拟以太原市郊区晋华村基层村级档案为资料，对新中国农业生产体制的变革进行村级层面展示。这一资料包括集体化时期会议文件及有关统计报表、农业科研、工具改革、农机设备等方面的文字及说明书、农田基本建设等档案、旧式耕犁改良和各种新式犁等农具推广，以及"农业八字宪法"在农业生产中的落实等情况，省、市、区典型的表彰和经验交流材料，各个时期的粮食产量，农民收益的记录等。

二、合作与生产：晋华村农业生产体制变革进程

1948年7月晋华村获得解放，秋后进行了土改。在土改中，晋华村贫雇农人均分地2亩。1949年4月太原市郊区解放后又进行了复查土改，全

村划定破产地主 1 户、富农 3 户、上中农 11 户、中农 8 户、贫雇农 34 户。在土改复查中，富农的土地被划给了无地或少地的贫雇农。晋华村获得土地的农民当中，90% 左右是贫农和雇农。同时中农也普遍获得了利益。一部分少地的中农分到了土地，其户数约占得地户的 10%，占中农户数的 30%，土地大体平均分配以后，农民人均占有了 3—8 亩土地及其他生产资料，农业劳动者和土地直接结合，消灭了封建剥削制度，晋华农民实现了"耕者有其田"的愿望。1950 年 6 月 30 日，中央人民政府颁布了《中华人民共和国土地改革法》，从法律上废除地主阶级封建剥削的土地所有制，确认了农民的土地所有制。在认真进行了颁发土地证和确定地权的工作之后，晋华农民获得了人民政府颁发的土地证，以小土地所有制为基础的小农经济成为农村经济结构的基本形式。

土改后，农民虽然有了土地，但是劳力、农具、畜力缺乏，耕作技术不平衡，不少人家不能适时耕种、管理和收获。稻田浇水没有统筹安排，你争我夺常有矛盾，一家一户的单干生产形式严重制约着生产的发展。在政府的号召提倡下，村民自发地组织了劳动"变工"，变工有 3 人、2 人、10 人、8 人组织在一起的，有按季节随便组合，时立时散。有按劳动形式进行组合，如浇地、插秧、回畦、割稻，亦有人畜变工者。"变工"初步解决了许多农户缺劳力、农具、种子、畜力、肥料等困难，基本上做到按时耕作和农作物的适期管理。农民有了土地，生活得到安定，生产热情高涨，到 1950 年秋，全村粮食总产量比解放前的 1947 年粮食总产分别增长 1.1 倍和 50%。[1]

随着土地改革的迅速完成，农业互助组织进入了一个新的发展阶段。1951 年 12 月中共中央印发《关于农业生产互助合作的决议（草案）》的通知。决议要求农业互助合作组织必须认真做好农业生产，实行精耕细作，兴修水利，改良土壤，并在可能的地区把旱地变成水地，有计划地种植各种农作物，改良品种。并提倡新旧生产技术的互教互学运动，普及和提高旧

---

[1]《太原市晋华村档案资料》。

技术旧经验中的有用的合理的部分，逐步地与那些可能应用的新技术相结合，不断地改良农作法。中共山西省委根据解放后农村的实际情况，对全省的互助组织提出了"组织起来与技术相结合，与供销合作相结合，与副业相结合"的要求，以充实互助组的生产内容，满足农民进一步发展生产的要求。

1952年春，贫农李根柱积极响应党的号召，在变工的基础上带头成立了第一个互助组。因本村地处城郊，土改后，一部分跑买卖做生意的人，归田务农后缺乏农业生产技能；还有一部人在稻田面积扩大后，一家一户无力承受繁重的劳动。因此人们迫切需要通过互助合作来完成农业生产。因此，在李根柱互助组成立之后，又有杨林、焦二秃、陈反英、杨琪、郑二小、张牛儿互助组相继成立，参加农户达到38户，占到了全村总户数的8.1%。[①]互助组有长年和农忙两种形式，实行自愿结合，入组自愿，退组自由，民主管理，劳动统一评分、记工、结算，土地归组集体经营办法。初时按地3、劳7分配，后因地者觉得有点吃亏改为地4、劳6分配。[②]

晋华村互助组有283亩耕地、1头牛、1头驴、2套犁耙。互助生产解决了一家一户个体生产办不到或办不好的事情，缓解了大忙季节劳力紧张、畜力紧张的问题，推动了生产的发展，粮食产量有了一定的提高。加上政府优惠贷款和供应化肥等，要求加入互助组的农户逐渐增加，"互助组开始每天由记工员记工，后来发展到发工票，年终进行结算；投工与用工相顶后所欠的工，先以每个工0.57元、后又以每个工1.02元付给对方；农田投入各自负责，收获物由各户所有"。

1953年春，晋华村广大农民在"自愿互助"原则下发展到18个互助组，81户，319人，616亩耕地，占到全村总户数、总人口的60%。与此同时，李根柱等4个先进互助组积极要求成立初级农业生产合作社，当时太原市六

[①] 《太原市晋华村档案资料》。

[②] 同上。

区区委领导认为条件不成熟，不予批示。在未经批准的情况下，李根柱于1953年夏自发成立了晋华村初级农业生产合作社，群众称其为"明组暗社"。通过民主选举李根柱当选为社长，郑二小为生产副社长，共产党员张中儿为政治副社长，入社农户21户，82人，占到全村总户数的12.7%，占总人口的10.45%，男女劳力35个，耕地87亩，成为当时本村的新鲜事。同年农业社干部和社员齐心协力搞生产，结果在土地质量比较差的条件下，亩产还比单干时增产50多公斤。其中水稻产量比1949年增长65.2%，创历史新水平。充分体现了组织起来的优越性，广大群众欢欣鼓舞，劳动积极性十分高涨。同年，杨林互助组受到中国共产党太原市第六区委员会的表彰，并得到奖励的脱粒机1台。[1]

1954年秋，晋华村互助组在巩固的基础上有了新的发展，通过贯彻"典型示范""组织领导""稳步前进""自愿互利"方针，由晋华、硬底、沟里3个自然村合并为1个初级社。晋华村农业社定名为"建设社"。入社农户在查田评产的基础上，确定土地、劳力入股分红，社员评工记分，实行定数量、定质量、定时间、定报酬的四定制度，同工同酬，多劳多得。劳动力按体力强弱，技术高低评出底分。劳动底分为十分制，最高者十分，十分以下根据不同情况评定。当年初级社亩产水稻600多斤，高于全村平均亩产480斤。劳动管理实行"统一定额、死分活评、小段包工、定额记工"的方法，还定有严格的请假、学习、开会等制度。分配制度采取土地分红和劳力分红相结合的方法，土地占三成，劳力占七成。到1955年入社农户发展到110户，占全村总户数的66.1%；入社人口521人，占全村总人口的65.53%；男女劳力255个，耕地729亩。晋华村建设农业社对入社时农户带进来的畜力、农具、林木等，本着以质论价的原则都做了折价，除去股份基金外（男劳力10元，女劳力4元），其余部分两年还清。1955年还推行"三包一奖四到田"进行生产管理（三包：包工包产包投资；一奖：超产奖励；四到田：生产指

---

[1] 《太原市晋华村档案资料》。

标到田，肥料数量到田，技术要求到田，管理责任到田）。

　　1956 年，在中国共产党的七届六中全会作出的《关于农业合作化问题的决议》指引下，农村掀起了农业合作化新高潮。根据省、市农业生产合作社工作队的指示，同年 12 月 23 日由晋华、西镇、杨家村三个自然村合并组成了建设高级农业生产合作社。社员土地一律无代价入社，大农具、车辆、牲畜、树木等折价入社，转为社内固定财产。全社共有 243 户，1068 人，1791 亩耕地，其中稻田 685 亩、杂粮地 741 亩、菜地 365 亩，大牲畜 16 头，胶轮大车 2 辆，铁轮大车 2 辆，实行以社为单位的统一核算。建设社选举，焦二秃当选为社长，郑二小当选为生产副社长，社委会下设农业股、林畜股、财务股、文卫股、定额管理股、供销股以及 4 个农业生产队，社内按街区、户籍、劳力、土地，分成 7 个生产大队，各生产大队又分别分为 7—8 个生产组，各大队以组作业，社内统一实行定额记工制度，如送粪，按地的远近分为三等九级，即近地、中地、远地三等，三等中又分别分为近、中、远九级。记工以此等级制定多少。浇地也以井水深浅、土地好浇、难浇、头水、二水等而定工分多少。组内实行按劳取酬，评工记分。社内实行全村统一核算、统一分配。生产队实行了定工、定产、定投资的"三定一奖"责任制。①1956 年在总结过去经验，进一步采用科学技术改进生产的基础上，获得了前所未有的大面积丰产。全社 685 亩稻田，每亩产量平均达到 1030 斤，相当于解放前（每亩 300 斤）的 343%，比 1952 年亩产 650 斤增产 58.4%，比 1955 年每亩均产 872 斤提高了 18.1%；内有两亩高产田，每亩产量达到 1420 斤。该社成为晋祠水稻区产量最高的丰产社。②

　　新中国成立后，为了促进农业生产的迅速恢复和发展，人民政府从财政、金融、物价等方面采取了一系列的措施，给予农业技术发展以直接的扶助，并开展了以增产丰收为主要内容的农业竞赛运动，农业生产合作社为上

---

① 《太原市晋华村档案资料》。

② 同上。

述活动提供了一个良好的场域。例如，晋华村从互助组时期就开始获得信用社的低息贷款（晋华村贷款资料）。对农业生产合作社实行低利放款，帮助农民解决缺乏牲畜、农具、种子、肥料等困难。与此同时，各级人民政府推行了一系列的农业生产奖励办法，对开荒、兴修水利、增产以及在特产、森林、畜牧、副业等方面有突出成就的农户授予物质奖励和光荣称号，太原市政府于1950年11月间召开了首届农业劳动模范大会，交流了先进经验，在郊区农民中树立了爱国丰产的榜样和旗帜。进一步激发了农民群众参加生产的热情，掀起了热火朝天的爱国增产竞赛运动。1952年春耕时，李四海、郝效贤等27名农业劳动模范联名向全国农业劳动模范李顺达应战，并向全郊区的互助组和个体农民提出丰产竞赛，把竞赛运动推向高潮。接着村与村、组与组、户与户全面展开竞赛，全郊共出现丰产田1484亩，其中亩产千斤以上的441亩，并出现丰产村1个、丰产互助组9个、丰产户208个。亩产最高纪录是水稻1450斤、高粱1250斤、玉米1370斤、谷子870斤、西红柿18000斤。这些丰产事迹和新纪录不仅大大增加了农民的收入，而且打破了"生产到顶"的保守思想，为今后更高的丰产、为农村摆脱贫困和落后的面貌奠定了良好的基础。[①]

1953至1956年的中国农业社会主义改造，以制度变革的形式从根本上消灭了农村生产关系中的私有制，极大地推动了生产力的发展。"土改人翻身，入社地翻身"，由互助合作到农业高级社的建立是中国农业生产体制的一个重大变革。中国农民由传统个体生产制度转变成农业生产合作制度，不仅是劳动组织规模的扩大，还包含生产关系和管理体制的重大改变，更为重要的是农业生产合作社制度为农业技术的实施提供了一种体制保障。晋华村在生产合作化过程中，生产技术发挥出了极大优势，一方面促进生产；另一方面对生产组织的合作化发挥出积极作用。

农业生产合作社公有化程度高，有利于开展农业工具和生产技术的推广

---

① 太原市人民委员会办公厅编：《巨变中的太原》，1960年版，第26页。

工作。解放前，即使是笨重落后的铁犁，晋华村也不是各农户普遍都有的。晋华初级社建立后，农民开始利用公益金添购耕畜，增补旧式农具，政府非常重视新式农具的逐步推广，到1952年的耕畜，比解放前增加了3倍。以耕畜数量和耕地面积相比，1949年100亩地才有一头牲口，到1952年37亩就有一头牲口，耕畜增长速度比耕地面积扩大速度快了一倍。"在国民经济恢复时期，旧式农具增加数量也是相当大的，仅据晋华村所在的太原市郊区统计，1950年大农具由八百二十三件增加到一千二百零九件，增长43%，小农具由三千九百零三件增长到六千六百七十八件，增长80%，到1952年底，全部大小农具基本上满足了生产需要。"① 广泛地使用新式农具促进了农业合作化的发展，晋华村全村1100多亩地，大小块281块，1954年有了新式农具，全村除了3户富农外，都参加了合作社，把土地连成5大片。凸显出人多力量大的优势，便于开展农业生产的精耕细作、大规模的农田水利基本建设以及其他综合性的生产建设。

在农业生产合作社中，由于贯彻了农业科学知识和农民生产经验相结合，农业生产技术有了初步的改进。"晋华村还注重科学种田，育秧推广了盐水选种，温汤浸种；插秧改变了传统的转圈插秧为南北直行，交稀植为8寸3窝，密植面积达到200亩，占到稻田总面积的50%；管理上学习了南大寺精耕细作的经验，中耕除草达到了四进四出，选种开始注意了穗选、片选、去杂去劣，优中选优；沤肥结合除草进行，割蒿割荆程压绿488方。"晋华村农民入初级社后，稻田的耕作方法，普遍比过去变得精细了，从前一般是耕二次、锄二次，而1952年的稻田一般都做到了耕二次、耙三次、锄二至三次。本地农民过去一向不锄麦田，这一年也普遍锄了一次，有的农作物不但上了基肥，而且施了追肥。为了改变生产条件，晋华村集中人力物力修渠改道5条，平整田地42亩，扩大耕地8.1亩，改善了灌溉条件，增产粮食0.46万公斤，垫土改造下湿低产田110亩，亩产由230公斤提高到400

---

① 太原市人民委员会办公厅编：《巨变中的太原》，1960年版，第24页。

公斤，增产粮食 0.185 万公斤；增施有机肥每亩达到 40 担，产量明显提高，如原来赵贞元种的一块稻田 1.59 亩，亩产就由过去的 300 公斤增至 500 公斤，增产 200 公斤。1955 年，在太原化工厂的大力支援下，晋华村通了电，增添了新的动力。为了改善灌溉条件，改变低产田面貌，社员经过一个冬春的艰苦奋斗，肩挑筐抬，投工 1400 个，动土石 800 方，投资 700 元购买水泵 2 台，架设电线 150 米，建成二级电灌泵站 1 座，250 亩旱地变成水田，实现了单产翻番，平均亩产达到了 250 多公斤。1956 年建设社水稻单产创了历史新水平，达到 450 公斤，比 1955 年亩产 380 公斤增长 18.2%。①

三、余论

实行农业合作化的最终目的，就是发展生产，提高产量。要提高产量，就必须改革农业技术，其中最重要的一项就是改革生产工具。一家一户的个体农民，只能使用旧式犁和镰刀、锄头等来进行生产。但成立了农业生产合作社之后，由个体生产变成集体劳动，由分散经营变成统一使用土地、耕畜和农具等主要生产资料，原有的旧式农具就不能满足农业生产的需要了。比如：一个高级农业生产合作社，有上千亩的土地、上百头的牲口，户数由几百户发展成为一千多户，土地、经济力量比个体农民大得多。因此，所有的农业生产合作社都迫切要求使用双轮双铧犁、播种机、收割机等新式农具。

从国家公布的统计数字来看，从互助组到人民公社成立之时，国家与地方对农业进行的技术改造，农田基本设施建设方面所动员的人力和物力是巨大的，而这些投入，没有集体的力量，单靠个体是不可能实现的。1954 年，

---

① 《太原市晋华村档案资料》。

针对山西省农业生产合作社快速发展的情形，农业部为山西全省建立马拉农具站，马拉农具站有调配双轮双铧犁、双轮单铧犁、12片圆盘耙、10行播种机、摇臂收割机、镇压器等共196部。1955年，据山西省供销合作社统计，全年共推广双轮双铧犁2.94万部。在第一个五年计划期间，全省推广双轮双铧犁68086部。新式农具的推广使用，不但使农民体会到先进生产工具的重要作用，而且促进了互助合作的发展。①有研究者认为，建立和推进合作社的重要意图是让国家绝对控制农产品、掌握乡村。那么，高级社普遍建立后，国家已经通过把农民家庭所有的生产资料变为公有财产，并通过统购统销、户籍等政策成功地实现了对农民的直接控制。"就此而言，高级社已经可以不再升级到人民公社。"②显然，人民公社的建立并不完全是经济上的原因。除意识形态之外，还有一个重要的原因，就是为农业技术的发展提供进一步的体制保障，而国外学者的研究也认为"国家资助的拖拉机站是组成大农业合作社的一个诱因"③。中国的基本农情是以小农户为主的家庭经营方式为中国农业经营的主要形式，针对"大国小农"的基本国情、农情，小农户发展农业生产离不开先进农业技术的支持，这一问题至今都有现实意义。2018年9月，中共中央、国务院印发了《乡村振兴战略规划（2018—2022年）》的文件，乡村振兴战略规划中提出了培育农民专业合作社、农业企业等新型农业经营主体，也就是说，解决好"三农"问题，必须得让集体经济组织不断发挥作用，要"深化农村集体产权制度改革，保障农民财产权益，壮大集体经济"④。在一些地区，集体经济已经发挥出一定的作用。南翟村是山西省太原市尖草坪区向阳镇下辖村，2021年9月，被中央农村工作

---

① 山西省农业合作化史编委办公室：《山西省农业合作化史综述卷》，中央文献出版社2002年版，第81页。
② 陆学艺等：《中国农村现代化道路研究》，广西人民出版社1998年版，第70—71页。
③ 〔美〕弗里曼、毕克伟、赛尔登：《中国乡村，社会主义国家》，陶鹤山译，社会科学文献出版社2002年版，第237页。
④ 习近平：《决胜全面建成小康社会 夺取新时代中国特色社会主义伟大胜利》，《人民日报》2017年10月27日。

领导小组办公室、农业农村部、中央宣传部、民政部、司法部、国家乡村振兴局表彰为"第二批全国乡村治理示范村"。赵建庆是南翟村党总支书记、村委会主任,党的十一届三中全会以后,中央在推行家庭联产承包责任制的同时,也在强调集体组织的作用。赵建庆结合1982至1986年中央"五个一号文件"精神,南翟村针对土地分散经营的情况,以适度集体经营的方式先后成立了"户户是股东、人人有股份"的村办农场、金滩田园等集体经济组织。南翟村农村集体经济组织的一个重要功能就是为村民在农业生产的产前、产中、产后环节提供选种、播种、机械、修水渠、传播农业技术等生产性公共服务。这些公共服务因地制宜地实施,从根本上解决了一家一户小农经营所面临的困境,保证了农业生产,也得到全体村民对集体作用的认可和支持。一个强有力的集体组织对分散农户进行农业生产所起的作用是显而易见的。南翟村净资产从200万元增值到亿元(无一分钱贷款和债务),全村人均净资产20万元以上。其他企业经济股份资产近亿元,就业人员近千人,年产值亿元以上。[①]

各级政府也在积极推动集体经济组织在乡村振兴中发挥作用。"2017年,烟台市推动村办合作社的工作。农业农村局制定了关于支持村党支部领办合作社发展集体经济的十六条措施;市供销社依托为农服务中心,为合作社提供测土配方、水肥一体化等八项定制服务;农科院的专家,把新技术、新品种和新生产理念引入党支部领办合作社的村庄。合作社从最初的11个村试点起步,扩大到百村示范,今年已覆盖千村。"[②]2017年新修订的《农民专业合作社法》正式实施。为促进农村集体经济组织规范发展,保障农村集体经济组织及其成员的合法权益,依据《中华人民共和国民法典》以及国家有关法律法规政策,2020年11月农业农村部关于印发《农村集体经济组织示范

[①] 口述资料:赵建庆,山西省太原市尖草坪区向阳镇南翟村人。

[②] 于涛:《组织起来,发展壮大集体经济(下)——烟台市推行村党支部领办合作社、全面推动乡村振兴》,《经济导刊》2020年第1期。

章程（试行）》的通知。2021 年 12 月十三届全国人大常委会第一百零六次委员长会议审议并原则通过全国人大常委会 2022 年度工作要点和立法、监督、代表工作计划，其中包括制定农村集体经济组织法等。一个强大的集体经济组织对分散农户的积极性进行正确引导，才能发挥好更全方面的社会化服务功能，对推动新农业技术应用，发展现代化农业起到积极作用。乡村振兴需要的是集体振兴、农业现代化振兴，集体作用不可或缺。

改革开放后农村双层经营体制下集体作用研究

党的十一届三中全会以后,农村经济体制改革浪潮席卷全国。农村人民公社改变了原来政社合一的体制,保留了人民公社作为单纯的集体经济组织,与包产到户后的农户家庭分散经营相结合,形成了以家庭为基础,统分结合的双层经营体制。

双层经营体制的内涵是将原来生产队的生产经营职能分解为两部分,一部分由农户家庭承包;一部分由集体承担。将原来集中统一经营分为家庭分散经营和集体统一经营两个层次,有统有分,统分结合。[①] 双层经营体制的特点是:能由家庭来完成的事情尽量由家庭来完成,如果农户办不了或者是不愿办的事情交由集体来办。集体仍然承担着一些农户家庭单家独户难以承担的经营管理职能,为农户的生产经营提供服务,管理集体的土地,并协助国家落实和监督完成生产任务。农民家庭成为生产经营的主体,占有除土地之外的各种生产资料,独立从事生产经营,直接与市场发生关系,是农村中基本的生产和经营单位。这种把家庭承包引入集体经济的经营方式,既使农户有了生产经营自主权,又坚持了土地等基本生产资料公有制和必要的统一经营,形成统一经营和分散经营相结合的双层经营体制。

对双层经营体制的研究,国内学术界主要集中在三个方面:一是对双层经营体制的现实状况研究;二是对双层经营体制存在问题的原因研究;三是关于如何完善双层经营体制的问题研究。这些研究主要着眼于双层经营体制本身存在的问题和发展前景等方面。笔者在查阅资料的基础上,通过对双层

---

① 方晓宇、刘汝焯:《小康工程:中国农村的振兴之路》,改革出版社1992年版,第157页。

经营体制内涵的分析，对集体经济组织在农业生产方面的重要作用加以总结，凸显出集体经济组织对分散农户的帮扶作用，以丰富相关领域的研究。

一、分散经营的发展与不足

在党的领导下农村经济的改革取得了巨大的成功。农村承包经营符合我国社会主义初级阶段生产力的发展水平和农业生产关系。家庭联产承包责任制的建立，打破了过分集中的僵化模式，实现了所有权和经营权的分离，是所有制方面的重大突破，是社会主义生产方式的自我完善。农村家庭联产承包责任制实行之后，把集体所有的土地长期包给各家农户使用，农业生产基本上变为分户经营、自负盈亏。在产品生产上，生产队只对国家征收部分提出要求。在产品分配上，社员只需要完成国家征购任务，上缴生产队提留，其余均归个人所有。这就是群众常说的"保证国家的，留足集体的，剩下的都是自己的"[①]。

这种责任制使农民获得了生产和分配的自主权，把农民的责、权、利紧密结合起来，克服了以往分配中的平均主义、"吃大锅饭"等弊端，纠正了经营管理过分集中、经营方式过分单一等问题，极大地调动了农民个体的生产积极性。实行家庭联产承包责任制后，农村经济取得了高速增长，以太原市 1978 年和 1982 年四项经济指标增长为例（见表 1）。

这些主要经济指标的显著增长都是在实行家庭联产承包之后，农业获得快速发展的例证。家庭联产承包责任制有效调动了农户生产积极性，使农业获得快速发展。

家庭联产承包责任制极大地调动农民生产积极性、促进农业快速发展等

[①] 太原农业合作史编辑委员会：《太原农业合作史》，山西人民出版社 1993 年版，第 233 页。

表1　太原市1978年和1982年四项主要经济指标增长表

年份（年）	农业总产值（万元）	乡镇企业产值（万元）	县区财政收入（万元）	农民人均收入（元）
1978	18842	14352	1756.8	116
1982	26134	53838	5709.7	458

数据来源：《太原农业合作史》。

优越性值得肯定，但是这种包产到户的生产方式的过快发展也相应地带来一些生产方面的问题。由于农村改革来势猛、发展快、波及面广，又没有前人的经验可以借鉴，多数地区基本沿袭和套用农田大包干的简单做法，因而在具体执行中，新情况和新问题层出不穷。如土地承包过于零碎、农田水利设施老化、农业机械难以推广等问题。一些干部和群众把家庭联产承包误认为是"分田单干"，说"分田到了户，不用村干部"。有的干部只管自己富，不为群众搞服务，导致少数乡村的村集体组织功能萎缩，连必要的协调组织管理也难以实现，使双层经营变成了单层经营。[1]

集体功能萎缩、集体统一经营层次没有保留的问题开始显现。有的公社或者大队对下放政策没有拿捏准，在承包时发生拆毁、平分集体财产的现象，使集体经济受到不应有的损失。集体多年来积累的公共财产全部折价下放到户，分过了头，集体没有一点经济实力，丧失了经济上的主导地位，在很大程度上影响了农村经济的进一步发展。其中比较突出的问题表现在以下四个方面。

一是随着人口劳力的变化和劳动专业户的发展，出现了劳力多劳力强户承包的土地不够种，劳力弱劳力少户种不了、种不好的现象。再者由于土地分割过碎，影响到浇水、机耕、治虫等农事活动的正常进行。太原市清徐县北社村出现了分地过于碎化等问题，严重影响该村农业的继续发展，突出表现为：以户经营、各自为战，土地条块分割，许多必须统一进行的生产环节

---

[1]　太原农业合作史编辑委员会：《太原农业合作史》，山西人民出版社1993年版，第297页。

无法进行，诸如统一机耕，统一防治病虫害，统一推广新技术等问题。① 太原市阳曲县上后背村实行大包干后，出现了部分土地分割零碎，以及分户经营后可能出现的掠夺性生产而导致土地等级下降等情况，按人分地、以户种田的小农经济模式已不能适应社会化大农业的发展需求。② 杏花岭区瓜地沟村在承包时发生拆毁大型农业机械折价到户、平分集体财产现象，使集体经济受到不应有的损失。③ 这说明集体经济遭受损失的同时，也无法为农户生产提供相应的服务，限制了农村经济的进一步发展。

二是承包期短，合同不完善，农民产生了担心承包政策和期限不稳定的心理，出现了投入少、掠夺经营现象。确保农民土地承包经营权稳定，会改变农民对土地利用的短期行为和激发农民保护耕地的积极性。④ 不确定承包期限对于农民而言就相当于不确定的产出，农民在较短期限的土地上必然是不会有长期经营、适度增产的规划，掠夺经营是在所难免的。正如姚洋所言：土地承包权稳定性对农民的绿肥使用面积有显著正面影响，但对产量的影响不显著。稳定地权不可能马上就见到产量的效果，其作用主要是通过促进土地长期投资达到可持续发展的目的。⑤ 土地承包经营权的稳定性对农民的农业生产投入有重要的影响。

三是在工副业发达的地区，由于种粮利益低，利益取向使得农民重工轻农，忽视土地的投入产出，实行粗放耕作甚至出现弃耕。这种掠夺式粗放耕作方式，造成地力下降，土地效益锐减，严重影响了家庭联产承包责任制优越性的进一步发挥。

四是一些村干部放弃领导，服务工作跟不上，把集体应该负责的事情

---

① 太原市农业合作史编辑委员会：《太原农业合作史：典型村社史》，山西人民出版社1996年版，第300页。
② 同上注，第310页。
③ 同上注，第321页。
④ 党国英：《深化土地制度改革，增加农民养老财力》，《人民论坛》2014年第36期。
⑤ 姚洋：《集体决策下的诱导性制度变迁：中国农村地权稳定性演化的实证分析》，《中国农村观察》2000年第2期。

（如调换优良品种、购买化肥、购买农药、组织机耕、组织浇水）没能很好地组织起来，造成了拖拉机闲置，机耕面积减少；机井管理不善，水地变成旱地；优良品种调不到，虫害治不了，影响到农田增产等。

包产到户、分散经营带来的问题引起了党中央的高度重视，各级地方政府也采取了积极应对措施。中共中央、国务院从1982—1986年连续五年发布一号文件，通称"五个一号文件"，对农村改革和农业发展作出具体部署。各级地方政府积极响应中央"五个一号文件"的同时，也从各地实际出发，采取相应措施解决农户分散经营所带来的弊端。

二、从中央到地方对集体经济的重视

（一）"五个一号文件"的相继出台

针对包产到户所带来的一系列问题，中共中央、国务院自1982—1986年连续五年发布一号文件。这"五个一号文件"的出台既是中央政府对放宽农业生产限制的探索，也在不断地强调集体经济组织的作用。1982年中央一号文件指出："包产到户、包干到户或大包干等等，都是社会主义集体经济的生产责任制，是社会主义农业经济的组成部分。"[1] 这个文件的最大作用就是正式肯定了土地的家庭联产承包经营制度，结束了围绕包产到户的激烈争论。包产到户可以有效调动农民的积极性，充分发挥双层经营体制中"分"的作用。1983年中央一号文件指出："继续完善和稳定家庭联产承包责任制。农村的基础设施，也可以由农民个人或合股兴办，实行有偿使用。"[2] 这个文件的出台，一方面肯定了统分结合的双层经营体制仍需继续坚持；另

---

[1] 杜润生：《杜润生文集》（下册），山西经济出版社2008年版，第135页。

[2] 同上注，第52页。

一方面强调了农民合作的重要性和集体组织的作用。1984年的中央一号文件指出:"土地承包期一般应在十五年以上。生产周期长和开发性项目,如果树、林木、荒山、荒地等,承包期应当更长一些。"①延长土地承包期政策的出台,给农民吃了一颗定心丸。此外,文件特别要求制止对农民的不合理摊派要求,减轻农民负担,鼓励农民进入城镇务工,改变"八亿农民搞饭吃"的局面。这是对农民极为关切的土地承包期限问题的合理解决,这样更有利于农民对土地进行长期规划,促进"分"的作用的继续发挥。1985年中央一号文件指出:改革农产品统购派购制度。"从今年起,除个别品种外,国家不再向农民下达农产品统购派购任务,实行合同定购和市场收购。"②统购统销制度的终止,意味着农民对作物种植的选择更加自由,可自行决定和调整不同作物的种植面积,调动了农户家庭种地的积极性。1986年中央一号文件提出要坚持改革,依靠改革解决农业生产中遇到的问题。同时重申要以农业为基础,提出了增加农业投资和水利投资,提高和改善农业技术,加强服务等一系列政策措施。③

"五个一号文件"的相继出台,是党中央不断放宽农业限制的过程,也是针对农户分散经营出现的一系列问题和弊端而提出的应对措施。1982第一个一号文件主要肯定了包产到户的合法性,结束了关于包产到户的争论,这是党和政府提倡农户进行分散经营的先声。第二个一号文件开始在巩固家庭联产承包责任制的同时,鼓励"合股兴办农村基础设施",这说明了党和政府在政策层面开始对集体经济态度的转变。第三个一号文件主要是放宽农村土地承包期限,鼓励农民进城务工。农民进城务工可以谋求更好的利益,但是,有一个强有力的集体经济组织为他们解决相应的生产方面问题,他们才能没有后顾之忧地进城务工,这在一定程度上说明了国家希望突出集体经

---

① 杜润生:《杜润生文集》(下册),山西经济出版社2008年版,第55页。
② 同上注,第219页。
③ 同上注,第212页。

济组织的作用。第四个一号文件终止了"统购统销"制度，农民可以自行安排种植计划，可以自由选择种植作物。集体经济组织此时扮演着统一规划的角色，终止"统购统销"政策的背后是引导集体组织的统一规划和农户个体劳动积极性的进一步结合，以期集体组织在之后的农业生产布局和农业种植计划中起到领导作用。第五个一号文件则强调要增加农业和水利投资。这五个一号文件的相继出台，一方面说明了中央希望通过一号文件的发布来重提集体经济组织，以此来解决分散经营所带来的一系列问题；另一方面也表明了中央对集体经济组织作用的日益重视。"五个一号文件"在巩固家庭联产承包经营制度的同时，也肯定了统分结合的双层经营体制需坚持和强化，强调农民合作的重要性，强调集体组织的作用。

（二）地方政府对集体作用的重视

集体经济的保留和发展壮大，不但能够很好地帮助单个分散农户进行农业生产，而且很有针对性地解决农户分散经营所带来的弊端。发展集体经济组织不但是对"五个一号文件"的积极响应，而且是各级地方政府积极发挥主观能动性进行探索的基准。

"五个一号文件"精神的传达，使各地在巩固家庭联产承包责任制的同时，开始重新重视集体经济组织的作用。分散经营可以最大限度发挥农户个体的积极性和聪明才智，让农民富裕起来，而集体经济组织就是为农户个体经营提供的"安全网"，农户可以无后顾之忧地大胆经营、大胆开拓。集体经济组织可以为分散农户提供相应的专业服务，比如水利工程、大型农械、温室大棚等。郭亮认为，在农户的个人理性之上，还有一个集体为其保驾护航，形成一种"出可进城，退可回村"的弹性城乡互动机制。[①]这就确保了整个农业的稳步发展。

太原市委市政府根据"五个一号文件"精神，针对各个时期出现的问

---

① 郭亮：《需坚持农村集体所有制》，《中国社会科学学报》2010年第1期。

题,把完善双层经营作为深化农村改革的突破口,作为保证农业增产增收的基本措施,经常抓、反复抓,从而使双层经营体制得到了不断完善。

一是抓农村基层干部的培训。太原市在连续几年贯彻"五个一号文件"过程中,各个农业县、区和乡镇通过举办基层干部训练班、专业人员训练班以及利用县(区)乡镇党校轮训党员、开展乡村整党等形式,共培训党员、干部 7 万余人次。通过培训,着重纠正了诸如"包产到户就是分田单干""包产到了户,不用村干部"等小农经营的保守观念,使广大的党政机关和行政部门加深了对"统分结合,双层经营"体制的理解。[1] 对基层干部的培训,从思想层面上统一了广大干部对双层经营的认识,消除了发展双层经营的后顾之忧,为进一步发展和壮大集体经济组织奠定了思想基础。

二是开始发展和壮大集体经济实力,实行乡镇企业重大改革。特别是 1985 年中共中央国务院下达《关于进一步加强活跃农村经济的十项政策》后,各级党政机关和职能部门加强了对农村商品经济的领导,大力发展乡、村企业,出台了相关的优惠政策,加大了集体经济发展的力度。具体以太原市 1978 年和 1986 年乡、村企业同比增长为例(见表 2)。

表2 1978年和1986年同比太原市乡、村企业增长表

年份(年)	企业	数目(个)	职工(人)	产值(万元)	同比增长(倍)
1978	乡(镇)办企业	615	32838	26613	3.1
1986	村办企业	2716	75772	42388	2.2

数据来源:《太原农业合作史》。

乡、村两级企业总产值达到 68901 万元,占当年乡镇企业总产值的 71%。据不完全统计,1986 年、1987 年两年全市乡、村两级用于"以工补农""以工建农"的资金高达 5500 万元,相当于太原市财政两年用于农业生

---

[1] 太原市农业合作史编辑委员会:《太原农业合作史:大事记》,山西人民出版社 1996 年版,第 54 页。

产投资的 1.9 倍。① 乡镇企业的改革和集体经济组织的发展壮大突出了集体经济组织和乡镇企业对分散农户和农业生产的帮扶作用。

三是改革和完善土地承包制度。太原市各地区为了响应"五个一号文件"精神，相应地采取了各方面的保证措施。全市 75 个乡和 865 个村建立了土地档案和质量管理制度。② 这是明确地权，保证农民生产热情的最重要做法。该制度不论是针对当前阶段的土地承包年限变更，还是之后的土地流转制度，都极为重要。太原市共有 1095 个村建立了劳动积累工制度。③ 筹集劳动积累工坚持"谁受益，谁出工"的原则，凡兴建工程后能直接受益的农村劳动力，都有投工的义务。投工方法可以直接投工或出动机械，以机抵工，也可以资代劳。这是兴办大型工程的过程中凸显集体经济组织作用的重要举措。

在全太原市范围内建立社会化服务体系。县区一级建立农业技术服务中心和农副产品产销服务站 96 个，乡镇一级专业服务组织达到 196 个。④ 这些专业服务机构的广泛建立成为社会化服务得以深入发展的关键，也成了响应"五个一号文件"发展和壮大集体经济组织的有效举措。

太原市重提集体组织作用并且逐步重视集体组织，取得了一系列成果。集体组织在政策引导和各级地方政府的大力支持下开始发挥作用。集体经济的发展壮大和作用的重新凸显，一方面为分散经营弊端提供了行之有效的解决方法；另一方面也说明规模化、产业化经营是农业发展的必经阶段。集体经济组织不断壮大，它作为"安全网"的作用才能不断地发挥，它对单个农户经营的保护作用才能不断凸显，它的社会化服务功能也能更好地为单个农户服务。分散经营所带来的弊端由于集体的保驾护航可迎刃而解。所以，只

---

① 太原市农业合作史编辑委员会：《太原农业合作史：大事记》，山西人民出版社 1996 年版，第 95 页。
② 同上注，第 110 页。
③ 同上注，第 118 页。
④ 同上注，第 130 页。

有重新壮大集体经济组织,发挥集体经济组织的"安全网"作用,与农户自身经营相结合,才能彻底解决分散经营所带来的问题。

三、发挥好集体经济组织的作用

壮大集体经济,一方面能够增强集体经济组织的实力以更好地服务于农户家庭;另一方面也体现了双层经营的优越性,比如说大型农械的使用、水利工程的修建、病虫害的防治等。另外,随着我国农业的不断向前发展,农户耕地细碎化分布的现状会逐渐通过土地流转的形式完成向规模化的过渡,这种规模化过渡的结果是耕地的集中连片,需要集体统一经营发挥作用,集体经济组织的不断发展也可以很好地适应这种过渡情况;随着农民整体素质的不断提高,各农户对国家农业政策和对农业生产本身的理解也会不断深入,从观念上促使他们投入集体统一经营规模化农业的建设中。

(一)集体统一经营职能的发挥

要发挥好集体统一经营规模化生产的作用,首先需有一个强有力的集体经济组织。一个强大的集体经济组织才能更好地履行其应有的职能,引领分散农户进行农业生产;更好地投身于对农户家庭经营的帮助;更好地发挥集体经济的作用,巩固双层经营体制。

太原市尖草坪区南翟村在村主任赵建庆的带领下,先后成立了村办农场、金滩田园、金滩实业等集体组织。有了这些强有力的集体组织做后盾,南翟村一改之前的落后面貌,使沙滩变金滩,形成了金滩田园引领安居、金滩实业引领经济发展的格局。① 南翟村村办集体家家有股份,人人是股东,

---

① 赵建庆:《村庄治理的实践与探索》,山西人民出版社2017年版,第78页。

逐步成为双层经营模式的典型和增强集体统一经营职能、正确发挥集体经济作用的示范村。

太原市万柏林区后王村，撤销原大队建制，成立村合作组织——晋汾集团。这种形式既剔除了强制命令吃大锅饭的痼疾，保留了统一经营分工分业的长处，又增加了集体承包、系统服务等内容。晋汾集团是一个典型的合作经济组织，它的成立和发展成为双层经营的典型。晋汾集团的集体服务职能得以充分发挥，每年集体用10万元的企业上交利润投入农业，比如扩建温室、塑料大棚的投资，浇地用的水电费，牲畜饲料等，农业税都是集体统一支付。菜农收获的菜以组为单位，按市场价上市出售，所得收入除了购买种子化肥等开支外，其余部分全给组员分红。1991年，菜地总收入为40万元，平均每个劳动力收入3000多元，比有些企业职工的工资还要高，较好地稳定了菜农队伍。[①] 晋汾集团作为一个强有力的集体经济组织，统一经营职能得到了很好的发挥，对分散农户的帮扶作用也很显著，发挥了集体经济组织的作用。

太原市阳曲县晋驿村将留下的2500亩责任田承包给有种田经验的144户经营，其中80%的土地集中给50个商品粮专业户耕种。[②] 为了保证农业发展，增加农业的后劲，集体还采取了以工补农的办法。之后，村集体投资10万元，用于维修水利设施，修筑防渗渠道。投资5万元扶持村民发展蔬菜地200亩，建温室447间和塑料大棚1亩，既解决了村民和城镇人口的吃菜问题，又可以每年增加20万元的收入。1992年，又经过规划，投资2万多元，在村北坡梁地发展新果园100亩，初步形成了"村东一片田，村南米粮田，村北花果园"的新格局。[③]

[①] 太原市农业合作史编辑委员会：《太原农业合作史：典型村社史》，山西人民出版社1996年版，第65页。

[②] 同上注，第25页。

[③] 太原市农业合作史编辑委员会：《太原农业合作史：典型村社史》，山西人民出版社1996年版，第26页。

太原市晋源区晋祠镇南大寺村的村民委员会组建了农业服务队，"帮助农民购买化肥、防治病虫害、整修渠道、组织灌溉、安排种子、秧苗等，为农民进行产前指导、产中出力、产后找路的服务"①。这样一来，既壮大了集体经济，又显示了统分结合，双层经营的优越性。小店区贾家寨村的党支部认为："农村经济发展，必须发挥两个积极性。集体管环节要抓住点子不放松，个人搞经营要勤精肯下工。"②党支部在推行家庭联产承包责任制的同时，结合本村实际，研究确定了"统一规划，连片种植，搞好服务，分户经营"的总则。③

农村集体经济组织是双层经营体制下农村经济中的一个经营主体。在以集体土地所有权为基础，统分结合的农村双层经营体制下，农村集体经济组织是一个很重要的经济主体，因为这一组织具有一个重要的功能，那就是提供农业的生产性公共服务，比如南翟村的农场、后王村的晋汾集团，它们都在村民种植的过程中提供机械、修筑防渗渠、传播农业科技等，很好地承担了集体经济组织的作用。农村集体经济组织的主要目标是为其成员从事农业生产经营提供便利，其主要任务是为农业生产的产前、产中、产后环节提供公共服务，这些公共服务应当因地制宜地实施。但是，公共服务所需要的人力、物力、财力不可能凭空而来，这就需要一个强有力的集体凭借自身强大的经济实力来更好地发挥"统"的作用。农村集体经济组织提供公共服务的资金来源主要由两部分构成，一部分是集体的经营性收入；另一部分是基于土地所有权而产生的"地租性"费用收入。

从太原市不同地区经济发展的模式来看，一方面要提高对集体经济组织的认识，只有集体"统"的作用得到更好发挥，双层经营才能更稳步发展；另一方面要提高对集体组织经营性收入的认识。集体拥有了丰厚的人力、物

---

① 太原市农业合作史编辑委员会：《太原农业合作史：典型村社史》，山西人民出版社1996年版，第158页。
② 同上注，第160页。
③ 同上注，第173页。

力、财力，才能不遗余力地投身于对农户家庭经营的帮助中去。

(二) 农户要树立集体意识，借助集体进行集约化经营

一个强有力的集体经济组织归根到底还是需要通过农民的劳动来完成。集体的统筹规划、统一计划还必须由各个分散农户来完成，集体的先进理念和科学领导必须有各个分散农户的配合。因此，树立农户的集体意识就显得尤为重要，农民们对集体的认可是实行双层经营更好地发挥集体经济组织作用的前提。农民树立集体意识是为了更好地借助于集体经济以进行农业生产，此外，农民还需要树立集约化经营意识来适应未来农业发展趋势。

集约化经营是指在一定的土地上，集中投入较多的劳动和生产资料，采用先进的科学技术进行精耕细作，以提高单位面积产量或收益。农业集约化经营相对于粗放式经营，它是未来农业的发展趋势，也是实行农业可持续发展的必然要求。从农业发展的历史来看，农业生产是不断朝着集约化方向发展的。这是因为：一是土地资源是稀缺的，也是有限的。依靠扩大土地面积，增加农业产出的途径是行不通的。二是社会不断向前发展，科学技术日益进步，生产力水平不断提高。这就为不断提高农业集约水平创造了条件。但是单个农户家庭对于农业科技的掌握、对农业机械的操作、对病虫害知识的了解与防治必然是有限的。农民要追求农业集约化的发展趋势，必须依靠集体经济组织。

随着我国科教兴国战略的进一步实施，科技水平的不断提高，先进的科学技术理论和工具运用于农业的建设，这些农业机械的推广和农业技术的培训都需要集体经济组织不断发挥作用。首先，随着农业机械的更新换代，即生产工具的改良和更新，尤其是大型机械化生产工具的应用和推广，农民应该树立集体意识，依靠一个强有力的集体才能将这些先进知识和科技应用于生产劳动之中。1986年，清徐县赵家堡村成立的农业公司一次性投资140万元，建成管道喷灌农田，做到科学用水和节约用水，还新购置4台联合收

割机和其他大型农业机械,[①]村民们充分享受到了依靠集体带来的成果,也说明了集体经济组织对农业机械应用和推广的重要性。其次,分散农户可以依靠集体经济组织学习农业知识以提高集约化经营水平。万柏林区小井峪村的村委会保留农业科研队,耕种菜田30亩,[②]分散农户参考这个农业科研队的先进经验进行科学种植;同时科研队的存在可以有效地对单个农户进行生产指导和病虫害防治等。科研队某种程度上可以代表集体经济组织,起到在农村开展技术理论教育和培训、推行农业科技下乡等作用。

四、余论

包产到户政策的出台适应了当时生产力的发展要求,极大地调动了农民生产的积极性。但是随着分散经营这样或那样的弊端日益显现,以及小农经济本身的弊端,无论是中央政府还是地方各级政府都重新重视集体经济组织的作用。集体经济组织可以有效解决一家一户分散生产的弊端,一个强有力的集体经济组织对分散农户进行农业生产所起的作用是显而易见的。所以说集体作用的重提、集体经济组织的壮大是解决分散经营难题的关键。

"农业农村农民问题是关系国计民生的根本性问题,必须始终把解决好'三农'问题作为全党工作重中之重。"[③]解决好三农问题,必须得让集体经济不断发挥作用,需要双层经营、统分结合,要"深化农村集体产权制度改

[①] 太原市农业合作史编辑委员会:《太原农业合作史:典型村社史》,山西人民出版社1996年版,第51页。

[②] 同上注,第59页。

[③] 习近平:《决胜全面建成小康社会 夺取新时代中国特色社会主义伟大胜利》,《人民日报》2017年10月27日。

革,保障农民财产权益,壮大集体经济"[①]。集体经济组织应不断加强统筹协调能力、经济实力。一个强大的集体经济组织能更好地发挥统筹规划作用,对分散农户的积极性进行正确引导;可发挥更全方面的社会化服务功能,保障农户分散经营的基础利益,规避单干的风险。乡村振兴需要的是集体振兴,需要集体作用的不断发挥。只有发挥集体的作用、壮大集体组织的经济实力,进行统分结合、双层经营,才能有效地应对分散经营带来的一系列问题。这些问题的妥善处理是乡村振兴战略得以成功实施的关键。

[①] 习近平:《决胜全面建成小康社会 夺取新时代中国特色社会主义伟大胜利》,《人民日报》2017年10月27日。

自然生态视角下的社会嬗变

罂粟种植与清末山西农民生计问题

在近代中国政治中，清廷对"鸦片贸易"与"罂粟种植"的对策大体上经历了两个历程。第一个历程是由"非"到"是"，即从雍正七年（1729年）清廷颁布中国历史上第一个禁烟诏令到第二次鸦片战争后鸦片贸易合法化的实施；第二个历程是由"是"到"非"，从同治十三年（1874年）清廷实施的"弛禁政策"到光绪三十二年（1906年）颁布《禁烟十条章程》实行全面禁烟。而在广大农村，农民对于"是"与"非"的理解则是以自身利益为出发点的，鸦片从"阿芙蓉"的药物身份转变成为可以获取高额利润的商品时，农民的生计方式发生了重大变化，同种植粮食等农作物相比较，种植罂粟、生产鸦片的效益要高得多，受利益驱动，贫穷无靠的农民纷纷改种大烟。一时之间，全国各地，无论是大江南北，黄河上下，还是长城内外，漠北滇南，罂粟花到处开放，摇曳生姿。据记载"自咸、同以后，烟禁已宽，各省种植罂粟者，连纤接畛，农家习以为故常，官吏亦以倍利也，而听之"[①]。乡民的日常习俗也被妖艳的罂粟花所改变，山西巡抚张之洞上奏山西罂粟种植情况时指出："晋民好种罂粟，最盛者二十余厅、州、县，其余多少不等，几乎无县无之，旷土伤农，以致亩无栖粮，家无余粟。"[②]在一段时期内，清廷对鸦片"课取重税、限制种植吸食"的政策却成为乡民们解决生计问题的一个重要途径。这一途径还与雍正以后统治者希望地方拓展农业以外的经营，以缓解人口增加带来的社会压力的政策相吻合。因此，罂粟种植体现出乡村社会中"国家政治"的意义。此外，罂粟种植作为农民生存的一

---

① 中国史学会：《鸦片战争》第1卷，上海人民出版社1995年版，第300页。
② ［清］张之洞：《请严禁种罂粟折》，载《张文襄公奏稿》卷3。

种理性选择，它所涉及的问题还包括农民因地制宜的自然地理环境、市场条件、文化差异及他们之间的互动与并存关系。因此，在以上诸多因素的共同作用下，近代以来山西文水、交城两县农民对罂粟种植作出的选择成为"鸦片时代"国人生计选择的一个缩影。本文以清末民初发生在上述地区因官吏强行铲除罂粟而发生的官民流血冲突——"文交事件"为研究个案，通过对这一事件发生的过程、背景进行细致考察和分析，以此来透视近代以来山西农民生计所具有的社会复杂性。

一、禁与非禁："文交事件"之始末

清朝初年山西商人就曾带回罂粟种子进行试种，到道光年间"其风始炽"[1]，道光十九年（1839年）的一则上谕说："风闻山西地方，沾染恶习，到处栽种罂粟……最盛者二十余州县。其余多少不等，几乎无县无之。"[2] 光绪八年（1882年）张之洞出任山西巡抚，在考察山西的鸦片种植情况后上奏光绪帝称："晋地硗瘠，产粮无多，早年本恃外省接济，自为罂粟所夺，盖藏益空。"[3] 到20世纪初，太原、榆次、文水、交城等县已成为山西罂粟种植的著名地区，即"山西罂粟之产，以太原、榆次、交城、文水、代州、归化为最"[4]。鸦片泛滥带来的危害不仅导致吏治腐败、财政危机，对百姓生活更是产生了严重的影响，在《退想斋日记》一书中记载："丁丑、戊寅二年（光绪三年、四年）连岁不雨，人相食，饿死者遍野塞途，种鸦片之处，如交城山中、永宁州等境，饿死者更多。彼处人民概不种禾稼，独赖种鸦片烟以资

---

[1] 朱寿朋编：《光绪朝东华录》，中华书局1984年版，第394页。
[2] 《清实录》，中华书局1985年版，第979页。
[3] 朱寿朋编：《光绪朝东华录》，中华书局1984年版，第1357页。
[4] 《晋省鸦片》，《农学报》第48期，光绪二十四年九月下。

本，故一旦遭荒，家无余粮，欲不饿死，亦不得矣。"[1] 山西巡抚张之洞在上奏光绪皇帝的折子中也指出："晋患不在灾而在烟。"[2] 从当时的山西社会便可窥见全国鸦片泛滥的严重情况。面对毒品泛滥所造成的社会危害，在多方压力下清廷改变了以往在鸦片问题上"弛禁"的政策。光绪三十二年（1906年）清廷下令10年内禁绝鸦片，并于第二年（1907年）颁布严禁官民吸食鸦片的《禁烟十条章程》。《章程》规定："以十年禁绝吸食，自当先限栽种，庶吸食可期禁绝。应由各督抚分饬州县，确查境内向种罂粟之地共若干亩，造册详报。凡向种罂粟之田地，嗣后永远不准再种。其业经栽种者，给予凭照，令业户递年减种九成之一……其凭期一年一换，统限九年内尽绝根株。"[3] 并设立禁烟总局等专门机构督察各地禁烟情况。然而，在禁烟章程颁布后，地方政府反应不一。山西地方政府只是对部分地区做了宣传工作，"既束家谕户晓，人民亦莫由而知"[4]，并未采取禁烟行动。而对清廷则谎报："晋省禁种土烟，一律肃清。"[5]

光绪三十四年（1908年），清廷开始对呈报罂粟禁种的省份进行实地查验，此时山西巡抚才开始执行禁烟政策。而实际上晋中地区的文水、交城两县仍然种有大面积罂粟，烟农对禁烟之事一无所知。同年秋天，文水、交城两县农民因天旱粮食歉收，并错过种植冬小麦的季节，为了弥补秋收和来年的损失，农民将土地全部改种成罂粟。宣统二年（1910年）春，清廷派人到山西实地勘查罂粟禁种情况。山西巡抚丁宝铨命令文水、交城两县地方强行铲除罂粟。但此时罂粟已收获在即，如果被铲除则直接影响到农民当年的生计，文水县开栅镇和交城县广兴镇等30多个村的农民联合向官府递交了请愿书："上宪禁种洋烟事，众村花户无以为生路，况且已过种五谷季节，

---

[1] 刘大鹏著，乔志强标注：《退想斋日记》，山西人民出版社1990年版，第22页。
[2] 朱寿朋编：《光绪朝东华录》，中华书局1984年版，第1357页。
[3] 同上注，第5593页。
[4] 尚德：《文交惨案始末述》，《山西文史资料》第3辑，第8页。
[5] ［清］海宁辑：《晋政辑要》卷5。

夏秋两季收粮无望，望上开恩以足纳皇粮国课。"[1]然而烟农延缓铲除罂粟的请求遭到官府拒绝。随后，文水、交城两县30多村的烟农在文水县开栅镇召开万人大会，会上散发传单："上宪禁种洋烟，花户全无生路，可以恳请大人缓种一年，众花户能以生路，大人若不缓除烟苗，众花户难以逃生，因而议同，各村父老，人心如一，合而立约，设一村失信，立执照合同为证。"[2]这一风潮竟谣传为文水、交城两县的烟农要联合在开栅镇进行造反。[3]面对迫于生计群情激愤的民众，时任文水知县的刘彤光由于害怕事态扩大，于是发电报请求山西巡抚派兵镇压。山西巡抚丁宝铨派陆军教练处帮办夏学津率新军500人进驻文水县城内。宣统二年（1910年）二月二十三日，夏学津率兵开进开栅镇，会同刘彤光，强令农民铲除烟苗。官兵与烟农发生冲突。夏学津下令开枪，击毙群众40余人，伤60余人。"夏学津威逼人民，持杆横扫，各村烟苗数日尽除。"[4]此即"文交惨案"。"文交惨案"发生一年后，当地农民又开始大规模种植罂粟，并再次发生烟农与官府的冲突事件。辛亥革命后，南京临时政府大总统孙中山于1912年3月发布禁烟令，指出："鸦片流毒中国，垂及百年。溺通于贵贱，流衍偏于全国……其祸盖非敌国外患所可同语。""若于旧染痼疾，不克拔涤净尽，虽有良法美制，岂能恃以图存。"[5]同年农历五月初一日，交城县知事贾若义要求交城烟农铲除罂粟，因罂粟种植数量众多，烟农又多是借款种植，为了生计烟农请求延缓铲除烟苗，但贾若义一意孤行并于五月初二日在县城西门外亲自放马毁烟，从而激怒烟农，贾若义被烟农打死，成为民国史上山西的第一大案，史称"民元交城戕官案"。案发后，引起驻兵哗变，烧毁了县高等学堂，砍死教员，哄抢

---

[1] 韩春雯、张余生：《开栅春秋》，未刊稿，第7页。
[2] 同上。
[3] 同上。
[4] 刘存善：《山西辛亥革命史》，山西人民出版社1991年版，第51—52页。
[5] 中国第二历史档案馆编：《中华民国史档案资料汇编》第2辑，江苏古籍出版社1994年版，第31页。

钱庄、当铺，城关大乱。以上发生在清末民初时期由种植罂粟引发的两起官府与民众冲突事件被称作"文交事件"。

在一向以种植传统农业作物为主的山西农村社会，罂粟为什么会成为农民生计的主要来源呢？本文将以交城、文水县为例，从当地农业生产环境、农民生存条件以及清中叶以后"国计民生"的变化等角度对清末民初山西农民生计问题进行讨论。

二、罂粟种植：农民的生计选择

在古代商品经济不发达的条件下，农民必须相对独立地解决自己的生产和生活问题，特别是粮食和布帛的自给需求。正如《管子·禁藏》所说，"夫民之所生，衣与食也"。而中国传统社会的农业生产基本是以家庭生产为主，所以"农家生计"能够真切地反映出农民从现实出发而作出的经济、社会伦理选择的合理性。山西"农业开发历史悠久，农业人口密集，历来是全国重要的农业地区。耕地作为农业生产的主要生活资料，无论是食物衣服，还是生活必备的动植物，都受到土地数量的限制，以人口数量而度土地数量，就成为历代学者衡量人口压力的重要指标，亦即土地与人口的比例关系是否平衡有一个'温饱'常数，超过此数，即有人口压力之虞。不谋而合的是，自明、清之际的洪亮吉、张履园到今人罗尔纲等，都把这一比例大致定为一比四，即每人平均四亩耕地方可维持生计"[①]。因此，人口与土地数量之间的关系就成为"农民生计"中的一个重要问题，清康熙、雍正、乾隆三朝推行"滋生人丁，永不加赋""摊丁入亩"等税制改革政策，使文水、交城两县人口数量增长的速度明显加快。以交城县为例，顺治元年（1644年），交城仅

---

① 乔志强、行龙：《近代华北农村社会变迁》，人民出版社1998年版，第61—62页。

有18660人,而到光绪二年(1876年)时人口就达到了15万。而在同一时期,由于受土地盐碱化及水土流失的影响,①交城耕地总面积却是逐年下降的。清初,土地总额计3933顷20亩1厘3毫4丝,到光绪八年(1882年)土地总额降为3445顷83亩3分6厘4毫,如果以光绪八年(1882年)人口数量11.5万来计算,②人均耕地面积占有量则由清初的21亩降至2亩,人均耕地占有量下降幅度达90.5%。如果考虑平原与山区土壤差别的话,像交城县这样的"地瘠"之地,人均生活所需耕地面积每人应在平均4亩以上方可维持生计。以此计算,光绪年间交城土地和人口已严重失衡,人地矛盾十分突出,即使在土地承载力③不变的前提下,其人均2亩多的耕地也是难以维持生计的,更何况随着近代以来当地植被破坏、水土流失等因素的增加,土地承载力的下降是必然的趋势。康熙八年(1669年),交城耕地3605顷13亩7厘5毫5丝3忽,共征本色粮2991石8斗3升6合9勺,平均每亩征粮约0.0008石,约合0.8升。光绪八年(1882年),耕地3445顷83亩3分6厘4毫,共征本色粮2332石1斗1升2合9勺,平均每亩征粮约0.0068石,约合0.68升,亩产粮食平均下降0.12升。综合以上数据计算,清代交城亩产粮食年均在一石二三斗。而根据清人的计算,当时人日均消费口粮数量一般认为是"每人每日食米一升"④。由此可知人均年消费粮食3石6斗左右,这一数据可与包世臣在《齐民四术》中讲到的"每人岁食米三石"⑤及光绪《大清会典》中记载的当时灾荒赈济标准为"大口月二斗五升,小口半

---

① 有关清代文峪河流域植被及土地变迁研究,参见田世英《历史时期山西水文的变迁及其与耕、牧业更替的关系》,《山西大学学报》(社科版)1981年第1期。
② 受"丁戊奇荒"的影响,交城人口从光绪二年(1876年)到光绪八年(1882年)间减少了3.5万人,文中人口数字来源于《交城县志》。
③ 土地承载力,即在不发生土地退化的前提下,主要考虑总土地面积、耕地面积和耕作要素等,来计算一个土地利用系统所能永久支持的最大人口密度,即某地区与土地利用系统相联系的人口承载力。
④ 陆耀:《切问斋文钞》卷15。
⑤ 包世臣:《齐民四术》。

之"等数字相佐证。以此标准衡量,交城人均2亩有奇的土地其收获量也就在二石五六斗,如此低的产量不足以维系一个人的基本生存。所以当地百姓讲:"每年所收粮食不仅纳皇粮国课不够,即是养家花费亦不足。"①况且,在灾荒不断的条件下,②每年的粮食产量是难以保障的。因此,为了维持生计,就必须发挥土地的最大潜力,最根本的方法就在于提高农作物的产量,使有限的土地发挥其最大限度的价值,以获取最大收益,弥补生计的不足,罂粟的种植即是典型表现。而在客观上文水、交城两县也具备了种植罂粟的自然条件和社会环境。

首先我们从自然条件出发考察一下文水、交城两县的农业生产环境。文水、交城两县紧邻吕梁山脉,山区面积占到两县总面积的80%以上,文峪河冲积平原是文水、交城两县农业耕地主要分布的地区,"这一地区因长期受到河床变动、泥土冲刷的影响,土壤中含有丰富的有机质,土壤的肥力较高,加之本地区地势相对较高,地下水流动通畅,土壤水分供应条件良好,十分适宜农作物生长"③。另外,这一地区又处于文峪河河谷口的地形上,冷空气不易入侵,秋季气温较高。光绪九年(1883年)文水县志记载:"谷口秋风落叶,此外独迟,晚田不霜",即是文峪河平原的气候特征。此外,文峪河可以为农田提供便利的灌溉水源。在未引进种植罂粟之前,这里的耕地以种植粟、谷子、小麦等粮食作物为主。这样的自然环境同样也为罂粟种植提供了得天独厚的条件,在清咸丰初年开始种植罂粟并获得大丰收后,④这一经济作物在当地迅速得到推广,当地流传着"咸丰登基十一年,峪口川里遍洋烟"的民谣。除当地人大面积种植罂粟外,这一优良的自然条件还吸

---

① 师以文:《清末交城文水禁烟事件始末》,《交城文史资料》(第8辑),1989年12月,第96页。
② 据康熙、光绪《交城县志》《文水县志》记载,自1647年至1911年共发生水灾10次,旱灾10次,虫灾3次,雹灾2次,风灾、雪灾各1次。
③ 李培信:《文水县志》,山西人民出版社1994年版,第75页。
④ 韩春雯、张余生:《开栅春秋》,未刊稿,第7页。

引了大批晋中商人来此地租田种植罂粟。"晋中各县的财主家,亦多在交文境内,购置土地,设立专庄,大批种植鸦片,除供自用外,兼营巨利。"① 由于罂粟的产值要远高于粮食产值,所以文水、交城两县流传着"十亩地里八亩烟,留下两亩种粮田,不盼秋来不盼夏,光盼洋烟开花花"的农谚。据计算:"种一亩粮食,夏秋两季,收获一千斤,变钱三吊之谱,而种一亩洋烟,每亩一季收获六七十两,就可变钱四五两。"② 可以这么说,在近代农业商品化过程中,任何一种农作物都没有像罂粟一样给当地农民带来如此丰厚的回报率。因而当地一直流传着"洋烟开花,穷汉说大话""要发财,种上二亩油绿白"③的谚语。一些文献资料对上述情况也有记载,许珏在《书晋阳二妪事》中描绘了这样一个情景:"戊戌(光绪二十四年,1898年)闰三月,余自都中携眷来晋,雇一妪,年已五十余,询之本农家,向未服役于人……曰:不得已也,吾家本有田数十亩,初年种杂粮米麦,颇足自给,后见种罂粟利厚,改植罂粟,岁入之数计其半已过往岁所获。"④ 山西巡抚张之洞在其奏疏中也讲到:"近日种烟之利,以交城为最。"⑤ 由于罂粟还有综合利用价值"籽可榨油,杆可成薪,叶可饲猪"⑥,所以在追求高价值回报的心态下,农民不惜通过贷款方式解决罂粟种植中遇到的资金困难,例如,在清末民初时交城钱庄的放款去路中,农民为种植罂粟贷款额就达到44400元。⑦

其次从社会环境上讲,清代承平日久,人口渐增,雍正、乾隆时期,生齿殷繁问题更为严重,而内地各省平原丘陵区土地也开垦殆尽。为应对人口

---

① 李冠祥:《山西老乡座谈辛亥山西起义》,《山西文史资料》(第19辑),1981年6月,第46页。
② 师以文:《清末交城文水禁烟事件始末》,《交城文史资料》(第8辑),1989年12月,第96页。
③ 韩春雯、张余生:《开栅春秋》,未刊稿,第7页。
④ [清]许珏:《书晋阳二妪事》,载《复庵遗集》卷15,第15—16页。
⑤ [清]张之洞:《禁种罂粟疏》,载《张文襄公奏稿》。
⑥ 蓝炳奎、张仲教:《达县志》卷12《食货门》,1933年刻本,第8页。
⑦ 国内贸易部编:《中国实业志》第8编《山西卷》,第31页。

增长的压力,从康熙年间开始,清廷就要求农民改变"狃于种地"的习惯,注重种粮以外的农业经营。清高宗于乾隆七年(1742年)就训谕各省督抚率州县经画地利,以拓宽农业经营,满足日益增长的人口的需要。他指出:"为天下万世筹赡足之计者,不独以农事为先务,而兼修园圃、虞衡、薮牧之政。故因地之利任圃以树事,任牧以畜事,任衡以山事,任虞以泽事,使山林川泽丘陵之民,得享山林川泽丘陵之利。"要求各地督抚及各级官吏"因地制适,及时经理"。① 与此同时清廷为了应对鸦片对社会带来的日益严重的危害,在光绪十一年(1885年)推行"寓禁于征""寓禁于种"的弹性禁烟政策,并通过开征"土药税"使农民罂粟种植合法化,全国范围内开始大面积种植鸦片。到 19 世纪末期,全国年产鸦片已近 60 万担,是进口鸦片的 10 倍,山西也一跃成为国内交纳"土药税"的大省,光绪二十九年户部报告山西收"土药税"总额 233000 两,这一年全国征收土药税 1947424 两,山西约占 12.9%。② 咸丰三年(1853年)"交城罂粟种植风行,县城西门外水地几乎全部种植罂粟"③。据统计清末民初,在交城的 145 个村子中,种植鸦片的亩数共计 3573.2 亩,文水县的 175 个村子中,种植鸦片的亩数共计 4302.5 亩。因鸦片对土壤要求较高,往往占据灌溉便利的水地,粗略估计,当时鸦片种植占全部水地的 70% 以上。20 世纪初的交城、文水两县罂粟种植亩数分别居山西省第三、第四位。④

在文水、交城两县的一些地方志文献中对农民从事罂粟种植常有"以此为业""赖以资生"之类的描述,⑤ 这说明罂粟种植在当地农业生产中已占有重要地位,山西巡抚曾国荃曾讲道:"查晋省地亩五十三万余顷,地利本属有限,多种一亩罂粟,即少收一亩五谷,小民因获利较重,往往以膏腴水田

---

① 《清高宗实录》卷 169,中华书局 1985 年版,第 689 页。
② 姚贤镐编:《中国近代对外贸易史资料》(第 3 册),中华书局 1962 年版,第 194 页。
③ 交城县地方志办公室:《交城县志》,山西古籍出版社 1999 年版,第 12 页。
④ 李文治:《中国近代农业史资料》(第 1 辑),生活·读书·新知三联书店 1957 年版,第 463 页。
⑤ 田瑞:《段村志》,山西古籍出版社 1994 年版,第 54 页。

遍种罂粟而五谷反置诸硗瘠之区。"① 此外，广阔的市场需求是交城鸦片种植增长的动力。这里讲的市场包括了全国的大市场和本地的小市场。就大市场而言，"晋中的交城文水一带，所产烟土销路甚广，每年割烟时期，各地商贩云集于开栅镇、铧炎镇者不下数千人"②。据统计，在1905—1906年，山西烟土销售数量仅次于四川，在全国居第二位。③ 而在市场上，烟土的行情是："晋土之四百两银，鲁土豫土东北土三百两左右，川土只有一百余两。"④ 在京师地区，产于文峪河平原的烟土非常受欢迎，烟客们垂涎的"广、开货"即出自交城县的广兴镇和文水县的开栅镇。交城烟土市场的另一个组成部分是自身需求量大。光绪十七年（1891年），"查土药之中顶高之货为山西、陕西所产，无如来津之货甚少，缘该处销用者多耳"⑤。张之洞奏疏中也讲到："晋省吸烟之癖，官吏士民，弁兵胥役，以及妇人女子，类皆沾染，大率乡僻居其十之六，城市居其十之八。"⑥ 据茶圃撰《各省禁烟成绩调查表记》载："山西本为著名之鸦片出产地，遍地皆植鸦片，人民自种自吸，即妇女儿童无不吸食。"然而罂粟种植可以说是一把双刃剑，农民在解决生计问题的同时也给当地社会带来了极大的负面影响。

三、恶之花：农民生计中的社会问题

罂粟种植在文水、交城两县的大肆泛滥，虽然造成了这一地区经济上的

---

① ［清］曾国荃：《申明栽种罂粟旧禁疏》，载《曾忠襄公奏议》卷8。
② 李冠祥：《山西老乡座谈辛亥山西起义》，《山西文史资料》（第19辑），1981年6月，第46页。
③ 《浙江禁烟官报》第4—5期。
④ ［清］吴汝伦编：《李文忠公奏稿》卷40，光绪二十一年刻本，第30页。
⑤ 《光绪十七年通商各关华洋贸易总册》。
⑥ 《晋政辑要》卷20《礼制·风俗》。

繁荣，出现了"商店林立、人来客往，有如'小北京'的繁华景象"①，但作为一种畸形经济，从根本上来讲对社会的发展产生了无穷的后患。

首先，农民大量种植罂粟，水田几乎尽其所占，而"此物最耗地力。数年之后，更种他谷亦且不蕃"②。这一状况严重影响了农业的可持续发展，从根本上削弱了农业发展的潜力，并降低了抵御灾害的能力，光绪初年的"丁戊奇荒"便是例证。"丁戊奇荒"是发生在华北地区百年不遇的一次大灾荒，在这次旱灾中山西是重灾区，出现了"到处道殣相望，行来饿殍盈途。一家十余口，存命仅二三；一处十余家，绝嗣恒八九"③的惨象，据统计光绪年间的自然灾害，山西人口减少近600万人。④交城、文水两县因土地大面积种植罂粟，粮食储备不足，因而受灾犹为严重，"丁戊奇荒"中交城"遍地饿殍，家家有僵死之痛，室室有号泣之哀"⑤。虽"县署将常平仓全部粮食7791石8斗9升6合3勺悉数赈济灾民，但全县人口仍损失3.5万人"⑥，"井里萧条，摧残实甚"⑦。大灾过后，当地民间流传着"无钱有米"的谣言，可以看出人们对粮食与罂粟种植之间的一种重新选择。

其次，吸毒者大量增加导致人口素质下降。在未种植罂粟之前，农民"绝无吸食洋烟之事。今则业已种之，因而吸之，家家效尤，乡村反多于城市"⑧。许多人染上了烟瘾，直接影响了当地人的身体素质。清乾嘉时人俞蛟，曾对染毒者身体受到的摧残，作过如下描绘："即自刃加于前，豹虎逼于后，

---

① 韩春雯、张余生：《开栅春秋》，未刊稿，第9页。
② ［清］张之洞：《禁种罂粟疏》，载《张文襄公奏稿》卷3。
③ 郑国盛：《一篇碑文——丁丑大荒记》，载李文海等编《近代中国灾荒纪年》，湖南教育出版社1990年版，第366—367页。
④ 行龙主编：《近代山西社会研究：走向田野与社会》，中国社会科学出版社2002年版，第34页。
⑤ 山西省吕梁地区文峪河水利管理局编：《文峪河志》，山西古籍出版社2000年版，第419页。
⑥ 交城县地方志办公室：《交城县志》，山西古籍出版社1994年版，第13页。
⑦ 《交城县志》卷6《赋役门·烟产》，光绪八年版。
⑧ ［清］曾国荃：《申明栽种罂粟旧禁疏》，载《曾忠襄公奏议》卷8。

亦惟俯首死，不能稍微运动也。完全成了废人，最终被毒身死。"《退想斋日记》中也谈到了当地人的身体情况："富家子弟……当童稚时，即使吸食鸦片，到十七八岁，遂至面目黧黑，形容枯槁，亦良可哀矣。"[①] 吸食鸦片还直接影响了人口数量的增长，据资料显示，鸦片战争之后，山西人口增长率连年降低，据宣统年间清民政部统计，山西全省人口为 10099135 人，[②] 这一数字与"丁戊奇荒"后大致相同，其中不排除吸食鸦片对人口生育产生的重要影响。

再次，罂粟种植破坏了社会稳定，对社会道德、伦理产生了强烈冲击。清末的"文交事件"实质上就是由于官民在罂粟问题上产生的分歧而引发的流血事件。罂粟种植看似对农民有利，但实际危害严重，因为罂粟的种植者大多也是吸食者。山西"民间自种自吸，户有庋藏，佣妪村童，亦多沾染"[③]。文水县开栅镇"全村至少有十分之一的人吸食鸦片"[④]。因"竭其终岁之操作，不足以偿暗室一烟"[⑤]，"一日食（烟）以十人一日之资"[⑥]。所以因吸食鸦片而倾家荡产，卖儿卖女，沦为乞丐或铤而走险进行偷窃、抢劫和讹诈的比比皆是。俗语称"虎毒不食子"，但是烟民为了满足自己的烟瘾，已经沦落到不择手段丧失人性的程度。文水县至今还流传着"金丹料子害煞人"的俗语。[⑦] 可见罂粟种植的社会危害性之大，正如刘大鹏所讲："风俗由此而坏，人情由此而偷……世道由此而衰。"[⑧]

最后，"罂粟经济"严重影响了社会经济的持续发展。"罂粟经济"给文

---

① 刘大鹏著，乔志强标注：《退想斋日记》，山西人民出版社 1990 年版，第 63 页。
② 梁方仲：《中国历代户口、田地、田赋统计》甲表 86，上海人民出版社 1980 年版。
③ 《晋抚宝棻奏禁种土药折》，载《中国近代农业史资料》（第 1 辑），生活·读书·新知三联书店 1957 年版，第 904 页。
④ 韩春雯、张余生：《开栅春秋》，未刊稿，第 12 页。
⑤ ［清］夏燮：《中西纪事》。
⑥ 《潞城县志》，光绪年版。
⑦ 文水县文联：《文水杂话集》，未刊稿，第 148 页。
⑧ 刘大鹏著，乔志强标注：《退想斋日记》，山西人民出版社 1990 年版，第 13 页。

水、交城两县所带来的经济繁荣,可谓是"瞬间的繁华"。当鸦片贸易活跃时,此地呈现出"商店林立"的繁荣景象,一旦罂粟被查禁,这一地区一夜之间便成为萧条世界。这种畸形发展给当地经济以沉重的打击。此外,文峪河平原作为一个传统的农业产区,其土质肥沃,灌溉便利,自然条件良好,但是由于罂粟种植占据了大量耕地,破坏了农业发展的基础,从而导致其近代农业的衰落。因而"罂粟经济"非但没有带来真正的繁荣,却从根本上抑制了文水、交城两县经济、社会发展的潜力,所以当罂粟种植被查禁后所有的繁华也即成为过眼云烟。

四、余论

从"文交事件"的史实来看,由于清廷长期在烟毒问题上采取"时而弛禁""时而申禁"的政策已大大降低了统治者的公信力,导致地方官吏在禁烟行动上出现"弛、禁"并行的情况,这种"朝令夕改,旋禁旋辍"的政策使乡民社会中经常出现"抚藩臬联衔之大字印版告示,禁种罂粟与推广药捐者并行联贴"[①]的现象。传统社会中"官强民弱"的思想又使官吏对烟农的抵制行为严重估计不足,从而导致了社会失控,"文交事件"反映出当地农民在近百年的"罂粟种植"经验中积累了多重的社会因素,可以说它是近代社会变迁过程中农民从生产环境、生存条件等要素出发进行的一次农家生计的深刻变化。这一"变化"过程同时也是乡村生活以"自下而上"的方式对"国家政策"的一种反应。

---

① 刘文炳:(民国)《徐沟县志》,第290页。

明清以来文峪河流域环境与社会经济变迁

一、时过境迁：明清以来文峪河流域的生态环境

山西民歌唱道："交城的山来交城的水，浇了那个交城又浇文水。"这里的水是指发源于吕梁山脉主峰孝文山的文峪河，文峪河因风吹水起波纹状而得名，古称文水，其主河道全长158.6公里，是汾河的最大支流。流经交城、文水、汾阳、孝义四县（市）的山区和平川地带，全流域总面积4112.4平方公里。流域内地形西北高东南低，上下游落差2100米，树枝状五大支流分布在上游中高山区，中下游丘陵地区面积占全流域的38%，从北到南分布着头道川、峪道河、禹门河、孝河等数十条河流，这一地区气候温和，四季分明，温差大，雨量充沛，适宜林木生长。在河源地庞泉沟自然保护区保存有以华北落叶松为主的原始森林，根据历史资料记载，文峪河流域森林植被茂盛，文水县华严堂于元泰定四年（1327年）所立碑记载："水自山源，土肥地秀，竹茂林青，利赖有三焉：一曰甘泉渠，源自峪口西北文谷河内起水……二曰石堠渠，自峪口西南文谷河内起水。"讲的就是文峪河上游的植被情况。当地群众中还流传着"砍不尽的南阳山（今孝文山），拖不尽的官地山"的口头语。有故事传说，北宋末年，汾州大旱，文峪河干涸，靠河水漕运的巨大木材积压了数万株。交城西北的锦屏山，以"红崖绿树，若锦屏然"而得名，石壁山"古松苍柏，四季若长秋"。从交城古刹玄中寺留下的历代文人墨客的诗文中，我们也可以看到当时的生态环境："鹤惊秋露三月更，虎啸疏木万壑风"，"独径入林通窈窕，数峰涌地出峥嵘"，"长松高百丈，

直干耸丛林""一涨春水绿,万树晓霞明"。① 可以说历史上的交城曾是遍地松柏的林木荫郁之地,清末民初太原士绅刘大鹏曾感叹曰:"凡有松柏之山,除天龙山外,邻县则交城卦山……,此皆余亲目睹者。"② 正因为植被茂密,历史上的交城还曾是"贝母"的重要产地。万历《太原府志·物产》卷十载:"……贝母,出交城山。"贝母是喜湿润环境的植物。贝母的存在,说明交城的气候是十分湿润的,而气候湿润与草茂林丰紧密相关。另外,康熙八年(1669年)《交城县志·物产》中还提到"鹤"。在传统文化中,松鹤是相连的,说明此地有大片松林。由于山多林广,木材资源丰富,交城一带山民多蓄木代耕,靠买卖木材养家糊口。清康熙二年(1663年)前,在交城县南堡村民间设有木材场,商贩云集。由于获利丰厚,交城、文水的采木牙行多次为争利而诉讼,雍正十年(1732年),太原知府要求对交山木材纳税。官方在水泉滩设木厂,武元城设税卡,仅一年(1733年)间,武元城统计收税银"一千三百四十六两",扣除各项开支后,清廷每年以"一千二百三十三两一钱八厘二毫为定额",③向交城山木材交易征税,后又复设古交牙税口,以便于交山木材就近出口。从这笔庞大的税收中,也可以窥见交城一带山林的茂盛。

交城县始建于隋开皇十六年(596年),随着历史变迁,境域也几经变化,城址两易其地。古代的交城县县城位于现在古交镇大川河桥东寨湾滩、汾河湾和水泉寨之间。唐天授二年(691年),旧城被洪水冲毁,居民迁移,城址南迁至坐落在磁、瓦二河之间的却波村,即现在的县城所在地。交城县地处山西中部,吕梁山中段东麓,即文峪河流域内,境内山峦叠嶂,地势险要。古人描述"邻山地瘠,猥处一隅","其为邑则瘠,为疆域则雄

---

① 田瑞:《山西石壁玄中寺志》艺文,天马图书有限公司2002年版,第306—307页。
② 刘大鹏著,慕湘、吕文幸点校:《晋祠志·附柳子峪志》,山西人民出版社1986年版,第1201页。
③ 武淑元:《清代武元城木税概略》,载交城县政协编《交城文史资料》(第一辑),交城县政协1987年版。

矣……",①境内"山十倍于地",有锦屏山、交城山、刘王军山、万卦山、孝文山、石壁山等,可谓"前左汾河右脊吕梁山孤突从峰"。②该县山区面积 2 530 938 亩,占全县总面积的 92.69%。文峪河、磁窑河干流河道从山区经过,位于文峪河上游的关帝山区自古就是林木出产地。《周书·王罴传》记载:"京洛林木,尽出西河。"隋唐时期当地商贾又利用文峪河发展漕运,把吕梁山优质的木材运到长安、洛阳等地销售,一代女皇武则天的父亲武士彟就是靠"鬻材为事"成为巨商。到了元代,"交城县另一个称为孝文山的支阜已是林木的产地"③。明代《永乐大典·太原府》是这样描述文峪河的:"北山巨材,夏秋之际,乘(文峪河)水泛滥,结筏出之,岁以千计,循流入水,远近利之。"④但是,在木材交易繁荣的背后森林危机也日趋严重。如果说清代前期,森林破坏后还能自行恢复的话,那么清中叶之后交城一带山林的残破之势已无可逆转,以木材交易为例,据《晋政辑要》记载,道光二十一年(1841年)仅征得税银一百余两。《交城县志》中也证实了这一点,"武元城木税原额银一千二百三十三两一钱八厘二毫,近年因林尽山空木无所出,经前令详准奉文尽征尽解,每年约解银一百两有零"⑤。"交山木植,樵采殆尽"⑥,此种萧条与雍正年间繁盛已是天壤之别。此外,康熙八年(1669年)《交城县志》中提到的"鹤",在后来的府志中已鲜有提及,除人为原因外,大环境——森林的大幅消失是一个重要因素。

明清以来,交城一带的森林大幅消失有其原因。明清两朝大量屯田和垦荒。明朝建立后,为了防范北逃的元朝余部,在山西设有三关严加防御,布

---

① [清]武攀龙、[清]赵吉士纂修:(康熙)《交城县志》8卷首2卷,清康熙八年刻本。
② 同上。
③ [元]孛兰肹等撰,金毓黻、安文溥辑:《大元一统志》残本辑本考证附录(辑本卷1),民国刊辽海丛书本·第十集。
④ 薛愈、乔志强点校:《太原府志》辑至《永乐大典》,1992年版。
⑤ [清]夏肇庸修,[清]许惺南纂:《光绪交城县志》卷6《汇解》,清光绪八年原版官刻。
⑥ 武淑元:《清代武元城木税概略》,载交城县政协编《交城文史资料》(第一辑),交城县政协1987年版。

有重兵。为了解决驻军的口粮,这些驻兵于驻地且耕且守,明朝太原左卫即在交城屯田,卫所担负着各种军赋,尤其是军粮的供应。根据明万历年间的清丈,交城共清出多余土地"64顷94亩8分2厘6毫2丝",但这些土地"多系石碛之地",① 为了获取更多粮食,在山多平川少的交城,必然会大肆砍伐山林,拓建耕地。清军入关后,沿袭明制。历经顺治、康熙、乾隆三朝的垦荒,全国"通都巨邑无一隙未耕之土","断无可耕之地,而任其荒芜者"。② 由于政府鼓励,垦荒在清中叶之后,仍然蔚然成风。在交城,道光时期的10余年间,官商任意砍伐老鸦山,"毁林种地,树头岭移民落户沟谷皆秃"③,清代洪嘉植在《自交城至太行道中》一诗中曾详细描述过开荒:"焚畬山脊种梯田。"④ "焚畬山脊"俗语叫放荒,即"由山四周一齐纵火,林莽灌草,尽化为灰,化肥田之料","每放一次,其火经旬不熄,至夜间光达数里,人俱见之",⑤ 清代水利专家在讲晋西开荒时说:"乡人垦种,举火焚之。"⑥ 这种开荒,不仅在交城,在整个山西、陕西都有很大的代表性。冶铁业和采煤业的发展也消耗了大量森林资源。交城自古就是全国重要的产铁地,据《山海经》记载:"少阳之山,其下多赤银,酸水出焉,而东流注入汾水,其中多美赭。"明以后,冶铁开始采用煤作燃料。境内入山采煤者人数众多,云梦山、狐突山等储煤山谷遍布煤坑,而这些均是历史上植被覆盖非常好的地区。据记载,在清光绪十六年(1890年),火山矿区和西冶川、柏树沟一带的煤井有下山洼窑、麻苏窑、下灰沟、火地洼等20座,民国初年则达到24座。⑦ 由于采掘方式简单,煤坑遍布,同时为了解决光源问题,工人大量燃

---

① 张海瀛:《张居正改革与山西万历清丈研究》,山西人民出版社1993年版,第504—505页。
② 《大学士朱轼奏折》,载《户部抄挡·地丁题本》山西(三),雍正十三年十月。
③ 燕居谦:《交城县志》,山西古籍出版社1994年版,第303页。
④ [清]洪嘉植:《南归自交城行至太行道中即目书寄从弟》,载《交城县志》(康熙四十八年版)卷15《艺文志》。
⑤ 贾大中:《重修崞县志·工政志》,民国手书残本。
⑥ [清]康基田编,乔志强点校:《合河纪闻》,三晋文化研究会1999年版。
⑦ 燕居谦:《交城县志》,山西古籍出版社1994年版,第319—320页。

烧松树枝来做照明。凡此，木材的损耗都是惊人的。煤炭开采对森林破坏日甚一日，最终煤坑遍布，造成了一座座濯濯童山。

由于明清时期过度掠夺和破坏森林资源，使交城及文峪河流域植被严重受损，直接导致了生态恶化，"地瘠"之说开始屡见于各种史志中。明清之后，交城及文峪河流域生态恶化体现在以下几个方面。

一是水土流失严重。由于大肆砍伐，昔日曾是"松柏满岩，虎鹿存生"的交城山林，已是沟梁林立。明中叶以后，水土流失更加严重。《交城县志》记载："（明）崇祯二年己巳西山大足村突起横山十余丈。"① "嘉靖二十九年庚戌四月，风霾尽见星。"② 由于土壤失去昔日植被的保护，遇到刮风，沙尘遮天蔽日，遇到下雨，冲击地表土壤，造成泥浆细流。罗德民在考察关帝山时讲到，"山谷中之农田，尽为冲刷及流至平原，因势渐缓，其中所含泥沙势必冲击，河槽亦随着堵塞"。若"流速每秒十尺时，所挟之泥沙，（约占水量22%）势必逐渐沉落"。③ 从清代开始，文峪河主河道沿岸经常出现淤地积水损田的情况，《交城县志》中记载：清顺治十二年（1655年）清出河淤民地三顷八十二亩九分八厘九毫。④ 在文峪河上引水的甘泉渠，由于文峪河水泥沙增大，每年春季，挑渠一次，如遇涨水泥漫损坏，临时派夫修筑。⑤

二是水旱灾害频繁。据《山西近四百年自然灾害统计》记载，从明朝开始，交城发生的中等以上旱灾就有 16 次，其中特灾有 7 次，大灾 7 次，气

---

① ［清］武攀龙、［清］赵吉士纂修：（康熙）《交城县志》8 卷首 1 卷《祥异》，清康熙八年刻本。
② ［清］夏肇庸修，［清］许惺南纂：（光绪）《交城县志》卷 1《祥异》，清光绪八年原版官刻。
③ 罗德民著，任承统译：《山西森林之滥伐与山坡土层之剥削》，民国十六年二月刊印，第 8 页。
④ ［清］武攀龙、［清］赵吉士纂修：（康熙）《交城县志》8 卷首 4 卷《食货考》，清康熙八年刻本。
⑤ 杜凝瑞、李培荣：《甘泉渠沿革始末志》，开栅镇公所印刷，行龙教授提供，现藏于山西大学中国社会史研究中心，第 10 页。

候明显干燥。康熙年间，交城知县赵吉士编写的《牧爱堂编》中也有所反映。此书第一卷共收录 18 篇文章，而涉及祈水的就有 9 篇。在历次旱灾中，尤以光绪初年的旱灾最为惨烈，可谓百年不遇，整个交城人口损失近 1/4。在文峪河中游的文水县，灾情更加严重。从明嘉靖十三年（1534 年）到清光绪四年（1878 年），旱灾总计 26 次，其中特旱 4 次，大旱 13 次，成为"一遇旱灾，焦土千里的多灾之区"。在文峪河流域与旱灾相伴生的是水灾。万历十四年（1586 年）、万历十五年（1587 年）连续两年发生旱灾，万历十六年（1588 年）夏就发生特大水灾；清乾隆二十四年（1759 年）夏发生旱灾，同年秋季则发生特大水灾，由于失去森林保护，整个文峪河及其支流出现了无雨则旱地千里，有雨则洪水急泻而下的情形。清代曹树谷就曾描述过文峪河水暴涨的景观：

    怒雷挟雨走洪湍，山国翻同泽国看。
    万井桑麻归汍漭，千家烟火尽摧残。
    弄波但见鱼凫乐，借箸谁谋衽席安。
    敬告绘画贤今尹，临流休发望洋叹。[1]

  由于文峪河水流湍急，在流出山区的峪口地带一直流传着"河戳石嘴头，照直往东流"的民谚。在流域的中下游平川地区，因水灾造成的村庄变迁比比皆是，有交城县的水冲沟村、水峪贯村，文水县的南齐村，东、西槽头村，汾阳的安上、白石，孝义的南、北榆苑等村。

  三是土地盐碱化加剧。由于地势相对低下，以及文峪河、磁窑河和支流沟涧的冲积沉淀作用，在文峪河东西两侧狭长地带形成了多块洼地。明中叶以后，因洪水多次泛滥，这些洼地又形成大面积积水，形成严重涝渍，而

---

[1] 王恺仁、刘瑞祥：《汾州沧桑》，北岳文艺出版社 1998 年版，第 428 页。

"太原诸属水性，土脉多碱"①。这样就使易溶盐在土地表层聚集，营养物质很难被植物吸收，形成次生盐碱化。所以明中叶以后此地就出现了"春天白茫茫，秋天水茫茫"的景观。到清初，土地盐碱化进一步加重，当地人戏称"远望之似水，近即之似积雪"②。交城的盐碱地，集中分布于夏家营、覃村、义望等村（镇）一带，由于盐碱化程度严重，土地不能耕种，弃耕撂荒现象普遍。像古贤庄村，盐碱地占到耕地面积的60%，③ 东社村甚至连井水都是咸的，④ 明清以来这里形成"人率刮土以熬之"的传统手工业，人们用铲子将地面1—5厘米的表土加水过滤，放大锅里熬，便可制得土盐和芒硝。

综上所述，明清以来文峪河流域森林植被遭到破坏，水土流失严重、水旱灾害频繁、土地盐碱化加剧，整个流域的生态环境发生恶化。此外，人口激增也使该地区出现生计问题，光绪三年（1877年）前，人口猛增至15万，交城人均耕地占有量仅为2亩有奇，严重低于历代学者衡量人口压力的重要指标，即"每人平均4亩耕地方可维持生计"⑤的标准。因此，形成人口向手工业、商业大量分流，这些现象从根本上动摇了流域内原有的自然经济基础，交城人利用新的资源条件发展传统手工业，最终皮毛业成为整个社会经济的重心。

二、因地而宜：以制皮业为中心的近代交城社会经济

交城皮毛业兴起于明末清初。据《中国实业志》记载："山西以牧羊著

---

① ［清］觉罗石麟修:（雍正）《山西通志》卷47，清雍正十二年刻本。
② 同上。
③ 王恺仁、刘瑞祥：《汾州沧桑》，北岳文艺出版社1998年版，第828页。
④ 同上注，第815页。
⑤ 乔志强、行龙：《近代华北农村社会变迁》，人民出版社1998年版，第61—62页。

称，硝皮亦随之发达。全省硝皮业之发轫，以大同、交城两地最早。在明末清初之季，已有硝皮场之经营。"到清康熙年间，皮毛业已有一定规模，据现存卦山天宁寺清康熙十二年（1673年）《古罕碑》记载："吾邑山多水少，止东城却波一水，旧为旗弁贩洗皮革，奸商挟之为利，腥秽填雍。"同一时期任交城县令的赵吉士也证实了这一点，其曰："乃有一种贩皮之人，不列保甲，莫查户籍，自称京客，声言旗下伙计，怀万千之重资，合三五以成群，始犹借寓假店于关内，今则比屋杂于城中，入山买皮，骡驮车载而至……，数百游民为之硝洗，腥秽满城，酿成瘟疫。"[1]在1933年，由国民政府教育部改订出版的《最新中华形势一览图》在介绍交城县时说："土人善制牛羊皮，'交城滩羊皮'，驰名全国。"

在交城皮毛业发展中，有两大关键因素。一是本地水土。笔者曾对交城传统制皮作坊进行了田野调查，[2]据张拉生老人讲，交城的水质在制皮的工序中起非常重要作用。粗皮购回后先要洗皮，每张皮要浸水揉搓去除杂质，普通水难以去掉皮上的血渍、污垢，交城水质硬，含碱量大，洗出的皮非常干净。《交城县志》上也讲到，交城皮毛业之发达，在于"本县水质适于鞣制毛皮"[3]。二是土盐业。土盐业是在土地盐碱化后利用资源优势发展起来的手工业。在熬制土盐过程中会生产出"硝"，交城虽不是羊皮产区，却形成了皮加工的核心区。"硝"作为制皮原料起到相当大的作用，这在制皮业所需的皮毛供应源头上也可以得到佐证。交城文史资料《聚源兴皮号兴衰记》一文中讲到生皮来源时记载："采买人员，每年秋季即起身到宁夏、内蒙古一带，采购来年所需要的滩羊皮。"[4]《中国实业志》讲到交城皮毛业衰落原因时，也提及"原料之采办，较之往昔，更感困难，外蒙部商路封销，生皮来

---

[1] ［清］赵吉士：《一件申请宪禁事》，载《牧爱堂编》卷5，清嘉庆十五年刊本。
[2] 义泉泰皮坊始建于1898年是交城唯一保留至今的手工制皮坊。
[3] 燕居谦：《交城县志》，山西古籍出版社1994年版，第356页。
[4] 薛芝：《聚源兴皮号兴衰》，载交城县政协编《交城文史资料》（第12—13辑），交城县政协，第35页。

源断绝"①。这些实例均可证实,在交城皮毛业的形成和发展中,交城独特的生态环境起到了关键作用。

清同治、光绪年间是交城皮毛业发展的重要时期。"本县不仅为本省且为西北部数省有名的毛皮集散地,且具有十分发达的毛皮加工业。著名的'交字毛'即出于此地。"②据统计,在道光元年(1821年),交城皮店仅有18家,到民初,交城县有皮店127家,当时交城"外贸皮货销售额每年均达百万两白银"③,"曩年以销行国外为大宗"④。据《中国实业志》记载:"交城皮货以滩皮为最著,制工之精美,远在大同之上。"产品远销日本、欧美等地,有"交皮甲天下"之誉。这一时期,交城皮毛业的销售量是十分惊人的,其出口量远远高于其他地区。据《交城县志》载:"到光绪年间,每年秋季都有外商采办,住交争购滩皮件。"⑤在1911年武昌起义后,英国使馆为了保护洋行在各地的所存物资,照会清政府严加保护,在其所附的英商在各地存货单照中,仅在交城县,就有生熟皮张价值银五万两。在十二月四日的照会中,称英商新泰兴还在山西省存有大批待运土特产,其中在交城县存有的毛皮价值高达白银二万零六百两。据《太原府志》(1922年版)载:"德国采办曾以数十万白银存放府库,备买交城皮件。"⑥"1935年前,驻交城的外国洋行有美国隆茂、怡和、平和洋行,德国禅臣洋行及佳泰、益昌、安利、仁和、永丰、古宝财、兴隆、立新等12家。"⑦

---

① 实业部国际贸易局编纂:《中国实业志》(山西卷),实业部国际贸易局1937年版,第454页。
② 渠绍淼、庞义才:《山西外贸志》(上),载《山西地方史志资料丛刊》,山西省地方志编纂委员会办公室,第131页。
③ 燕居谦:《交城县志》,山西古籍出版社1994年版,第354页。
④ 实业部国际贸易局编纂:《中国实业志》(山西卷),实业部国际贸易局1937年版,第458页。
⑤ 燕居谦:《交城县志》,山西古籍出版社1994年版,第21页。
⑥ 同上注,第429页。
⑦ 同上注,第21页。

现存的交城皮毛商号账册基本反映了交城皮毛业的繁荣。[1]从这些账册看，交城皮毛业发展的鼎盛时期应是在清同治时期至20世纪二三十年代。仅公记起皮、收皮、熟皮账册从同治十一年（1872年）至1937年就存有48本，同治十一年（1872年）1本，光绪年间有20本，宣统年间2本，其余是民国年间的。时间分布上，1900年前有8本，其余均为1900—1937年。《四乡收皮总抄账》五册，时间跨度从同治十一年（1872年）到1913年，当然这之中不排除部分账册已经遗失，但从总体上看这批账册在时间上还是具有连续性的。因此，账册为我们研究皮毛业提供了一个全新视界，我们从《自诚公》光绪三年（1877年）五月所立的买货账可以看出，为自诚公提供皮货的商户有义和公、源兴涌记、天协长记、溢永记、三顺皮房、聚义昌等32家皮房。个人仅有7家。商号多于个人说明此时的市场已形成一定规模，个人活动只是作为整个市场体系运作的补充形式。从账册中我们也可领略生意繁忙的景象，在《收皮流水三年立的账簿》中，新正初三日即开张大吉，第一天便收到万盛永白羊皮2张，黑羊皮1张，三盛公白羊皮68张，益泰泉白41张……，共计8家交来的羊皮144张，可谓开门红。整个正月皮坊忙个不停。初五日、初六日、初八日、初九日……连正月十五日都有商家来交皮。粗略统计，正月共收皮近千张，而且资金及时兑付，这都是与皮商雄厚实力、握有重金息息相关。

皮毛加工的皮源是最重要的，大的皮庄要派人到宁夏、甘肃专收滩皮。为保证货源，夏秋两季还在邻里四乡定皮，在1929年9月立的《诚记定皮账》中，诚记与公意长东郭村、大沿村、由家村的商铺从九月就开始定买羊皮，皮的品种多以母羊为主，定购羊皮每个价格言明在八元至九元，款由商家垫付，收皮的期限在二月，收皮细则中有的还有担保人，"如要有皮样缺少有三盛永承保佃大洋为系，大沿村刘锡云"。定皮商、供皮人、担保人组

---

[1] 账册由交城县田瑞先生提供。

成一个稳定的三角形贸易结构。

收购皮毛是由皮商垫付资金的，因此资金的良性循环对皮商来说是至关重要的，以1929年10月《诚记出入银钱流水账》为例，九月二十九日：收公记大洋100元，收三义和大洋100元；十月初三日，收公记大洋200元，收号记大洋300元，收公盛店大洋1000元；初五日，成乃仓取150元，50元，公意长取200元，张中祥取60元，三和长取450元；初六日，刘锡荣取120元，出0.9元；初七日，收公盛店1000元；初八日，三成永取25元，三义和取100元，出1元；初十日，三盛公取20元，天际长取125元，公意长取100元，二则取10元，杨锁儿取80元；十二日，三盛公取180元；十五日，四盛公取100元，本号取550元。半个月"诚记"总银钱流水量高达5024.1元，日流量最高可达1500余元，最低也在100元，可见实力之雄厚。

清光绪年间，交城每年向朝廷进贡羊羔皮1000张，而在山西，只此一家，当时李鸿章的貂帽及后来直系军阀孙传芳其母的寿袭都出自交城，这也从侧面证实了交城皮毛业的实力和影响。

费孝通先生曾在《乡土重建》一书中提出，中国传统经济结构并不是一种纯粹的农业经济，而是一种"农工混合的乡土经济"。依据这一论点，可以看出交城手工制皮业带动了整个地区经济的发展。

首先，它带动了土盐业、熬胶业的发展。明清以来，交城土地盐碱化加剧，滋生了土盐生产作坊，这类作坊集中在下关、梁家庄、义望村、青村、南关、段村等地。光绪年间，皮毛业兴盛时，梁家庄人利用各皮坊的边角料，开始熬胶，成为全县独一无二的行业。从光绪年间到民国，梁家庄一个村子就有泉盛泰胶坊、富盛合胶坊、任立明胶坊、德合成胶坊、成秀朴小锅胶坊、胡明喜胶坊等六七家胶坊，被县人称为"熬胶庄"。

其次，推动了农业商品化的程度。清末民初，交城皮毛业的繁荣带来了大量的外来人口，加大了对粮食的需求量。光绪二十五年（1899年）仅有三义泉一家在县城开设磨坊,到民国初年,县城共有磨坊30余家。[①]"当时交城山民多种植硬黄米,黄米也称糜子,有软硬之分,硬黄米,腌后是漂白皮子的好原料,同时各皮坊又多以硬黄米熬粥,以供食用。"[②]

最后,带动了整个交城商业的繁荣。其表现为店铺林立,行业种类齐全。很多行业,都是围绕着皮毛业而建立起来的,民国建立起来的"聚源兴皮号"就是由钱庄投资的。除了坐贾行商,交城的集市贸易十分活跃,民间流传"文水七十二个会,不如交城七十二个集红火"。即使在抗战时期,成村的集市依然繁荣,也正是以此为掩护,向根据地输送了大量物资,有力地支援了抗战。当时人称成村是"红色市场"。

考察近代交城皮毛业的发轫,其原因无一不与环境变迁有关。皮毛专业市镇的形成,不但消化了因土地紧张而产生的剩余人口,而且繁荣了一方经济。根据1926年《山西省第七次经济统计》:"交城县年人均生活水平较高为38元。"[③]尽管传统农业结构在市场冲击下没有发生变化,但是环境因素的参与,使这一地区的近代化过程增加了区域特点。作为晋商的重要组成部分,与平、祁、太地区农民被迫离家经商相比,交城人则更多地利用了资源,表现了地域经济的特色。

余论:一方水土与地域社会历史

区域社会经济的发展是社会发展共性与区域个体条件相互作用的过程。

[①] 燕居谦:《交城县志》,山西古籍出版社1994年版,第12页。
[②] 薛芘:《一行兴旺,带动百业》,载交城县政协编《交城文史资料》(第12—13辑),交城县政协1993年版,第35页。
[③] 吕梁地区地方志编纂委员会办公室:《吕梁地区志》,山西人民出版社1989年版,第512页。

它一方面体现了社会历史发展不可逆转的趋势；另一方面体现了区域鲜明的个体特征，而个体特征的形成与自然生态环境变化密不可分。因此，在历史发展的长时段中，自然环境与经济、社会是相互制约、相互影响的。明清以来文峪河流域环境与社会变迁的研究，从以下三方面来说明了这一问题。

第一，明清以来文峪河流域自然生态的变化，使交城的社会经济发生了根本性变化。历史上，由于山多平地少，森林资源丰富，交城人一向以蓄木代耕为生。但是明清以来，随着文峪河流域生态环境的恶化，整个社会经济开始被动地向新的产业转化，利用土地盐碱化所产出的硝和本县特有的水质，大兴皮毛业。一业兴、百业旺，最终带动整个区域经济走向繁荣。可以说，环境变化是近代交城社会经济转化的基础和张本。

第二，山西市镇商品化过程与地理自然条件有关，但不能忽视传统商品经济结构中所蕴藏的巨大力量。在环境、传统工艺、市场共同作用下的交城皮毛业清末民初走向鼎盛。但没有从根本上改变原有的经济结构，以农业为例，据《中国实业志》调查，"（1930年）交城自耕农占49.25%，半自耕农占31.07%，佃农占有9.81%，雇农占12.58%"[①]。传统的小农经济并没有解体，这种在人口压力下产生的"过密型商品化"是"没有增长的发展"。[②] 因而，近代交城经济的发展最终也没有超越明清商品经济的范畴。

第三，交城生态环境的恶化，次生出一系列的社会矛盾。明代以后，"水"的争端逐渐成为社会生活的主题。这一时期，不仅缺水时纠纷四起，而且盈水时诉讼也层出不穷。乾隆二十四年（1759年）发生的"沙河案"[③]，即是如此。此类案件的增多，使道光皇帝不得不下旨责令"其各村所筑护村堤堰，借以防御，任听其便，惟各须距河三十丈，不得拦河堵筑，改阻去

---

① 吕梁地区地方志编纂委员会办公室：《吕梁地区志》，山西人民出版社1989年版，第108页。
② 乔志强、行龙：《近代华北农村社会变迁》，人民出版社1998年版，第66页。
③ 交城小营村因筑堤堰与文倚、方圆、宜儿、大城南等文水18村发生争端，双方由商议到争执，由争执到械斗，互不相让，双方各有伤亡，酿成命案。

向。仍令该管道随时稽查，以杜绝纷争而资捍卫"①。鸦片作为环境变迁后交城农业的一个特殊产业，在"繁荣"经济的同时，社会矛盾尖锐。民初"交城烟案"②即是典型表现。凡此种种，在区域社会史研究方面给予我们的启示有：一是区域环境变化影响社会稳定性；二是在环境变迁基础上次生出的社会矛盾极具复杂性。因此，我们必须以一种动态的、多元化的观点去分析和看待它。

---

① 山西省吕梁地区文峪河水利管理局：《文峪河志》，山西古籍出版社 2000 年版，第 418 页。
② 1912 年农历五月初一，交城县知事要求禁烟毁苗，烟农与官府冲突，知事贾若义被烟农打死。

鸦片与近代开栅

从18世纪80年代英国东印度公司为弥补贸易逆差向中国输入鸦片开始，到鸦片战争后西方各国在中国鸦片贸易的合法化，近代中国的一个多世纪几乎是在"黑色"的世界中度过的。鸦片毒流由沿海到内地席卷了整个中国。作为内陆省份的山西虽离口岸较远，但在近代由于商人众多，人口流动性强，许多商人将内地特产运往通商口岸换取洋货，同时把鸦片带回到山西以谋取利润，因此鸦片很早就在山西出现。咸丰时期的《太谷县志》载，嘉庆二十二年（1817年）太谷知县陈履和对于鸦片之害，"隐忧耿耿"撰文立碑，劝诫本县商民不要贩运吸食鸦片。早期山西境内的鸦片以外省输入为主。

光绪年间，郭嵩焘在反思鸦片流毒以及罂粟在国内传播时指出："至道光初，其风始炽，浸寻由印度传入云南而南土兴矣，辗转传至四川，而有川土，又传至甘肃而有西土，由是而至贵州，由是而至陕西，山西……"由此证实在道光初年山西也开始种植罂粟并熬制烟土了，道光十九年（1839年）的一则上谕说"风闻山西地方，沾染恶习，到处栽种罂粟"。说明短短19年的功夫，罂粟在山西蔓延，到光绪年间山西已成为全国主要的鸦片产区，"四川、山西、陕西种植最广，其它地方也为数不少"[1]。到20世纪初，山西太原、榆次、交城、文水、代州、归化成为种植罂粟最盛的地区（见表3）[2]。

---

[1] 乔志强：《山西通史》，中华书局1997年版。
[2] 李文治：《中国近代农业史资料》（第一辑），生活·读书·新知三联书店1957年版，第463页。

表3 20世纪初山西种植罂粟最盛的地区

地区	种植村数	种植亩数
太原	176	45357 亩
榆次	150	30133 亩
交城	145	35738 亩
文水	175	43025 亩
代州	194	50967 亩
归化	161	4851 亩

从表3中我们可以看出，文水县的罂粟种植亩数仅次于代州和太原，当时的文水几乎是村村种植罂粟，而在文水县县北10公里，文峪河出口北岸的开栅村以其优越的自然地理条件，成为在鸦片经济支持下繁荣的乡村，在鼎盛时期，曾经一度享有"小北京"之称。据当地人统计，解放前开栅人口一直保持在3000人左右，而从前清到1938年开栅村就有商业店铺39家，涉及旅店、烟、酒、绸缎等数十个产业。在近代史上开栅的繁荣与鸦片息息相关，正所谓"繁荣亦鸦片，萧条亦鸦片"。本文试图通过描述畸形经济下的开栅，来展示鸦片影响下的乡村社会。

在开栅，鸦片的出现不仅时间早，而且发展迅猛，由此而滋生的黑色经济从时间上看经历了三个阶段。第一阶段，从咸丰年间到宣统二年（1910年）的"文交惨案"发生，这一时期开栅人以种植鸦片为主。开栅农谚云："咸丰登基十一年，口里口外种洋烟。"由于耕地土质肥沃，气候适宜，灌溉便利，种植鸦片的产值高于粮食产值，故有"十亩地里八亩烟，留下两亩种粮田""不盼秋来不盼夏，光盼洋烟开花花"的谚语。光绪三十二年（1906年）清政府颁布《禁烟章程》十条，切实禁烟。[1]但由于地方保护，开栅罂粟种植并未减少，直到宣统二年（1910年）春清廷派员勘查，地方政府与

---

[1] 王金香：《中国禁毒简史》，学习出版社1996年版。

烟农冲突酿成"文交惨案"后，开栅的罂粟种植才被禁止。

从"文交惨案"起到1932年阎锡山在开栅戒烟前，是开栅"黑色经济"的第二个阶段。开栅鸦片种植被禁止后，由于交通便利，陕北鸦片乘机流入，由开栅转售祁县、太谷、平遥等地，开栅又成了鸦片买卖的集散地。开始是陕北人运货来售，后来开栅人看到贩烟利大也集股合伙到陕北贩运，即开栅历史上有名的"跑西路"。1928年3月《中华民国刑法·鸦片罪》颁布，同时颁布的有《各省检查烟草局章程》和《修正禁烟条例》等。阎锡山针对开栅跑西路贩卖烟土，在横尖镇的峪口村扎卡辑私，带队的就是开栅镇樊家庄有名的武术家樊占魁。开栅人的鸦片贸易由公开交易转入走私，开始"武装跑西路"。首创人是开栅村弓怀仁、弓怀义两兄弟，而著名的还有北徐村宋三亲的把头儿集团，号称"南斗六郎"。这些"武装跑西路"的人奉守"宁肯自己坐牢，也要保证烟贩子人财两全"（张余生《开栅春秋》），因此，在本地和外地的烟贩子中都很有声誉。后来在1932年，阎锡山由禁烟转为戒烟，实行"以毒攻毒"的办法，开栅村商号"自积成"获准零整出售"官烟"，"跑西路"这一现象在开栅就自行消失了。

第三阶段，由于有种烟传统，早在1938年开栅中医景广训偷偷地在自己地里种了一片罂粟，日军占领开栅后，日伪省公署在文水推植洋烟毒品，1939年春，开栅又开始大规模种植罂粟，这一时期鸦片的品质比第一阶段都有提高，开栅有5种主要产品即小公烟、大公烟、红花烟、九头狮子和四杆旗。开栅烟农最喜欢种小公烟，这种烟生产期短，收割早，且耐旱，产量稳定。开栅种鸦片面积"每年都在48顷左右，鸦片亩产平均60两，最多的亩产120两，少的也有30两，所以开栅每年鸦片总产量达到28万两"（文水县《文史资料》1987年版），这就引起了平津各地商人的注意，纷纷来此收购，本村人也纷纷集资或代收，一夜之间商店林立，恢复了"小北京"的繁荣气象。据记载，民国二十九年（1940年）文水种洋烟265681亩，民国三十一年（1942年）扩大了2809亩，开栅的种植面积占到1/4左右（《张文忠公奏稿》卷三），这种情况持续到1943年。1943年山西伪省长冯司直强行下令禁烟，结束了日军占领以来的鸦片种植之风。

考察繁荣开栅的"黑色经济"，我们可以从以下方面分析原因。

第一，与近现代中国鸦片泛滥的大背景有关。细看开栅历史上鸦片泛滥的原因，与近现代中国鸦片泛滥的几个时期是紧密相连的。如初期开栅大量种植鸦片正值清政府实行所谓的"寓禁于征""寓禁于种"的政策，清政府本希冀以此政策抵制洋药，殊不知其结果反而使鸦片种植猛增，最盛时期，"山西几乎无县无之"，山西成为"著名之鸦片出产地，遍地皆植鸦片"。清末民初，虽然种植鸦片稍有禁敛，但到了北洋政府时期，各军阀为了争取军饷，又开始鼓励、强迫农民种植鸦片，从而使北洋军阀统治时期，"各产烟省普遍种植罂粟"。[①] 例如："云南进入20年代以后，几乎无地不种罂粟"，而在汉中地区，"如果在5—6月间从汉中向任何方向作三天的旅行都会看到满地的鸦片"。[②] 在山西，阎锡山曾极力禁烟，在其初期制订的所谓"六政"中，将戒烟列为中心，并设立了"戒烟局""戒烟考察处"等专门机构。但由于周边省份不倡禁而山西烟民众多，许多禁烟措施反而促使烟价上涨，在绥远和陕西一两鸦片卖1元，送到山西则卖20元，鸦片禁而不绝。在高额利润的诱惑下，山西有人开始"武装跑西路"。

第二，利益驱动所致。同治末年，旺盛的鸦片消费、高额的价格，诱惑一些民众种植鸦片。"民间收获利厚，种植愈多，又可榨油，杆可成薪，叶可饲猪，近为收入大宗。"(《宣宗实录》卷十三) 光绪初年在天津市场上，每百斤烟土售价是：晋土400两银，鲁土、豫土及东北土30两左右，川土只有10余两。[③] 这时的山西成为全国产烟大省，烟土质量高产量为大。同时期许钰的描述就证实了鸦片的巨大利润空间。许氏曾在山西雇一老佣，老妪讲过"本有田数十亩，初年种杂粮米麦，颇足自给，后见种罂粟利厚，改植罂粟，岁

---

① 蓝炳奎、张仲教：《达县志》(卷12)，1993年刻本，第8页。
② [清] 吴汝伦编：《李文忠公奏稿》(卷40)，光绪二十一年刻本，第30页。
③ 山西省地方志办公室：《山西外贸志》(初稿)，山西人民出版社1987年版，第6页。

入之数计其半已过往岁所获……"。同时，清政府通过开征土药税刺激国内鸦片生产，山西成为鸦片种植大省，同时也是交纳土药税的大省，"光绪二十九年"户部报告山西收土药税总额233000两。这一年全国征收土药税1947424两，山西约占12.9%。20世纪初的文水县种植鸦片亩数居山西省第三位（见前表），而开栅农业产量位居文水第一，尤其种鸦片其产值比粮食高出20倍，因此相应的土药税也高于其他地方。据"文交惨案"的农民传单上所记："上宪禁种洋烟事，众村花户无以为生路，本年秋夏两季，每年收粮一石二三斗之谱，转变钱二吊（每吊千文）有零，不仅养家花费不够，即纳皇粮国课亦是不足。"由此可见种植鸦片的收益远比粮食高得多。

第三，优越的自然条件和地理位置成为开栅"黑色经济"的沃土。开栅作为文水县农业生产第一大村，在气候、土壤方面有其优越的条件，有利于鸦片生长。鸦片的产值比粮食高出20倍，于是"要发财，种上二亩油绿白"。烟农获利颇丰，这也就是鸦片禁而不绝的另一原因。

从历史上看，由于开栅西面北面环山并与交城交界，共扼进入吕梁山区的咽喉要道，自古是兵家必争之地。文交惨案后，鸦片虽被禁种，但由于交通优势，开栅很快成为陕北鸦片流入山西的集散地，开栅在"跑西路"的带动下又繁荣起来。

第四，晋商的活动也为出现"黑色经济"起了间接作用。清代山西人以经商闻名，山西商人的足迹遍及全国及海外，为了牟取暴利，一些山西商人便将鸦片私贩入晋并传授罂粟的种植方法。这也是位置偏僻、交通不便利的山西为什么鸦片传入、种植较早，而在以山西商人聚集的晋中，鸦片泛滥尤为严重。《宣宗实录》就载："御史部泰成奏请禁晋省私贩鸦片一折称，山西太谷、介休等处，竟有富商大贾贩此牟利者。"

开栅"鸦片经济"的产生，虽然造成了开栅表面上的繁荣，出现了"商店林立、人来客往"，有如"小北京"的繁华气象，但作为一种畸形经济，从根本上对开栅的社会发展造成了无穷后患。

首先，这种畸形经济直接影响了开栅人的身体素质。由于农民大量种植鸦片，因吸食方便，许多人染上了烟瘾，茶圃撰《各省禁烟成绩调查记》载："山西本为著名之鸦片出产地，遍地皆植鸦片，人民自种自吸，即妇女儿童无不吸食。"据统计，开栅"全村至少有十分之一的人吸食鸦片"。清末山西刘大鹏所著《退想斋日记》中，也论及："富家子弟……当童稚时，即使吸食鸦片，到十七八岁，遂至面目黧黑，形容枯槁，亦良可哀矣"。1896年1月13日，开栅镇上有名的"迷迷"就是一个例子。迷迷，是镇上有名的商店谦益诚东家张芝茂的小儿子。其父母都吸食鸦片，迷迷出胎落地，就像烟瘾大发的样子，少气无力不会哭。父母大惊，赶紧喷了几口鸦片烟，说也奇怪，迷迷果然哭起来。每到病发时，磕睡、流泪、打喷嚏等毛病就出来了，除了喷几口烟外，什么药也治不好，俨然是个"瘾君子"。长大之后，"手无缚鸡之力"（张余生《开栅春秋》）。由于吸食鸦片，晋商子弟早夭者甚多，直接影响了人们的身体健康和人口数量。据资料显示，"鸦片战争之后，山西人口增长率连年降低，人口锐减，到光绪十三年时，降至1,065万"[①]。以后虽有回升，却异常缓慢，其中自然灾害固然是一个原因，但吸食鸦片也是一个重要因素。

其次，破坏了社会稳定，影响了社会风气。清末的"文交惨案"实质上就是由于当地政府处理不当所引发的流血事件，对整个社会的稳定是个冲击。种鸦片看似对农民有利，实则危害严重，因为种鸦片者很多也是鸦片吸食者。开栅有名的商店谦益诚的东家张芝茂，就是因终日吸食鸦片，耗尽其家产后，不惜勒死亲生儿子迷迷，悬尸于商号逢源涌大门，企图讹诈。清代刘大鹏在其《退想斋日记》中有关于吸食者偷盗之记载：里人获一偷儿，问曰："汝亦良民，何以破吾窗，入吾室，以盗吾物乎？"小偷曰："吾所为此，……不食犹可技梧，独无鸦片烟可吸而烟病所迫，概不能稍缓须臾，计无所出，不得已而为此，欲求鸦片烟之资。"正如刘大鹏所云："风欲由此而坏，人情由此而偷，……世道由此而衰。"1927年陕北烟商任九龙，率领40

[①] 山西省地方志办公室：《山西外贸志》（初稿），山西人民出版社1987年版，第6页。

余人，武装来开栅，绑走村民赵二仓，追索所欠烟款。其父赵荣富，付款赎回。本村弓怀仁等人在"跑西路"中形成几个数十人、数百人的武装集团，他们携带"六轮子""拐子枪""盒子炮"等进行武装贩运，成为社会不安定因素之一。

再次，"鸦片经济"人为地加大了自然灾害的破坏力。正如张之洞所言："晋患不在灾而在烟。"作为传统的鸦片盛产区，开栅种植鸦片的面积非常大，在开栅的60顷耕地中，鸦片所占面积高达48顷，而且往往占用了膏腴之田，因而"亩无栖粮，家无储粟"。一旦遇上天灾，受灾倍重，例如光绪三年（1877年）山西重灾，致数百万人饿死。《退想斋日记》载："（丁丑、戊寅二年即光绪三年、四年，1897年连岁不雨）人相食，饿死者遍野塞途，种鸦片烟之处，如交城山中，永中州等境，饿死者更多。彼处人民概不种禾稼，独赖种鸦片烟以资本，故一旦遭荒，家无余粮，欲不饿死，亦不得矣。""文水向系产烟最盛之区"，而开栅作为这一区的产烟大镇，其在灾害面前，程度尤重。

最后，"黑色经济"严重影响了社会经济的发展。"黑色经济"给开栅带来的经济繁荣，来亦快，去亦速。当鸦片种植大、贸易活跃时，"商店林立"，一旦被严禁，"一夜之间变成了人心惶惶，满目凄惨的世界"（许同莘《张文襄公函稿》卷二）。这种畸形经济造成的假繁华，给山西经济支柱的商业以沉重打击。根据宣统年间的统计，文水县从商的人口占27%，远远高于同期全省商业人口占总人口的比例25%。[①] 因吸食鸦片，山西商号倒闭的不在少数。开栅有名的谦益诚就是例子。另外，作为一个发达的农业产区，开栅土质肥沃，灌溉便利，农业经济基础良好，但是鸦片与粮抢地，破坏了其农业经济的发展，因而，"鸦片经济"这种畸形经济，非但没有带给开栅真正的繁荣，却从根本上挖空了开栅经济、社会生产力发展的潜力，故当"黑色经

---

① 行龙：《近代山西社会研究：走向田野与社会》，中国社会科学出版社2002年版，第43—44页。

济"消失时，有"小北京"之称的繁华也一去不复返，成为过眼烟云。

综上分析，近代开栅社会发展中出现的畸形经济形态——"鸦片经济"，既是近代社会的大背景决定的，也是由其自身的传统、地理特点等所造成的，这一社会现象，既把开栅推到了社会历史的最前沿，又从人口素质、社会风尚、经济发展等多方面对其进行打压，造成了以后开栅社会发展的滞后性，"鸦片经济"造成的开栅快速繁荣、快速衰落的发展轨迹也是近代半殖民地半封建社会中，中国内地乡村发展的一个缩影。

农业技术视角下的社会嬗变

20世纪50年代山西现代农业技术路径探索

"三农"问题历来是各级政府和学者研究的重点,它是事关农民生计的重要问题,中国共产党第十八次全国代表大会更是强调加快发展现代农业,增强农业综合生产能力,以确保国家粮食安全和重要农产品有效供给。然而,农业现代化发展的关键因素在于农业技术的现代化。农业技术的现代化是在对传统农业技术的继承与变革的过程中形成的,是传统农业技术质的飞跃。经前人对中国传统农业技术的演进历史考察发现:"中国传统农业技术发展是连续渐进和局部跃进的统一;中国传统农业技术的发展是一个自我生长和自我完善的过程。"① 早在抗日战争时期,山西农村通过互助合作组织,因地制宜地改良传统农业技术,发展农业生产,取得了明显效果,并涌现出许多农业生产模范,如李顺达、吴春安等人。互助组对山西根据地农业生产以及农村社会发展都起到了良好的示范作用。解放后,在互助组基础上成立的农业生产合作社,依靠集体力量从事推广新式农具、改良土壤、兴修水利等工作,农业技术的科学因素在农业生产中逐渐增加。由此可见,山西农业技术发展在因循着传统路径发生变革。

一、山西传统农业技术的状况

山西地处内陆高原,地形较为复杂,山地、丘陵、台地、谷地、平原等

---

① 苏黎、陈凡:《中国传统农业技术演化特征分析》,《中国农学通报》2008年第4期。

交错分布,以山地、丘陵为主,土地贫瘠,生态环境脆弱。气候属于温带大陆性季风气候,雨季较短,有"十年九旱"之说。在这样的自然地理环境中,农民在长期的生产实践中形成了一整套农业生产和管理的技术体系,集中体现在清朝时期山西寿阳人祁寯藻所著《马首农言》一书中。这是一部专门论述山西农业发展的专著,书中对传统的农耕技术、管理技术做了详细的整理。

传统农业耕作技术主要以深耕细作、抗旱保墒、适时种植为主。《马首农言》中记载:"凡犁田,深不过六寸,浅不过半寸。山田四寸为中。河地,秋三寸,春两寸半。秋犁较春犁深五分或一寸。秋犁棱较窄,春犁棱较宽,秋,一步七棱,春,一步六棱。"[①] 耕作的深浅也有法可循,"欲微深,则向前稍送之;欲微浅,则向后稍抹之。欲大深,则将上木贯打紧,下木贯打松;欲大浅,则反是。其法不一,以类推之"[②]。农具是农业生产的必备要素,传统农具在《马首农言》中记载的有耒耜、耢、櫌、碌碡、耧、锄、碌、砘车、锨、锹、锨、镈、犁、耘耙、竹耙、荄、蕡、畚、箩等80多种,这些农具为传统农业的发展起了重要作用,在农村至今仍然在使用,只是质量有所提高,数量和形状并没有太大的变化。

传统的农田管理技术以轮作防病、选种育种、中耕除草、合理密植、追肥灌溉为主。《马首农言》中对农作物轮作的记载主要是谷—豆轮作和麦—豆轮作法。这样既能防治病虫害,也能提高粮食产量。选种育种继承了以前的系统选种、存优汰劣、选种留种的优良传统。中耕除草、合理密植也是田间管理的重要内容,《马首农言》记载"锄不厌多,多则去草,且易熟"[③]。同时,旱地和湿地中耕方法也不同,如谷"苗高寸余,原,先锄。所谓'早锄一寸,强如上粪'是也。湿,宜间,不宜锄。……尺余则可锄矣"[④]。《马首

---

① [清]祁寯藻著,高恩广等注释:《马首农言》,北京农业出版社1991年版,第19页。
② 同上注,第18页。
③ 同上注,第12页。
④ 同上注,第9页。

农言》中的农谚有"稠糜忽阑黍,黑豆地里卧下狗"的说法,这是对合理密植质朴的表达。

在古代,百姓深受"天人感应"的影响,认为蝗灾和旱灾的出现是得罪了"蝗神"和"龙王",所以在农村要修建"八腊庙"和"龙王庙",并用祭拜它们的方式来消灾避害。而在《马首农言》一书中,却记载了生物防治法和农业防治法,"农人言,此虫白项鸦群飞则灭'秉畀炎火'可以治蝗"①。这是以飞鸟治蝗虫的生物防治法。如防止小麦串黄则采用农业防治法,"地既著实,亦无'串黄'之虑"。农作物施肥以农家肥为主,家畜粪肥是改善和维持地力的主要方式。《马首农言》中记载,寿阳人通过养牛、猪、羊来获取肥料。在牛卧睡的地方用黄土铺垫,积久成粪。猪是一种性喜水的家畜,在土坑里经常倒些水和撒些土,时间长了水和土就变成了粪肥。秋收后,夜间把羊圈在空地里,圈粪肥地。

经验性传统农业技术虽然生产效率低,但是有良好的群众基础,农民应用熟练,信赖程度高,一些技术至今仍在农业生产中发挥着重要作用。

二、新中国成立后山西农业的技术变革

舒尔茨认为,传统农业的转化过程就是对生产要素的全面技术化过程。也就是说这种全面技术化过程是农业技术的科学化过程。农业实现由传统向现代的转变,就要应用科学技术对传统农业生产技术和管理技术进行变革,以达到改造传统农业的目的。

新中国成立后到 1950 年春、冬,山西省根据中共中央 1948 年以来的土地改革文件,分三批稳妥地完成了土地改革,彻底废除了封建剥削土地制

---

① [清]祁寯藻著,高恩广等注释:《马首农言》,北京农业出版社 1991 年版,第 65 页。

度，农民实现了耕者有其田，农具需求量也随之迅速增长。但是，由于近代中国农业科技落后、工业基础薄弱以及长期受战争的破坏，农具非常匮乏。据1951年《全国农具会议总结报告》记载，当时山西省缺少各种农具98万件。为了满足农民需求，改良旧式农具、推广新式农具成为农具工作的重要内容。"1951年1月中央农业部召开了农具工作会议，提出以增补旧式农具为主，同时重点示范推广新式农具的工作方针。"[①] 山西省政府在中央政府的领导下大力开展以整修、添置小农具为中心的农具革新运动并成立了农具推广委员会。据报道，到1951年上半年，山西省增补旧式农具达到48万件，已经建立农具推广站7个。这极大地改变了农具严重不足的状况，促进了农业生产的恢复和发展。

1958年，国家根据农业生产需要，在农民群众实践经验的基础上提出了农业生产八项增产技术，并将其概括为"土、肥、水、种、密、保、管、工"八个字，被称作农业"八字宪法"。在农业"八字宪法"的引领下，山西开展了以工具改革为中心的农业技术革新运动。依靠地方工业制造出小型农业机械煤气机、电动机、马拉收割机等机器，尤其是小型农业机具，如播种机、除草机、喷雾器、脱粒机、深耕犁等。侯马市各工具厂还制成动力水车、水泵、水管、水车链子等灌溉工具；大车、平车、推车、滚珠轴承等运输工具；铁锹、铁镢、犁、耙、种耧等工具；套项、小鞍等马车挽具和喷雾器、镰刀、铡刀等小农具等。[②] 同时，还大力推广双轮双铧犁、双轮单铧犁等。农业工具的大变革为农业发展做出了重要贡献。

在农业管理中，选种育种、病虫害防治和积肥施肥方法都在传统方法的基础上得到进一步的发展，这也集中体现了农业"八字宪法"中的"种、肥、密、保、管"。为了适应山西的气候和地形特点，新中国成立后出现了

---

① 孙景鲁：《重视旧农具增补情况》，《人民日报》1951年12月25日。
② 仪庚德：《为春耕准备"武器"，侯马市各工具厂已制成农具六万四千件》，《山西日报》1959年2月13日。

许多抗风性、抗寒性以及抗旱性强的种子，如碧蚂四号小麦良种、关东黄高粱、五台白山药蛋、白母鸡嘴谷子等。小麦选种使用新发明的温汤浸种法。"为了加强良种繁殖的基本工作，各人民公社都建立了自己的良种繁育场，各管理区都建立自己的留种田，进行专业经营，并且指定专人负责领导，抽调有选种经验和技术的干部、老农、青年采取块选、穗选、风选、筛选、粒选等多种方法。建立种子基地是大量培育和推广优良品种的重要措施。"①

选育良种的措施不仅能够提高农作物产量，而且对防治病虫害也有很大的帮助。农民为了从根部减少病虫害侵袭，还采用赛力散拌种法和温汤浸种法。除此之外，省农业厅还开办了病虫害技术训练班，为各专区培训专业的病虫害防治人员。许多地方也建立了农业学习小组，实现了从小组到夜校、从课堂到田间的农业管理办法。尤其是农药和喷雾器的使用，是农业防治病虫害的重大技术突破。

"肥"是农业发展的物质基础，新中国成立后化肥生产还不能满足农业生产需求，党中央要求努力增产土化肥和农家肥，注意与土地深耕相结合，分层施肥。山西省在中央的领导下，农民大搞积肥制肥运动，造土化肥。"队队建立菌肥厂，区区建立化肥站，广开积肥门路，普遍推广一熏（熏肥）、二造（造混合肥、尿素肥）、三勤（勤垫牲口、猪、羊圈）、四翻（翻糙土、垃圾、破房、古神像）、五挖（挖圈底、磨道、碾道、炕土、鸡窝）、六结合（结合扫除积卫生肥、结合做饭熏肥、结合做饭制土肥田粉、结合做饭积草木灰、结合剥棉杆沤肥）的多种积肥经验。"②高平公社新建了联合化肥厂，试制成土制化肥、硫酸铵、硫酸亚铁、钙铵硝石化肥、磷肥、尿素等10余种产品。随着化肥的发展，大量含磷化肥和含氯化肥用于农业生产中，化肥质量也由单元素肥发展为多元素肥，进而向配方肥发展。

---

① 《精选细选，粒粒优质》，《山西日报》1960年9月24日。
② 李家旺、朱炳德：《侯马卫星公社万人突击积肥，个人积肥付给现金，集体积肥实行"五定"》，《山西日报》1959年1月22日。

"密"指合理密植，即"看田定穗，看穗定苗，看苗定籽，以达合理密植，增株增穗"①。以前农民认为，密植一把草，杆细容易倒，结果穗小、籽不饱。由此，地方政府组织群众进行了讨论，分清了密植和合理密植的界限。"并掌握密植原则：第一，必须保证合理的增加单位面积上的株数和穗数；第二，必须保证植株分布排列的适当，既要便于田间管理和有利于通风透光，又要使单株有足够的营养面积。各地在制定密植计划的时候，应当根据这些原则和水、肥、土、种等条件来研究确定不同作物在基本农田、非基本农田以及园田化农田上的密植程度。"②此时，合理密植已经有了科学技术的指导，对提高单位面积产量有重要作用。

　　新中国成立后，随着农业科学的发展，山西农业技术在传统农业技术的基础上有了较大的突破，逐步由传统经验型向现代科学型转变，为山西农业现代化的发展提供了一条有效的路径。

三、农业现代化发展的启示与思考

　　农业现代化的重要标志是农业技术的现代化，即农业生产技术和管理技术的现代化。我国国土辽阔，人多地少，自然环境区域间差异较大，生产力水平也参差不齐。从历史经验来看，平原与山区农业技术发展水平差异较大。平原地区自然条件较好，人口文化素质整体比较高，有利于农业技术的推广。而在一些落后山区，农业生产依然用刀耕火种的传统技术。而山西人多地少，山多川少，山区面积占40%，丘陵面积占40.3%，平原和谷地仅占19.7%。耕地分散和经营规模小的现状，农民没有足够的经济

---

① 山西省农业科学院：《种好小麦要抓六环》，《山西日报》1960年9月15日。
② 《高产多收的关键》，《山西日报》1959年3月24日。

实力，也不可能购买机器进行机械作业，大量剩余劳动力在土地的小规模经营中可以满足农民的生产要求，这就极大地限制了农业机械化的发展。随着近年来化肥、农药等的大量使用，土壤出现板结，农业生产效率降低，农产品质量也在下降。农民科学文化素质整体较低，不易接受和应用新的农业技术和市场信息。这样的自然地理特点以及人文社会环境，使山西凸显出中国农业现代化发展所面临的问题。所以，如何实现农业由传统向现代的转换，就必须结合历史经验解决上述问题，为农业技术变革开辟新的途径。

（一）加大农业科学技术投入，提升传统农业科技水平是农业现代化发展的基础

传统农业是在世代相传的经验基础上发展的，科技水平低，在利用自然和保护自然的重要性方面也缺乏更多认识。提升传统农业科技水平，加大农业科技创新和投资，培养农业技术型人才，发展生物技术、有机技术，是实现农业现代化的关键所在。走一条生物技术、有机技术与机械化发展相结合的综合型、非均衡的道路，实现农业由劳动密集型向技术密集型转变，是农业技术变革的主要方向。

面对山西特有的自然环境和生态环境，农业的发展要在综合生物技术、有机技术和机械化的前提下，根据各地的地域和人文情况非均衡的发展。在经济发展较快、地形较平整的地区，要扩大土地经营规模，大力发展机械化，实现农业产业化经营；而在广大山区，人口流动缓慢、人多地少的情况下，要重视生物技术和有机技术的发展，重视良种、肥料、农药以及耕作技术的改良，使用小型机械，节约土地，提高产量。同时，农业发展要以市场需求为导向，适时进行产业结构的调整，引领农业向纵深发展，加快农业现代化和市场化，是山西农业现代化发展的主要方向。

（二）提高农村劳动力科学文化素质是山西农业现代化发展的关键

山西农村人口科学素质水平整体低下，新中国成立初期，在 6418 万农村劳动力中，高中程度和大专及大专以上的分别仅占 10.66% 和 2.39%，不识字和初中以下程度分别占 24.48% 和 62.47%。尤其是农村干部中高达 90% 以上不懂科学文化，在指导农业生产时往往出现错误。为了提高农民科学文化素质，政府开始在农村开展扫盲教育工作，通过办夜校、冬学、速成识字班以及通过黑板报和订阅《山西农民报》《山西日报》等形式组织学习。但是，这种教学方式具有随意性、不稳定性和形式主义的性质。

农民学习也只是停于表层，没有系统性和较高的科学素养，农业生产依然按照传统经验进行，主要靠"劳力"而非"智力"生产。农民文化素质水平低，不仅影响着对外部农业技术和市场信息的获取，而且直接影响着对农业生产力发展水平和农业科技的推广、接收、应用程度的大小，这将是限制山西农业现代化发展的关键因素。

山西发展现代农业必须注重提高农民的文化素质，这是因为"现代农业科技是现代农业的根本动力，农村是现代农业科学技术的最终需求者，农民则是实现转化的主体"[①]。农民文化素质得到提高，才能不断更新农业现代化发展的物质装备，而且能提高农民对新技术和管理理念的应用和熟练程度以及掌握市场信息的敏感度。尤其是现如今农村劳动力大量外流，只有老弱孤寡留守农村，从事农事活动。每年定期在农村举办农业讲座，对提高农民的农业知识、推动农业生产有很大帮助。西方发达国家的经验也表明，农业现代化的关键在于农民文化素质的提高，这样"新农业技能和关于农业的新知

---

① 李培庆：《中国农业现代化的关键是农民素质现代化》，《华侨大学学报》（哲学社会科学版）2000 年第 2 期。

识可以成为农业增长的主要源泉"[1]。由此可见，山西大力发展农村教育，加大对农业生产者的科技培训、推广农业科技宣传、提高农民文化素质，是实现农业现代化发展的重要保障。

新中国成立后，山西农业技术的变革在传统技术的基础上呈现出由发展、成熟到深化的变革过程，都不同程度影响着山西农业现代化的发展进程，这表明农业技术的现代化是农业现代化的重要标志。当然，农业的现代化发展也不能仅靠技术的现代化，农村城镇化也是影响农业现代化发展进程的因素之一。党的十八大提出：推动城乡发展一体化，解决好农业、农民、农村问题是全党工作的重中之重，城乡发展一体化是解决"三农"问题的根本途径。城乡一体化发展的基础是农业。农业发展为城镇提供食物、原料、劳力、资金、土地等影响着城镇化的进程和规模；城镇化的发展也为农业的发展提供市场、就业、资金等影响着农业的产业结构和经营规模。二者之间是相互促进和制约的关系。所以，农村城镇化推进的规模与速度，要与农业发展所能提供产品的能力相适应，不应建立在牺牲农民和农业的利益上，这样才能合理有效地推进解决"三农"问题的进程，更好地实现农业现代化。

---

[1] 〔美〕西奥多·W.舒尔茨：《改造传统农业》，梁小民译，商务印书馆2006年版，第162页。

集体化时期的农业机械化与乡村社会

新中国成立后,国家百废待兴,其政治、经济、文化等都面临着多方面的改造与重新构建,而这一过程中也触发了整个社会多个方面的变迁。在广大农村地区,土地改革完成后,大多数地区的农业生产仍然沿袭传统的耕作方式。在这种情况下,国家采取"两条腿走路"①的方式来改变原有的生产方式,即通过传统农具改造与实施半机械化同时并举的措施促进农业生产。1958年3月中央成都会议指出:"我们这样的大国不可能实现全部机械化,手工业和机械化是对立的统一。改良农具运动是迅速有效的,现在有创造,将来还有创造,机械化和改良农具是对立的统一,要同时进行,这是群众运动,群众性的创造无穷无尽,我们要发现和大力推广。"②此次会议还通过了《中共中央关于农业机械化问题的意见》,要求全国各地普遍积极推广农具改革运动。与"机械化和改良农具"应用所伴生的是新中国农村新型社会关系的建立,"我们不但正在进行关于社会制度方面的由私有制到公有制的革命,而且正在进行技术方面的由手工业生产到大规模现代化机器生产的革命,而这两种革命是结合在一起的"③。

农业机械化这一现代化的生产技术与农村社会发展息息相关,学界现有关于集体化时期农业机械化的研究,多基于宏观角度进行解读,而对技术与社会制度变化的则关注偏少。现有学术成果主要集中在以下几个方面的研

---

① 谭震林:《关于实现我国农业机械化的若干问题》,《农业机械学报》1960年第2期。
② 农牧渔业部农业机械化管理局、北京农业工程大学编:《中国农业机械化重要文献资料汇编》,北京农业出版社1988年版,第1368页。
③ 同上注,第102—103页。

究。"通过集体化时期的农业机械化实践，探讨农业机械化的实践成果。"[1]"农民使用农具的相关习俗与乡村社会的民众之间、集体化时期政府与民众之间的一系列权力关系。"[2]"随着技术不断发展，所触发的农家经济以及与农村社会多元化的变化。阐述了农民对于新技术的应用，不仅仅是一种经济现象，也是一种社会及文化现象。"[3]"围绕制度变革、技术改进分析建国初农村经济发展和农家生活的社会变迁，探讨这一时期国家与农村、国家与农民以及城市与农村的关系等。"[4]综上可见，以微观视角对农业机械化与乡村社会变迁研究还很少。因此，本文以集体化时期农业机械化模范村山西省贾家庄为切入点，力求探讨这一技术与乡村社会变迁之间的关系。

山西省汾阳县贾家庄是集体化时期山西省的模范村。早在新中国成立初期该村就积极进行农具改良与机械改革，并于1954年被列为山西省合作社十个试点之一。人民公社时期，贾家庄全面组织集体经济，发展多种经营，充分利用人力、资源等条件，增加集体的收入和资金积累，通过自力更生、艰苦奋斗，进行农田基本建设，实现农业机械化。"1965年被誉为全国农业机械化的十杆旗帜之一。当年粮食作物亩产量由解放前1947年的40公斤提高到408公斤，农、林、牧、副业总收入达42万元。"[5]

---

[1] 韦丹辉、韦丹芳：《集体化时期广西桂北乡村的农业机械化实践（1956—1979）》，《农业考古》2015年第4期。
[2] 朱洪启、刘兵：《生态与文化的选择：华北农具的生态与社会文化研究》，《中国科技史杂志》2008年第4期。
[3] 朱洪启：《二十世纪华北农具、水井的社会经济透视》，南京农业大学博士学位论文，2004年。
[4] 伍玉振：《制度、技术与农家经济生活变迁：以1949至1957年济南郊区为个案》，山东大学博士学位论文，2014年。
[5] 梁志祥：《当代山西简史》，当代中国出版社1999年版，第26页。

一、自然环境与农业技术选择

贾家庄位于山西省汾阳市城北 4 公里处，东临汾河，西望吕梁山，全村总面积 42 平方公里。据清代《汾阳县志》载："城北八里贾家庄，平地渟渊湛澹，池圜闷如壁，其脉漫衍，无湍激声，故名。旁地多沃壤，穿引艺稻池上建昭济圣母祠。近池产九节蒲水葱、剪刀草、芊锦绿。"① 由于贾家庄地势低洼，土地积水严重导致碱涝肆虐。解放初期的土地状况普查显示，"下湿地、盐碱地占贾家庄土地面积的 23.3%，白毛碱、湿阴碱、黑油碱、淤漫碱地占到 23.3%，碱荒滩占 9.3%"②。贾家庄的盐碱地盐分含量高、碱质属性大导致土壤腐殖质淋失严重，土壤有机结构遭到破坏，盐碱地地表之下碱性十分坚实，对农作物生长有着相当大的危害作用，严重时可导致植物萎蔫、中毒或烂根死亡。当地民谣对贾家庄自然环境的描述是："村西湿泽村东干，村南村北碱荒滩，村中倒有三件宝，蛤蟆、苦菜、芦苇草。"③

在传统农业生产条件下，贾家庄人通过挖沟排水，种植高粱、棉花、玉米等抗碱耐旱涝作物，采取秋耕不耙、春季浅耕、播前重浇压碱、苗期浅浇等祖辈在生产中积累的经验来进行盐碱地改良。但囿于农业技术，农民使用的农具简单，且数量极少，导致贾家庄盐碱地在传统的农业生产条件之下无法得到改良与治理。同时，由于农户普遍单独生产经营，家庭经济规模小、力量弱，无力进行大规模的治碱工程，即使是具有一定经济实力的地主对盐碱地也是"退避三舍"。1948 年解放之后的土地统计资料显示（见表 4），贾

---

① ［清］方家驹等修，［清］王文员纂：《汾阳县志》清光绪十年刻本。
② 《死活差一字，产量大不同》，汾阳市档案馆藏，档案号：137-1-16-93。
③ 《贾家庄生产大队改良碱地经验介绍》，汾阳市档案馆藏，档案号：137-1-28-1。

家庄 4083 亩耕地中非碱地 944 亩,地主、富农就占有 850 亩,占有 95% 非碱耕地。① 面对大面积的盐碱地,当时的贾家庄村民有一种基本认识:"靠着这些烂盐碱地,永远也翻不了身,想翻身得离开这穷地方。"② "碱是老天留下的,人有多大本事,还敢和天斗?"③ "想发财,做买卖。做买卖是早上栽树晚上就能歇荫凉。"④ 解放前,贾家庄农业生产面临着"春天白生生,秋天水汪汪;下种不长苗,长苗不收粮"⑤ "蛤蟆叫,蚊子咬,不长庄稼只长草"⑥。整个村庄粮食平均亩产仅有七八十斤,致使"贫穷"成为贾家庄的代名词。

表4　1949年年初贾家庄土改资料统计

项目 成分	人数 (人)	占村人口比例 (%)	占有土地 (亩)	占村土地比例 (%)	人均占有土地 (亩)
地主	9	1	432	10.6	48
富农	30	3.3	568	13.9	18.93
中农	125	14.3	992	24.3	7.93
贫雇农	706	81.4	2091	51.2	2.96

注:表格数据根据吕建英、吕永民著《共同富裕的一面旗帜——贾家庄》,人民日报出版社2012年9月出版,第6页所统计。

通过上表可看出,贾家庄贫雇农人均占有土地仅 2.96 亩(其中多数是盐碱地)。因此,大多数人处于贫困状态。当时具体情况是,全村 170 多户贫雇农大都是给地主富农扛长工、打短工维持生活,有 120 户贫雇农卖过儿

---

① 《山西省汾阳县万年青人民公社贾家庄生产大队经营管理经验汇集》,汾阳市档案馆藏,档案号:137-1-24-16。
② 《贾家庄的过去和现在》,汾阳市档案馆藏,档案号:137-1-24-1。
③ 《突出政治,改天换地》,汾阳市档案馆藏,档案号:137-1-26-3。
④ 《山西省汾阳县万年青人民公社贾家庄生产大队经营管理经验汇集》,汾阳市档案馆藏,档案号:137-1-24-16。
⑤ 《贾家庄生产大队改良碱地经验介绍》,汾阳市档案馆藏,档案号:137-1-28-1。
⑥ 《改碱治水,耕三余一》,汾阳市档案馆藏,档案号:137-1-17-2。

女140余人，有43户讨过饭。①

1948年全村粮食总产量为219000斤，地主富农就占有127500斤，占到58%。地主、富农每人平均2125斤粮食，而贫苦农民平均136斤粮食。②当地民谣对贾家庄生活的写照是："有女不嫁贾家庄，嫁到贾庄受凄惶；烂塌灶破瓦层，炕上躺的病婆娘；生疮害疥打摆子，辈辈过不上好时光。"③

二、集体化制度与农业技术选择

新中国成立后，政府基于农民个体生产的现状和国家经济发展的需要，提倡将农民"组织起来"发展农业互助合作，引导农民走上共向富裕的道路，改变农业的落后面貌。④ 从互助组到人民公社制度的确立是土地改革以后恢复和发展农业生产的重要措施。

贾家庄党支部书记贾焕星⑤与张玉瑞等8户人家于1950年3月正式成立了贾家庄第一个互助组。1951年互助组的粮食平均亩产180斤，比个体农

---

① 《贾家庄的过去和现在》，汾阳市档案馆藏，档案号：137-1-24-2。
② 《山西省汾阳县万年青人民公社贾家庄生产大队经营管理经验汇集》，汾阳市档案馆藏，档案号：137-1-24-16。
③ 《贾家庄生产大队改良碱地经验介绍》，汾阳市档案馆藏，档案号：137-1-28-1。
④ 中共中央文献研究室：《建国以来重要文献选编》（第2册），中央文献出版社1992年版，第517页。
⑤ 贾焕星（1908—1982），1949年加入中国共产党，任村党支部书记、村主任。1952年8月，办起汾阳第一个农业生产合作社，被评为山西省农业劳动一等模范。1953年，响应党的号召，把合作社扩大到72户。1954年再次被评为全省农业生产模范。1955年，出席了全省农村社会主义建设积极分子代表大会，被选为大会主席团成员。1957年，出席了山西省第二次农村社会主义建设积极分子代表大会。1958年后担任万年青公社机械厂厂长和贾家庄大队保管。参见《汾阳市人大志》（1949.8—1998.7）。

户的平均亩产提高38.5%。人均收入超过当地中农。① 1952年春耕开始，贾家庄全村的26个变工组经过自愿组合、整顿重组后形成17个互助组，参加互助组的农户占全村农户的78.4%，其中包括全村劳力的64.2%、牲畜的61.3%、耕地的65.7%。② 互助组的成立使各个家庭之间的农具得到互相补充，同时又可以积集体之力购买牲畜、大型农具、新式农具，农业生产水平得以提高。从1955年10月开始，山西的农业合作化运动发展迅速，1956年农历正月，贾家庄的星光初级社和土地相邻的陈家庄的晨光初级社、太平村的旭光初级社以及董寺村的春光初级社联合起来成立"海燕高级农业生产合作社"。③ 在土地规模扩大后，贾家庄人迫切希望解决农业生产与自然环境之间的矛盾。与此同时，国家为适应农业合作化运动发展的需要，在1956年制定的《全国农业发展纲要（草案）》中提出："农业生产合作社应当积极进行改良土壤的工作，用各种办法把贫瘠的土地变为肥沃的田野。"④ 在1957年颁布的《全国农业发展纲要（修正草案）》中第12条指出："合作社和国营农场都应当积极改良和利用盐碱地、瘠薄的红土壤地、低洼地、砂地和其他各种瘠薄的土地，注意防止土地的盐碱化。"⑤ 从贾家庄的实际情况来看，改良大面积的盐碱滩地成了解决农业生产发展的关键。

新制度的建立打破了传统生产方式的局限，集体的力量为改变贾家庄的农业生产条件提供了可能。但有些老百姓认为盐碱地是自然造化，根本无法

---

① 山西省农业合作化史编辑委员会:《山西农业合作史典型调查卷》，山西人民出版社1989年版，第168页。
② 同上。
③ 《贾家庄乡的四个初级社是怎样进行合并和转高级社的》，汾阳市档案馆藏，档案号：137-1-10-26。
④ 中共中央文献研究室:《建国以来重要文献选编》（第8册），中央文献出版社1992年版，第53页。
⑤ 中共中央文献研究室:《建国以来重要文献选编》（第10册），中央文献出版社1992年版，第643页。

改变。为了让群众统一认识，贾家庄农业技术能手宋树勋①等人选取了一块最难治理的二分湿阴碱地作为试验田（一分种高粱，一分种棉花），通过起高垫低的办法结合多施肥、早锄、勤锄等措施改治成功，收获 35 斤高粱，3 斤 7 两皮棉，当时群众把这二分地称之为"思想田"。②随着改碱工程逐步扩大，老百姓中再次出现了不同的声音。"治碱地，只能摆个样样叫人看，要想把全贾家庄的几千亩碱地都改造过来，怕有二三十年也搞不完。"③这些话语反映出贾家庄改碱的关键问题，改治碱地必须投入大量人力和畜力，而这与农业生产是相互矛盾的。1956 年，山西省政府为促进高级社进一步发展，在贾家庄设立了拖拉机站，并且为其配置 2 辆拖拉机。④拖拉机的使用不仅使贾家庄的机耕面积扩大，而且使得耕作时间缩短。这样的效率使群众认识到农业机械的使用可以缓解劳动力紧张的局面。在面对改碱与劳力相矛盾的情况之下，贾家庄群众把目光转向了发展农业机械，决定"向工具要劳力"。他们按照先易后难的原则，着重抓节约劳力最多、增产效果最大的工具进行改革。"如过去用手剥玉米每人每天只能剥 200 多斤，张贵义创造了玉米擦板使得效率提高了十倍；为了改变群众靠扁担从田地运输粮食的现实情况，张万福自己创造了木轮车。铁匠宋永信、木匠李玉清等人成立工具改革小组，他们把原来的旧耪锄增加了两个锄齿，变三齿耪锄，提高工效一倍半；接着又改制追肥耧，并使锄耧结合，一锄两用，提高工效五十倍，陆续又改制了三齿耪锄、清粮风车和木制脱粒机。"⑤

---

① 宋树勋，1958 年任贾家庄村党支部书记，1961、1962 年曾代表贾家庄生产大队两次出席山西省农业生产先进单位代表会议，并被推选为大会主席团成员。1959 年，贾家庄被誉为"全国农业机械化十杆红旗"之一，宋树勋应邀登上北京天安门观礼台，参加了国庆大典。见《汾阳市人大志》（1949.8—1998.7）。
② 《继续向碱害开战》，汾阳市档案馆藏，档案号：137-1-26-3。
③ 《贾家庄的过去和现在》，汾阳市档案馆藏，档案号：137-1-24-2。
④ 《贾家庄乡海燕高级社农业社一九五六年农副业生产计划》，汾阳市档案馆藏，档案号：137-1-7-19。
⑤ 《贾家庄大队从改革农具入手搞机械化》，汾阳市档案馆藏，档案号：137-1-11-2。

随着这些改良农业机械投入使用，贾家庄在农业生产中节省了大批的劳力和畜力。以 1964 年为例，使用脱粒机打小麦，每天可脱粒 15000 斤，一天即可节省 20 个全劳力和 8 个畜力。① 在 1964 年全大队共有脱粒机 12 部，8 天就可以全部完成脱粒工作，并且由车拉代替肩挑、电动代替人畜拉水车、碾米、磨面等，每年节省的 33491 个人工、7246 个畜工全部投入改碱工程之中，每年平均可改良碱地 250 多亩。② 从 1954 年贾家庄改碱开始到 1965 年，他们通过与改革工具相结合以及挖渠排水、铺沙改碱、增施肥料等方法，先后投工 12 万之多，移动土方 42 万多立方米，彻底根治碱地 2650 多亩（包括后并入的陈家庄、太平村、董寺村的盐碱地）。③

三、自力更生的农业机械化

在贾家庄开展农业机械化工作之后，新的问题再次出现，那就是农业机械化是依靠国家还是自力更生。围绕这个问题，贾家庄开展了"依靠谁来搞机械化"④ 的问题讨论。在讨论中有的群众认为："咱是先进队，国家一定支援咱们机器，何必着急。"⑤ 有人说："土脑袋还能搞机器。"⑥ 还有人认为："一

---

① 《自力更生实现农业半机械化的一面旗帜——贾家庄生产大队》，汾阳市档案馆藏，档案号：137-1-24-22。
② 《自力更生发展农业机械化——汾阳县贾家庄大队实现半机械化和机械化的经验》，汾阳市档案馆藏，档案号：137-1-32-40。
③ 吕建英、吕永民：《共同富裕的一面旗帜：贾家庄》，人民日报出版社 2012 年版，第 25 页。
④ 《自力更生发展农业机械化——汾阳县贾家庄大队实现半机械化和机械化的经验，汾阳市档案馆藏，档案号：137-1-32-40。
⑤ 《自力更生实现农业半机械化的一面旗帜——贾家庄生产大队》，汾阳市档案馆藏，档案号：137-1-24-3。
⑥ 同上。

无机器，二无技术更无钱购买，要想机械化，就得向国家要钱要机器。"① 但有些群众对于此事并不认可，"路子要靠自己走，世上无难事，只要有恒心，要实现农业生产全面连续增产，一定要大搞工具改革"②。农业生产技术是农村社会发展的一个重要内容。农业技术的改进能够促使整个社会系统发生变化，而这一变化一旦开始，无论是外力作用还是内力作用，它都会变为自身固有动力。就贾家庄农业机械化而言，从1956年贾家庄设立拖拉机站开始，本地人才与机械设备的缺乏成为阻碍农业生产发展的一个严重问题。例如，拖拉机手缺乏、机器坏了没有配件等。在国家计划体制下，如何突破这一瓶颈，贾家庄采取了三种办法。一是请进来，先后从太原青年技校和多种作坊请来师傅6人，边生产边传艺。二是派有文化的人出去学习技术。如1961年为了改制脱粒机，先后派出68人到太原、榆次和太谷等地参观了7种脱粒机，最终经过104次的反复试验改制成适合自己使用的工具。③ 三是开展师带徒、老带新方式扩大技术队伍。贾家庄先后共培养出自己的锻工、焊工、钳工、机工、电工、拖拉机驾驶员和农具操作手共计150多人。他们还通过每个劳动日少发5分钱，共集资7000元买回一部车床，自己动手利用废料自制了一台扁担锤。④ 通过自力更生，贾家庄农业机械化事业经历了一个从无到有、从小到大、从土到洋的发展过程（见表5）。

集体经济的壮大，使他们有足够的资金投入农业机械的发展事业中。1964年已经有半机械化和机械化机具24种，447件之多。其中，有脱粒机13台、切草机4台、电动石磨2台、水泵2台、小平车202辆、追肥耧36台、中耕器10部、胶轮车13辆、汽车1辆、电动机22台。⑤ 此外，还有电

---

① 《贾家庄农业机械化情况调查报告》，汾阳市档案馆藏，档案号：137-1-16-5。
② 《自力更生实现农业半机械化的一面旗帜——贾家庄生产大队》，汾阳市档案馆藏，档案号：137-1-24-3。
③ 同上。
④ 《贾家庄农业机械化情况调查报告》，汾阳市档案馆藏，档案号：137-1-26-14。
⑤ 《自力更生实现农业半机械化的一面旗帜——贾家庄生产大队》，汾阳市档案馆藏，档案号：137-1-24-6。

表 5　贾家庄农业机械化情况统计表

项目	机械数量	机械化基本情况
耕作	拖拉机 4 部、播种机 5 部、中耕除草机 56 部	除本队 3700 亩耕地全部精耕，每年还帮助兄弟队耕地 500 亩，在播种、锄草、追肥方面也基本实现了机械化
水利	水泵 8 部	3700 亩耕地全部实现园田化和水利化
运输	载重 4 吨的大卡车 2 部、拖车 2 部、胶轮大车 9 辆、小平车 200 辆	一次装运量可达 100 吨，每年需要运输的肥料、粮食、蔬菜、煤炭、化肥、石头、砖瓦、庄稼、农田基本建设运土等 10 余万吨以上，都能按时完成
收割	脱粒机 10 部、玉米扒皮机 1 部、打稻机 6 部、电动风车 1 部、手摇风车 9 部	270 万斤粮食，20 天即可打完
粮食、棉花、油料加工	小钢磨、石制电搓、碾米机、碾稻机、榨油机等 19 部、弹花机、清花机、轧花机 4 部	156 万斤粮食全部机械加工，12 万斤棉花、45000 斤油料全部机械加工
牲口饲料加工	切草机、青饲料打浆机、粉碎机等 9 部	1000 多头猪和 144 头大牲口的饲料全部机械加工
电气化	电动机 37 部、206 瓦、变压器 3 部、1300 千伏安、线路 1.7 万米	水利灌溉、打场脱粒、粮食烘干、米面饲料加工、社员生活等方面全部电气化
农机修造设备	农机具修造厂 1 个，各种车床、电锯、砂轮机、电焊机、夹板锤等 32 台（件）	小型机具基本机械制造
化肥、农药	喷雾器、喷粉器 42 部	每年用化肥 70 吨、每亩平均 40 斤，农药每亩平均 3—4 斤

注：表格数据根据《贾家庄农业机械化情况调查报告》，汾阳市档案馆藏，档案号：137-1-16-2、137-1-163 所统计。

动石碾、饲料粉碎机、榨油机及修配队的车床、电钻、电焊机、吹风机等。调查报告显示，1956—1964 年 8 年时间累计投资发展农业机械化 225000 元，平均每亩投资为 87.8 元。① 取得这样的成就，投入资金如此之大，第一没靠

---

① 《贾家庄农业机械化情况调查报告》，汾阳市档案馆藏，档案号：137-1-16-7。

国家支援，第二没有减少社员收入，完全依靠自力更生与合理分配。

四、"机械化"的贾家庄乡村社会

新中国成立后，国家在制度建设的同时，也通过自上而下的方式对传统农业进行改造。贾家庄的农业生产机械化是从治碱开始的，但是机械化的发展推动了农田基本建设，提高了在夏、秋收获季节的作业效率，减轻自然灾害给农业生产带来的损失，有效促进粮食产量增长（见表6）。尤其是在1965年，平均亩产达到816斤，成为北方地区第一个粮食产量跨"长江"的村庄。①

表6　1949—1979年粮食播种面积及产量情况表

年份（年）	粮食（亩）	总产量（斤）	亩产量（斤）
1949	2794	219000	105
1952	3160	579152	183.4
1956	3314	649734	196
1957	3447	886074	257
1958	3080	1050311	341
1959	2660	142134	537
1960	2804	162906	581
1961	2859	1662794	581
1962	2779	1634845	590
1963	2902	1749906	603

① 吕建英、吕连民：《共同富裕的一面旗帜：贾家庄》，人民日报出版社2012年版，第25页。

续表

年份（年）	粮食（亩）	总产量（斤）	亩产量（斤）
1964	2778	1965118	702
1965	2947	2404750	816
1970	4000	3020000	1200
1979	4083	3530000	1070

注：表格数据根据《自力更生实现农业半机械化的一面旗帜——贾家庄生产大队》，汾阳市档案馆藏，档案号：137-1-24-6;《死活差一字，产量大不同》，汾阳市档案馆藏，档案号：137-1-16-92 所统计。

农业机械化的发展也促使贾家庄突破单一农业的生产格局。1960年5月1日贾家庄通了电，根据生产发展的需要，贾家庄先后制作了电动石磨、电动石碾、扁担锤、振动式粮食烘干机等24种，453件机具，[①]农业机械节约出的大量劳力、畜力则可投入多种经营的生产之中。由此在贾家庄形成了农业、农业机械化与多种经营的良性循环经济。如从1958—1970年总收入为4676000元，其中工业、牧业、副业收入为1940000元，约占总收入的41.5%。[②]农、林、牧、副业的全面发展，一方面改善了群众生活；另一方面为国家提供了大量商品（见表7）。

表7　1958—1971年向国家提供商品统计表

向国家提供的商品	数量
粮食	129万斤
油料	40925斤
肥猪	4954头
大牲畜	199头

[①]《突出政治，改天换地》，汾阳市档案馆藏，档案号：137-1-26-5。
[②]《贾家庄农业机械化情况调查报告》，汾阳市档案馆藏，档案号：137-1-16-7。

续表

向国家提供的商品	数量
农业机具	160 台
棉花	26 万斤
籽种	40 万斤
仔猪	820 头
羊	267 只
交纳税款	30.6 万元

注：表格数据根据《贾家庄农业机械化情况调查报告》，汾阳市档案馆藏，档案号：137-1-16-11 所统计。表中粮食、棉花为 1958—1971 年数据，其余均为 1958—1970 年数据。

传统社会一直沿袭男耕女织的行为规范，妇女基本从事着磨面、碾米和缝补衣服等家庭事务劳动。随着农业机械的发展，贾家庄妇女要求对其日常生活用具进行改良，工改组先后将碾米、磨面机具改革为机械化的电磨、电碾，并制造了切菜机、电动碎片机等 20 多种炊事工具，[①] 这些机具的投入使用，不仅提高了效率，而且使妇女也有时间参与到生产活动之中。诸如在 1962—1965 年改碱治水中，妇女共投工 19893 个，占男女总投工的 36%。1965 年贾家庄全村 249 个妇女全半劳力，除 11 个病人外，全部参与了集体生产，平均每人做 119 个劳动日。粮、棉作物的田间管理，70% 由妇女承担。妇女投工占农业总投工的 28.9%。[②] 妇女不但突破了传统社会的限制，而且成为集体骨干，如有妇女支委委员 1 名、生产正副队长 5 名、记工员与小组长 8 人、宣传员 50 人，85 名妇女成为农业生产的全能手。[③] 农业机械化的发展对传统乡村社会进行了解构与重建，贾家庄的农具改革能手被树立为模范与学习榜样，农具修配队队长武士英、农具改革能手宋连生等成为乡村社

---

① 《关于社员生活的几点体会》，汾阳市档案馆藏，档案号：137-1-17-4。
② 《我们是怎样进行日常工作的》，汾阳市档案馆藏，档案号：137-1-26-14。
③ 《妇代会进一步加强思想政治工作的点滴体会》，汾阳市档案馆藏，档案号：137-1-21-1。

会发展的带头人。

由于各种农业机械的投入促进了农业生产效率的提高,贾家庄社员个人收入与公共积累呈逐年递增态势(见表8)。

表8 1958—1970年各项增长比例表

项目 年度 (年)	总收入 金额 (万元)	增长比例 (%)	公共积累 金额 (万元)	增长比例 (%)	生产费用 金额 (万元)	增长比例 (%)	社员分配 金额 (万元)	增长比例 (%)	人口增长 人数 (人)	比例 (%)	每人平均收入 金额 (万元)	增长比例 (%)
1956	11.3	100	0.5	100	2.6	100	6.6	100	968	100	67	100
1958	20.7	183	2.1	405	6.8	343	8.3	125	1041	108	80	119
1962	30.7	299	7.6	1481	6.3	321	16.5	250	1270	130	128	222
1966	40	371	4	770	12.4	483	19.3	270	1415	144	138	200
1970	45.9	40	6.6	1280	14.7	570	23.1	348	1711	183	129	193
平均增长比例	—	204	—	78.6	—	313	—	165	—	55	—	62

注:表格数据根据《贾家庄农业机械化情况调查报告》,汾阳市档案馆藏,档案号:137-1-16-10所统计。

随着收入的增加,贾家庄人的物质生活水平也有显著提高。以1970年为例,当年有80%的群众住上了新房,购买自行车170多辆,收音机27台,70%的家庭有存款和余粮。① 除物质生活水平改善外,贾家庄使用公共积累资金兴办了学校、幼儿园、缝纫组、理发室、卫生所、敬老院、图书室、农民夜校、集体陵园等福利事业。对年老丧失劳动力的群众,大队给予固定优待工100个,使他们安度晚年。② 贾家庄群众这样总结自身发展历程:"治

---

① 《贾家庄农业机械化情况调查报告》,汾阳市档案馆藏,档案号:137-1-16-13。
② 《汾阳县贾家庄生产大队主要先进事迹和基本材料》,汾阳市档案馆藏,档案号:137-1-31-4。

水改碱起了头,发展工副腰里粗,农业机械加了油,实现四化有奔头。"① 群众这样形容自己的新生活:"好田新路树成行,新房新铺新衣裳,机器马达隆隆响,六畜兴旺粮满仓,晚上电灯明亮亮,喇叭下面听歌唱。"② 同时外村人也由"有女不嫁贾家庄"的认识转变为"有女要嫁贾家庄,走趟亲戚也沾光"③。

值得注意的是,在"机械化"的贾家庄社会生活中,也不可避免地出现了一些"集体化时期的反行为"。如部分人认为在劳力不紧张时就没有必要搞农业机械化了,进而放松了农业技术改革工作;④ 有在机具改造过程中出现了赶活计不顾质量的现象,造成集体资产的消耗;⑤ 有人在学到技术之后,认为有了技术就可以要高工分、高待遇,要劳保,要福利;⑥ 木工组组员开始外出揽工、抓现钱,脱离农业生产,并认为自家的活迟早都能修,外出揽工可是误了今天没今天。⑦ 还有人认为在机械作业逐步替代手工操作后,产量就会得到提高。但是事实并非如此,例如,由于放松了对机器的管理,原来砖瓦窑手工操作时每月生产15万块砖,使用机器生产后,头两个月只生产了10万块砖。⑧

新中国成立之初,国家着力开始推动农业生产机械化,力图运用先进的农业机械改善农业生产条件,并通过组织建设与提高农业生产技术相结合的方式来达到改造农村社会的目的。但由于受制于地理条件、社会结构、经济

---

① 《汾阳县贾家庄生产大队主要先进事迹和基本材料》,汾阳市档案馆藏,档案号:137-1-31-4。
② 《自力更生实现农业半机械化的一面旗帜——贾家庄生产大队》,汾阳市档案馆藏,档案号:137-1-24-10。
③ 同上。
④ 《贾家庄大队自力更生基本实现机械化和半机械化的经验》,汾阳市档案馆藏,档案号:137-1-29-8。
⑤ 《我们是怎么样开创四好运动的》,汾阳市档案馆藏,档案号:137-1-28-5。
⑥ 《不能凭技术吃饭》,汾阳市档案馆藏,档案号:137-1-16-25。
⑦ 《以三条基本原则为纲,加强党支部思想建设》,汾阳市档案馆藏,档案号:137-1-20-1。
⑧ 《用革命化领导机械化,阔步前进》,汾阳市档案馆藏,档案号:137-1-28-12。

水平等因素，各地实施机械化的水平千差万别。透过集体化时期贾家庄农业机械化的发展与乡村社会的微观研究，我们看到农业技术发展不仅要与区域社会、自然条件、合理有效制度相结合，而且与乡村社会存在着非常复杂的关系。因此新中国成立后，农业技术通过农业生产逐渐内化于农村社会中，并且成为突破传统因素的有力手段，农业技术的发展同时也成为乡村社会变迁的一条脉络。

乡村视野中的农业技术与社会变迁

技术发展对于人类知识领域的影响是广泛而深刻的，它不仅使人们认识到自然与社会的技能和手段日趋进步，同时也使人类社会发展出现了革命性变化。摩尔根认为，在人类社会生活最重要的四个方面即发明和发现、政治制度、婚姻家庭制度及财产制度中，生存技术的发展起决定性的作用。在社会发展研究中，技术与社会发展一直是一个隐蔽的问题，有关于这一问题的研究大都被包含在社会生活之中。在中国传统农业社会中，农业经济主要是以小农生产为主，农民既是农业生产的主要劳动力，又是农业生产的管理者。农业生产对技术的需求主要取决于农民自身，种植技术、工具改进等活动主要是在农业生产过程中完成的，技术完善主要依靠的是经验累积。因此，相对于土地、资金、劳动力等有形的农业投入来讲，建立在经验传承基础上的农业技术已完全内化在农业生产过程中，并成为农民社会生活的一部分。而在社会发展过程中，技术实际是一个显性的历史概念，因为传统的农业技术模式不仅是农民生活的重要组成部分，还包含了丰富的社会发展内容。但是，由于中国传统社会农业技术发展与社会变迁的研究一直未引起学界的关注，因此"技术"作为一个边缘概念，也一直未被列入社会史研究的主流概念行列之中。随着社会史研究进一步深入开展，在区域社会史研究的微观视角下，以"技术"变革为代表的众多社会史概念所具有的学术价值逐渐引起了研究者的重视，尤其是在对近现代农村社会的研究过程中，"技术"的变革不但关系到农民的生计问题，而且作为一种历史映像反映出社会变化的历程。

一、华村：传统稻作与乡村社会

华村[①]位于龙山脚下，南距著名风景区晋祠3公里，现行政隶属于太原市晋源区。相传，村里的华塔寺是唐太宗李世民的宗庙，据明嘉靖《太原县志》记载：华塔寺创建于唐贞观八年（634年），华村因华塔寺而得名。由此可知，华村的历史至少可以追溯至1300多年前。因有晋祠泉水灌溉，水稻是华村农业种植的主要作物，所产"晋祠大米"被称作"北米之最"，晋水是华村水稻种植得天独厚的自然条件，文学家范仲淹曾著诗称赞这里："千家溉禾稻，满目江乡田。皆如晋祠下，生民无旱年。"[②]地方士绅刘大鹏的诗作也写道："一源活水四分流，灌遍南畴暨北畴。万顷畛畦资泽溥，千村黎庶颂恩稠。"[③]

晋祠"泉水肥而宜稻"。晋祠大米之所以有优良的品质，完全得益于其生长的自然环境，清代诗人雷霖在诗中写道："清泉已代千家井，美利犹滋万顷田。"晋祠泉水经科学考证是由地下岩溶排泄而出，泉水保持恒温17摄氏度的特性，且含有明矾、钾、硫磺、碳酸钙、硫酸钙等多种矿物质，矿化度保持在0.7克/升。[④]因水得利，华村稻农逐渐形成了一套依"水"耕作的水稻种植方式。"稻人掌稼，蓄水、止水、荡水、均水、舍水、泻水，俱有成法。"[⑤]稻农通过对稻田灌溉水量的调节，来满足水稻不同生长阶段对水分的需要，同时达到调节水稻长相、肥料供给和防治病虫害的目的。

[①] 本文所使用的村名、人名均为化名。
[②] ［宋］范仲淹：《咏晋祠水》，《范文正公文集》（北宋刻本），国家图书馆藏本，第437页。
[③] 山西旅游景区志丛书编委会：《晋祠志》，三晋出版社2009年版。
[④] 钱学溥：《山西省岩溶泉水》，《水文地质工程地质》1979年第5期。
[⑤] 刘大鹏：《晋水志·水利》，山西大学行龙教授藏本。

晋祠泉水是华村生产、生活的主要资源，农田灌溉、乡村组织等社会系统运行大都是围绕着"水"来进行的，在稻田灌溉技术发展的过程中，华村逐渐形成了以渠长为中心的乡村社会体系。

在晋水灌溉体系中，华村张氏渠长的地位十分特殊。究其原因，一方面是由于先人"跳油锅捞铜钱"的争水之功，使张氏家族在北河权力中居于重要地位；[1] 另一方面是由于华村位于晋水北河流向下游村庄的咽喉之地。因此，在水权体系中，华村渠长的位置仅次于晋水总渠长。《晋祠志·祀晋源水神》一文记载："晋水北河都渠长张某为酬报神恩事，特转某村把总（北河沿线各村庄的管水之人）知悉：本月初八、九、十日晋祠庙圣母尊前献戏三期，戏价钱数千文，至日早到拈香，不可失误。轮流传送，勿得迟延。"[2] 在祭祀水神过程中，亲点戏目的权力彰显出张氏家族在水权体系中的重要性。"所演之剧，系华村都渠长张某写定，发知单转达古城、小站、罗城、董茹村、五府营，届期各带戏价交付。"[3]

由于水是当地农业生产的命脉，每年水渠开口放水、水量分配以及余水使用等事务均由华村渠长管理经营。正是依靠着对晋水水权的掌握，张氏家族拥有了华村大部分稻田，据1949年的数据统计，华村张氏家族拥有本村全部稻地的80%以上。[4] 晋水《河册》规定"地多者，充渠长；田少者，充水甲"[5]，也反映了当地土地与农民所在阶层的关系。解放前，华村共有耕地1027亩，全村62户贫雇农仅占有土地157亩，户均约2.6亩。全村打长短工的有67人，讨吃要饭的12户，17人。[6] 作为乡村势力的代表者，渠长自身因素往往与当地社会秩序息息相关，"光绪六年，纸房村赵姓放池接蓝，

---

[1] 行龙:《以水为中心的晋水流域》，山西人民出版社2007年版，第16页。
[2] 刘大鹏著，慕湘、吕文幸点校:《晋祠志》卷8，山西人民出版社1986年版，第193页。
[3] 《太原市南郊区华村大队档案·华村》（卷1）。
[4] 同上。
[5] 刘大鹏著，慕湘、吕文幸点校:《晋祠志》，山西人民出版社1986年版，第848页。
[6] 《太原市南郊区华村大队档案·华村》（卷1）。

照旧用水",而华村渠长"指为私自放水,并不关口",①是渠长率领渠甲、河夫与赵姓发生械斗,并以破坏河例为名把赵家诉之于县衙。由此可见,在以水为生计的华村,不论是田间劳作,还是百姓的生计,以及乡村社会活动都与晋水如影相随。

新中国成立后,华村对传统农业开展了技术改良工作,使新技术源源不断地介入当地稻作生产中,并逐渐取代"晋水"成为稻作生产的新基础,华村"依水而作"的稻作传统逐渐开始向"技术"稻作转变。

二、技术改良与水稻生产

华村因自然条件较好,灌溉方便,土地肥沃,所以当地人一直沿袭着传统的稻作方式。以水稻品种为例,最早可见于北宋诗人梅尧臣《并州》一诗,"山根晋水发源处,……稻苗杷桠曾不枯"②,其中提到的"杷桠"籼稻品种,明朝正统年间林厚有诗云:"悬瓮有山通细脉,灌溉随地润香粳。"这时晋祠曾种有粳稻品种。但直至民国时期,华村还多沿用红芒稻等农家品种。③由于是一家一户分散经营,稻农只能"家家种田,户户留种",稻种老化,不仅易倒伏,而且抗病虫害能力弱。解放后,华村先后推广了陆羽132号、大谷早生、原子二号等新品种水稻,其中"陆羽132号"因生长期适中,单产高,成为华村水稻主要品种。④这一时期,选种技术也有了进一步提高。解放前,农选用种子仅经过场选和浸种两道简单工序。1954年后,华村稻种开始注意穗选、片选、去杂去劣、优中选优,并推广了盐水选种、温汤浸

---

① 刘大鹏著,慕湘、吕文幸点校:《晋祠志》,山西人民出版社1986年版,第834页。
② 山西旅游景区志丛书编委会:《晋祠志》,三晋出版社2009年版,第398页。
③ 太原市地方志编纂委员会编:《太原市志》(卷14),山西古籍出版社1999年版,第519页。
④ 《太原市南郊区华村大队档案·华村》(卷1)。

种等技术。①

"庄稼一枝花，全靠粪当家。"解放前，华村一直施用有机肥。在肥料的组成成分上，只注重粪不注重尿，并且不注意肥料的积存，农村茅厕简陋，牲畜家禽有圈无栏，家畜自由放养。在有机肥料的施用方法上，人畜粪便腐熟后作基肥施用，少数人直接作为追肥或随水灌入农田，肥料的施用量很少。"以毛粪为例，一般每亩稻田施肥量在100斤左右。"②解放后，为了提高粮食产量，全国掀起了"让家肥出门、秸秆还田、就地打圈、广开肥源"的积肥造肥运动，华村响应政府号召开展了"三挖""三勤""五积"运动。"三挖"即挖茅厕、挖河泥、挖牲畜圈；"三勤"即勤垫圈、勤出圈、勤拾粪；"五积"即积道土、积炕土、积烂房土、积灰渣、积草木灰。③积肥运动的开展，极大提高了华村村民生产有机肥料的积极性。张玉尖、张永寿两个生产组共积肥12.46方，金元、任升轴、郑二小等生产组都平均积肥在40方以上，仅60多岁的杨金海老汉一个人就积肥3.74方。④

肥料数量的增加促进了华村耕地有机肥的施用量。到1957年年底，华村农田施肥总数为287915担，每亩农田施用有机肥数量平均达到165担。其中人粪尿的利用率达到50%，牲畜粪便利用率增加到90%，对秸秆肥的积沤利用率也大幅增加，除人们生活用柴和牲畜饲料外，其利用率达50%。⑤在施肥方法上，华村专门组织有经验的稻农根据不同土壤和水稻生长规律，结合肥料的迟效与速效，进行分期施肥以起到肥料最大的效用。肥料的投入必然增加粮食的产量，如赵贞元生产组的1.59亩稻地，过去平均亩产量不

---

① 太原农业合作史编辑委员会：《太原农业合作史·典型村社史》（第一册），山西人民出版社1993年版，第184页。
② 田野访谈资料，讲述人：高它喜72岁，张效清74岁。时间：2009年7月30日。
③ 钱学溥：《山西省岩溶泉水》，《水文地质工程地质》1979年第5期。
④ 太原农业合作史编辑委员会：《太原农业合作史·典型村社史》（第一册），山西人民出版社1993年版。
⑤ 《太原市南郊区华村大队档案·华村》（卷41）。

足 400 斤，1956 年施用肥料后就达到了千斤以上；① 张来恒生产组的稻田产量由过去亩产 700 多斤提高到了 900 斤。1949 年华村的水稻平均亩产量为 500 斤，1956 年增加到 901 斤。②

　　新中国成立后，华村的农具种类有了很大改观。解放前，华村种植水稻主要使用锄头、耙、镰刀和扁担等简单工具，且农具数量不足，导致生产效率低，经常出现丰产不丰收的现象。20 世纪 50 年代，华村开始推广新式步犁。与旧式木犁相比，新式步犁具有轻便省力的优点，只需 1 人操作 1 至 3 头耕畜牵引每天可耕地 8 至 10 亩。③ 对于这一时期的农具变化，华村老农感受最大、最深的是铁锹的普及和稻根铲的应用。铁锹是常用的农具，传统的铁锹依靠手工锻制，锹首呈方形且铁制不够坚硬，使用起来容易出现弯曲卷刃。1950 年，华村推广使用圆首冲压钢锹，质量明显提升，锹刃锋利使用起来省力出活，传统铁锹逐步被替代。稻根铲是新中国成立初期从南方稻区引进的一种铲除稻根害虫的农具，兼具铁铲和锄头的优点，能切断稻的须根，方便快捷地消灭螟虫卵，可以降低稻田病虫害的发生率。④1952 年秋，政府组织回一批宽扇镰刀发给农民使用，与旧式镰刀相比较，新式镰刀收割水稻效率明显加快。场上用的农具也增加了连枷、碌碡、木叉、木锨、簸箕、铁叉等工具。⑤

　　在新中国成立初期全国农村劳动工具改良浪潮的影响下，1954 年，华村农民参加太原市南郊区组织的工具改良工作，他们依据生产经验对板镢（稻田翻地专用）、耙、碌碡、移苗器（专用于移栽稻苗，呈桶形，长 30 厘米，直径 6.6 厘米）等 7 种农具进行了改良，⑥ 淘汰 5 种落后农具，发明创造

---

① 《太原市南郊区华村大队档案·华村》（卷 3）。
② 《太原市南郊区华村大队档案·华村》（卷 9）。
③ 《太原市南郊区华村大队档案·华村》（卷 25）。
④ 田野访谈资料，讲述人：王保贵，71 岁。时间：2007 年 8 月 16 日。
⑤ 田野访谈资料，讲述人：贺三喜，81 岁。时间：2007 年 8 月 16 日。
⑥ 太原市人民委员会办公厅编：《巨变中的太原》，1960 年版，第 26 页。

了1台手摇收割机。

"1956年秋,华村购买了第一辆拖拉机,随即便投入到以平田整地为中心的农田基本建设中,平整了曹家口、李家地凹、大鸣滩地、三阳坡、小地丘、大马堆等6大块凸凹不平地,总计150亩。1957年开春后,拖拉机加入春耕队伍后,效率比人和牲畜耕地提高了十几倍,以前1个人10天才能干完的农活,用拖拉机半天就干完了,这使华村人大开眼界。"[1]

新式生产工具的使用有效地提高了农民生产的积极性,为华村稻作技术的发展创造了条件。

三、乡村社会变迁

解放前,华村农民所处的社会阶层,取决于对晋水的管理权力和稻田数量的多寡,张氏家族作为世袭的北河渠长,同时也是华村稻田的主要所有者。以解放前的几任渠长为例,张锐(男,1942年任渠长)全家有土地37亩,其中稻地27亩、白地[2]10亩。[3]张永德(男,1944年任渠长)全家有土地43.3亩,其中稻地30.8亩、白地12.5亩。[4]张堂中(男,1947年任渠长)全家实有土地24.7亩,其中稻地19亩、白地5.7亩。[5]

解放后,原有的晋水灌溉体系被打破,渠长被政府成立的专门机构——晋水灌区委员会所替代,水利资源得到统一管理使用。与此同时,经过土改运动,张氏家族所占有的土地被分配给无地或少地的农民,一部分获得土地

---

[1] 田野访谈资料,讲述人:高它喜、张效清等人。时间:2009年7月30日。
[2] 白地是当地人指种谷物和小麦的旱地。
[3] 《太原市南郊区华村大队档案·华村》(卷25)。
[4] 《太原市南郊区华村大队档案·华村》(卷41)。
[5] 同上。

的农民因有水稻种植技术，当年便获得了丰收。而与此相反，另一部分农户却因缺乏农业技术导致作物歉收。农业技术因水资源和土地的重新配置成为乡村社会中的显性优势，一些人将稻田租赁承包给有技术的稻农，更多的人则愿意与技术农民用传统的"变工"方式进行合作。

1951年，当地政府在乡村开始建立互助组织，这是对传统"变工"合作形式的一种提高，一些具有技术优势的农民成为互助合作运动的带头人。1952年春，李根柱和几位村民组成了华村第一个互助组。互助组推广李根柱的种稻经验，在各家稻田开了"丰产沟"。"丰产沟"可以根据水稻各生育阶段对环境条件的不同要求，及时排灌和晒田，掌握田间管理的主动权，互助组当年便获得了好收成。[1]华村稻农对此项技术的评价是："看看损失一条线，实际受益一大片。"[2]水稻种植是一项综合性技术较强的生产工作，单靠某一方面技术很难获得好收成。在李根柱互助组成立之后，华村又有杨林等6个互助组相继成立。由技术能手组成的互助组还得到了政府认可和支持，在1952年太原市农村掀起的"看互助、比技术、看增产"[3]的春季生产热潮中，华村李惠则互助组受到市政府奖励，该组育秧高手陈四定被评为劳动模范。1953年华村杨林互助组因水稻丰产受到中国共产党太原市第六区委员会的表彰，并被奖励玉米脱粒机1台。[4]

在经济生活方面，依靠技术优势，本村互助组成员以家庭为单位可以分到稻米400斤、玉米600斤、高粱500斤，基本解决了吃饭问题，结束了"糠菜半年粮，饱一顿饥一顿"的日子。[5]一些农民不仅改善了生活，而且有了存粮。与互助组成员相比较，单干农民由于土地零散且无法得到技术上的

---

[1] 田野访谈资料，讲述人：高它喜、张效清等人。时间：2009年7月30日。
[2] 同上。
[3] 《太原市南郊区华村大队档案·华村》（卷41）。
[4] 太原农业合作史编辑委员会：《太原农业合作史》（第四册），山西经济出版社2001年版，第55页。
[5] 太原农业合作史编辑委员会：《太原农业合作史·典型村社史》（第一册），山西人民出版社1993年版，第181—182页。

支持，有的生活水平甚至低于解放前。因此，解放后的华村农民开始向技能与非技能两个阶层转化。

农民对生产技术的偏好推动了农村合作组织的发展。截至1952年年底，华村参加互助组的农户38户，有283亩耕地，占全村总户数的28.1%。① 1953年春，华村农业互助组发展到18个，81户，319人，616亩耕地，占全村总户数、总人口的60%。② 土地规模扩大，劳动力增加，为新技术的推广和农业丰收提供了条件。1953年华村粮食总产量708250斤、亩产量561斤，分别比1949年粮食总产量505000斤、亩产量435斤增长40.25%和28.97%，其中水稻总产量和亩产量分别比1949年增长56.06%和50%，粮食产量创历史新高。③ 1954年秋，华村成立初级农业社。初级社建立后，生产组织进一步扩大，社员集体耕作土地、共同使用耕畜和农具等生产资料，土地、劳动力、农具的集中程度得到进一步提高。

技术的介入不仅拓宽了华村农民的生产空间，而且为华村农业生产的精耕细作、大规模的农田水利基本建设创造了条件。④ 初级社成立后，华村稻田的耕作方法比过去变得更为精细，一般都做到了耕两次、耙三次、锄三次。在稻田灌溉上，华村对本村稻田进行了大规模的平整，使稻田畦块平均在一亩左右，改变了稻田大畦漫灌的方式。华村传统的稻田畦块一般都有十几亩，甚至几十亩地，浇地直接通过水渠将水引至田间，这种大水漫灌的方式，既浇不好地又浪费水。⑤ 由于划小畦块，土地平整、河槽地、深壕被填平，并推广了"高不逼、低不蓄"的灌水方法，有效改善了灌溉质量，使水稻亩产提高了50%。⑥ 为了改变生产条件，初级社集中人力、物力修渠改道

---

① 《太原市南郊区华村大队档案·华村》（卷6）。
② 太原农业合作史编辑委员会：《太原农业合作史·典型村社史》（第一册），山西人民出版社1993年版，第181页。
③ 同上。
④ 《太原市南郊区华村大队档案·华村》（卷6）。
⑤ 《太原市南郊区华村大队档案·华村》（卷10）。
⑥ 《太原市南郊区华村大队档案·华村》（卷9）。

5条，平整土地42亩，垫土改造下湿低产田110亩。[①] 为了满足耕地面积扩大的需求，提高生产效率，初级社用公积金添购了4头耕畜、6部新式步犁、3台喷雾器。在农业技术的发展过程中，华村的技术能手大都成为所在生产队的队长、技术骨干。作为一个新社会阶层，与解放前的渠长不同，技术能手所凭借的是生产技术，而不是水、土地等自然资源，技术优势使其成为解放后华村社会发展的中坚力量。

作为新中国成立初期农业生产的一项重要内容，农业技术改良对乡村社会的其他方面也产生了巨大影响。传统社会中，华村妇女普遍存在"嫁汉嫁汉，穿衣吃饭"，依赖男人过日子的思想，很少参加生产劳动。在技术变革的社会环境下，华村妇女通过学习技术走出家庭从事劳动生产。妇女参与劳动，不但补充了劳动力，而且有利于农业生产的精耕细作，过去在只有壮男劳力劳动的条件下，华村每亩稻地只投工37个，妇女参与劳动后每亩地投工98个。[②] 妇女参加劳动弱化了农村家庭内两性间传统的"男不言内，女不言外。内言不出，外言不入"的性别分工。此外，良种推广，肥料施用，工具改良等措施使农民对自然资源的依赖转变为对农业技术的依赖。农药的应用，使农民看到不用四处求神也能消灭害虫，普及了农民的文化知识，扫除了乡村社会的愚昧无知。拖拉机、收割机等新式劳动工具的出现，使中国农民第一次看到了不用锄头、弯犁也可以种田养家，"铁牛胜过黄牛"的直观认识，让传统农民对先进的农业生产工具产生了渴望。在那个时代，拖拉机是先进农业生产力的象征，各种宣传画上，常常见到英姿飒爽的青年男女驾驶着拖拉机，奔驰在辽阔的原野上，当拖拉机手成为众多青年人的梦想。一些传统的民俗活动也由于技术的介入而被赋予了新内容，"踩街"是太原郊区农村每年农历六月十五"迎神赛社"时表演的一种秧歌，其历史由来已

---

① 《太原市南郊区华村大队档案·华村》（卷33）。
② 太原农业合作史编辑委员会：《太原农业合作史·典型村社史》（第一册），山西人民出版社1993年版，第183页。

久，表演者自编自唱，风格独特，而解放后这一娱乐方式被看作"技术进步"的标志，即当有新式农具试制成功时，"踩街"便成为全村人主要的庆贺方式。类似的还有"新黄历"，尽管没有脱离旧的表达方式，但其内容却成为农民学习和应用技术的百宝书。

四、结语

新中国成立后，推广新式农具、良种改造、化肥应用等农业技术变革，在提高农民劳动效率、促进农业增产丰收的同时，对乡村社会产生了重大影响。因此，农业技术改良从其内涵的角度来讲，是用新的耕作方式、生产工具提高农业生产率的重要措施；从外延的角度来讲，农业技术的改良成为乡村政治、农业经济等社会要素变革的必要条件，使单纯的"生产技术"变成协调社会系统的一种规则；而从历史研究的视角来讲，新中国成立初期农业技术改良所构建的社会内容，应成为研究乡村社会变迁的一个重要路径。

新中国成立初期山西农业技术推广与乡村社会

传统农业技术是我国农民在几千年的农业生产斗争中总结出来的，它是一种实用性较强的农业生产知识。但是传统社会与技术本身的局限性，使其推广困难。近代以来，随着西方科技的传入以及政府的提倡，虽然农业技术在一定程度上得到重视，但是受当时社会局限，并没有大范围推广开来。新中国成立后，农业技术推广成为国家发展农业生产、改造农村社会的重要举措，技术推广在提高农村生产的同时也给农村带来了新变化，一些新观念、新变化在农业技术自上而下的推广举措中融入乡村社会，使乡村社会发生了巨大变化。

中国是一个农业大国，我国农民在传统耕作中形成了一套独有的农业技术体系。它是以精耕细作为主要特点，强调在改善作物自身生长环境的同时，利用天时地利来发展农业生产，因此，许多农业技术由于受经营单位、农业生产规模、文化水平、气候、地域等条件的限制，不具备大规模推广的条件。近代以来，随着西方科技的传入，虽然传统农业生产方式受到一定程度冲击，但是农业技术也仅限于科研实验单位和大农场使用，全国性战乱、自然灾害等社会因素也是新技术难以大规模推广的原因。新中国成立后，新的制度环境与推广作物品种、改良土壤、革新农具等农业技术相结合，其在改变传统生产方式的同时，也改变了传统农村社会。目前关于技术推广的研究多集中在推广内容、环境、影响因素、农民接受程度等方面，对于社会方面的变化关注较少。[①]山西地区作为新中国成立后农业生产的典型区域，

---

① 高启杰：《农业技术推广中的农民行为研究》，《农业科技管理》2000年第1期；（转下页）

1951年山西省委率先提出"组织起来与提高技术相结合"的号召，并且通过长治地区武乡、平顺、壶关、屯留、襄垣等地试办了十个初级农业生产合作社，当年十个社人均收入为互助组的118.6%，为单干户的124.6%。① 这十个社不但农业生产取得了丰收，而且农村社会也发生了大的变化。"村里到处有新修的房子和窑洞，不少人家在新的房窗上装了明亮亮的玻璃。年轻的妇女和孩子们，穿上了从供销社买来的鲜艳的花布。生活水平提高吃上了白面。四十多岁的农民杨春雷，兴高采烈地说起他的白面和花被子。他说：'从前少地没房，有门没窗，如今吃好穿好，还想盖个花花被子。'"② 新中国成立后的山西农村社会在农业技术推广实践的过程中发生了巨大变化。

一、新中国成立前农业技术推广的局限性

我国古代的农业以精耕细作而闻名，"早在春秋战国时期，中国已开始形成'三才（天、地、人）论'的农学观，用以解释和指导农业生产，并在农业生产中使用牛耕、铁犁和粪肥，逐步形成了以精耕细作为特征的传统农业"③。精耕细作不是指单项技术措施，而是指综合的技术体系。它既是中国农民长期实践经验积累的产物，也是小农生产方式的重要特征。传统社会以家庭为经营单位，农业生产规模小，使用简单工具从事个体劳动生产，"锄、

（接上页）张剑：《三十年代中国农业科技的改良与推广》，《上海科学学院学术季刊》1998年第2期；朱显灵、胡化凯：《双轮双铧犁与中国新式农具推广工作》，《当代中国史研究》2009年第3期；刘秀艳、王丽静：《20世纪初中国乡村建设中的农业推广评述》，《中国成人教育》2010第24期。

① 山西省史志研究院编：《山西通史当代卷》（上），山西人民出版社2001年版，第101页。
② 《山西长治专区十个老社总结合作化公社化十年成就，集体经济和集体主义思想共同增长》，《人民日报》1962年1月4日。
③ 朱汉国、杨群主编：《中华民国史》（第2卷），四川人民出版社2006年版，第124页。

镢、锹、镰等简单的小农具为农民日常农业生产中主要的工具。他们的生产是靠天、靠勤苦、靠牲畜和肥料，简单与原始的生产工具在他们的生产中，占着比较不重要的地位"[1]。种植结构以粮食作物为主，主要农产品用于自己消费和缴纳地租。同时土地兼并、土地买卖以及财产继承的多子继承制等因素，造成农业生产的不稳定，加之人口的压力以及农田的分散，使小农无法积累"资本"，对于新式投资起到了抑制作用。[2]这些因素都促使他们采用精耕细作的方式来尽可能增加产量。所以，我国古代农业技术的重点是放在如何提高单位面积产量上来，战国时期李悝就讲过要"尽地力之教"，以深耕为例，早在《吕氏春秋·任地》中就提到"其深殖之度，阴土必得，大草不生，又无螟蜮，今兹美禾，来兹美麦"[3]。说明当时人们对通过深耕来提高土壤肥力已有一定认识，后来又总结出了"因地势高低，定耕地措施、因土质不同，定耕作先后、因土壤水分含量多寡，定耕地时宜的经验"[4]。这种农耕技术一方面是在努力改善农作物的生长环境；另一方面也尽可能地利用天时、地利发展农业生产。长期以来山西人民在这方面积累了丰富的经验，如"建设基本农田、整修梯田、旱地麦田深耕蓄墒、伏雨春用、深耕、深刨、深种等方法早已广泛运用于旱作农业生产中"[5]。

精耕细作的耕作方式也导致了生产技术的局限性。由于农业生产"靠天吃饭"，无法承受自然灾害所带来的风险，所以在农业生产的环节中尽可能地来降低风险。在传统农业生产中种子交换仅限于邻里之间，这种情况一直持续到20世纪。"山西各地农民本来就有换种的习惯，但是很不普遍。一般的只局限在亲戚朋友之间，向生人换种感到不方便。加上有些农民的保

---

[1] 中共陕西省委党史研究室，中共山西省委党史研究室编:《张闻天晋陕调查文集》，中共党史出版社1994年版，第16页。
[2] 黄宗智:《华北的小农经济与社会变迁》，中华书局1986年版，第17页。
[3] 杨坚点校:《吕氏春秋·淮南子》，岳麓书社1989年版，第242页。
[4] 梁家勉主编:《中国农业科学技术史稿》，农业出版社1989年版，第124页。
[5] 山西省地方志编纂委员会编:《山西通志·农业志》，中华书局1994年版，第4页。

守性，嫌换种麻烦，又怕吃亏。"①因此种子品种更新非常滞后，低风险偏好性还使农民对于农业生产的得与失非常重视，农民只满足于吃饱，对于投资改良技术并无多大兴趣，所以农业技术进步非常缓慢，"当时农业技术进步最普遍的方式是，农民用反复试验和失败的方法选择较好的种子和适用于当时环境的耕作方式，这通常需要几代农民经验的积累才能得到进步"②。这些因素都导致新农业技术无法大规模推广。精耕细作还导致生产经验传授的保守性。传统社会的生产经验一般是通过师徒、父子间进行传授的。传统的小农经济下，农民这种保守思想相当普遍，直到新中国成立后仍存在，如"山西榆社老农过去虽有丰富的增产经验，但在旧社会谁也不愿意传授别人……"③，与此同时，不少农民带有"一方水土养一方人，外地能成本地不一定能成的思想"④。对于学习外来生产经验不感兴趣，新中国成立后，在推广先进技术时同样遭到了这种思想的抵制。

进入近代以来，随着经济作物品种的传入，中国传统农业种植结构发生转变。玉米、番薯、烟叶等经济作物的引进有利于边际土地（如山地、盐碱地、冷浸田等）的利用，丰富了多熟制的内容。⑤这些新作物品种的引进带动了栽培和加工技术等农业技术的进步和发展。辛亥革命后，山西的农业技术改革和推广有了一定发展，在推广中逐渐形成一套省、区、县比较完善的推广体系，在省有实业厅，在地方上设试验场，并配合农林学校进行推广。这一时期农业推广方法大致分为五项，即文字、演讲、示范、教导、会

---

① 李俊：《组织农民就地推广选种》，《人民日报》1949年8月31日。
② 〔美〕马若孟：《中国农民经济——河北和山东的农民发展1890—1949》（第2版），史建云译，江苏人民出版社2013年版，第222页。
③ 《提高农业技术保证增产，榆社大寨村中共支部带领群众，计划改良土壤五百余亩，估计最低可增产粗粮八十七石》，《人民日报》1950年4月3日。
④ 山西省农业厅：《本厅关于各县农技站、基点站1964年工作情况总结报告（1964年）》，山西省档案馆藏，档案号：C77-07-00021。
⑤ 梁家勉主编：《中国农业科学技术史稿》，农业出版社1989年版，第584页。

集。①1912年山西进行农业技术推广，在太谷、文水等许多地方设立农牧实验场用来宣传和改进农业技术，引进新式农具等。1917年，阎锡山在山西推广"六政三事"，设立棉业试验站，从国外引进优良品种，进行试验推广。1919年又专门派人出国学习农业技术，从国外引进良种、新式农具等并进行小范围推广。设立专门农业学校是近代山西进行农业技术推广的一大特色。1907年孔祥熙在太谷创办铭贤学校，"农科开办于1928年，聘请穆懿尔②来校设立农科，从事农业改进"③。铭贤学校农科农业推广的目的在于"普及农业的科学知识，使农民生产之增加；改良农村生活，提高农民社会地位"④。同年在太原市上马街成立山西省立农业专科学校推广部，研究"作物、园艺、林业等，宣传农业新法于民间并承应农村驱除病虫害，农田水利一切事务顾问"⑤。从这个时期农业技术推广的成果来看，仅限于农业科研实验单位和少数资本主义性质的农场或富裕农民使用，大部分农民由于战乱等原因生活陷于贫困，处于"救死不遑，籽种耕牛穷无所措，讵有提倡科学化之余地"⑥的境地，根本无力购买新品种、新技术，农业技术推广整体取得的成效不大。

---

① 唐启宇：《撰述：农业推广》，《农业推广》1930年。
② 穆懿尔，字德甫（Raymond T. Moyer），美国公理会教育传教士，1921年来华，驻山西太谷。在铭贤学校任农科主任期间调查了我国土壤性质和山西农村经济情况。抗战期间曾任美国驻重庆大使馆参赞，抗战胜利后到中国任中美经济合作委员会主要负责人之一，主管"中国农村复兴"工作。
③ 山西铭贤学校编：《山西铭贤学校农科工作概况》，山西铭贤学校1935年版，第1页。
④ 《山西太谷铭贤学校农科农业推广计划大纲草案》，《农业推广》1933年第5期。
⑤ 《全国农业推广实施状况调查》，《农业推广》1936年第12期。
⑥ 朱汉国、杨群主编：《中华民国史》（第2卷），四川人民出版社2006年版，第134页。

二、新中国成立后的农业技术推广

新中国成立后,土地改革使农民实现了耕者有其田,但获得土地的农民同时又要面临着缺乏农业生产技术等问题。有鉴于此,党和政府提出"组织起来与提高技术相结合"[1]的号召,并通过推广农业技术的优惠政策鼓励农民参加互助合作解决农业生产中遇到的问题。"劳动互助组应受到人民政府的各种奖励和优待,享受国家贷款、技术指导、优良品种、农用药机械和各种新式农具贷售的优先权。"[2]除鼓励农民加入互助组织以外,政府还以发放新式农具的形式对先进互助组进行奖励。"榆社大寨、平顺西沟两村的互助生产取得很大成绩,省政府于1950年6月24日通令嘉奖榆社大寨、平顺西沟两村的互助生产成绩,除明令表扬及通令各地认真学习外,计分别奖给大寨与西沟两村价值一千斤小米的新式农具多件。"[3]随着互助合作组织的发展,山西各地不但解决了个体农民发展生产的问题,而且"在改进耕作技术方面,取得了很大的效果。全省耕地的施肥面积,已经达到全部耕地的80%左右,每亩平均施肥量比1955年增加了19%—20%;全省推广了双轮双铧犁3.8万余部;粮食作物的优良品种已经达到50%左右;全省病虫害防治面积达到6400万亩次"[4]。

各级政府在鼓励农民参加互助组的同时,还注重培养、挖掘技术人才推

---

[1] 陈连:《山西农业生产成果及组织领导中的几个环节》,《人民日报》1951年2月19日。
[2] 《山西省人民政府农业生产奖励办法》,《山西日报》1951年5月26日。
[3] 《山西省人民政府通令嘉奖大寨西沟两村互助生产成绩》,《山西农民报》1950年7月10日。
[4] 山西省史志研究院、山西省档案馆编:《当代山西重要文献选编》(第三册),中央文献出版社2008年版,第41页。

广农业技术。山西省政府在1951年2月举办了短期农业技术训练班,"调集了县、区、村农业行政干部、农场技术干部、劳动模范、技术能手、生产委员、互助组长、积极分子等,根据长治、临汾等专区及武乡、榆社、襄垣、昔阳等县的不完全统计约有一万五千人参加了训练"①。政府还通过"就地取才"的方式,积极推广老农经验,各地普遍召开老农座谈会。平顺县在春播开始后,召开全县的乡支部书记会议推广老农们混种增产经验。"老农郭成龙介绍他在1954年春天混种的经验,并且进行了间苗、松土、追肥和人工辅助授粉。到秋季,在这块田里除了刨到3000斤马铃薯外,还收了70多斤玉米。"②党支部根据这些事实在群众中宣传,并请几个老农现身说法,说明好处,从而坚定了大家改革耕作制度的信心。"这种座谈会平顺县共召开了200多次,有1300个老农参加了座谈,对于提高干部和群众的认识、克服保守思想、保证改革耕作制度的实现起了很大作用。"③

在技术推广中,通过典型事例对群众进行宣传是一种直接有效的办法。"黎城北流村推广温汤浸种时,一个生产队队长刘土成,因为思想未打通,未全部浸完。结果苗出来后发现浸过的越长越好,未浸过的又缺苗,又不好,浸过的种子比没有浸过强很多。村技术委员会用这种典型例子对群众进行宣传,收效很大。"④发挥党员干部的带头作用推广先进经验也是宣传工作的主要内容。"寿阳干部在技术推广中充分发挥了带头作用,在推广先进经验时采取了干部、积极分子实际试验的方法,组织群众来看。安胜村党的支部书记刘俊德,发动他领导的互助组里带头进行温汤浸种,并且帮助群众试验浸种,结果,这村浸种的占百分之八十。"⑤此外,在改良技术、发展农业生产中还

---

① 《各专区农业技术训练班先后结束,一万五千人返村传授技术》,《山西日报》1951年4月8日。
② 《改革耕作制度要同群众商量》,《人民日报》1956年7月20日。
③ 同上。
④ 《北流村农业技术指导经验》,《人民日报》1947年5月17日。
⑤ 《寿阳推广技术的经验》,《山西农民报》1950年12月30日。

新中国成立初期山西农业技术推广与乡村社会　　141

注重总结交流生产经验，评选劳动模范起示范作用。"潞城南流村劳动模范刘聚宝培育试验各种谷子、旱稻等，并取得了成功。他共试种了十一样谷子，在经过相同的耕作方法后，因种子适应性不同长得就有好坏。收割后，经过评选后挑出六种优良种。在试种成功后，村里的人们表示：洋麻、旱稻刘聚宝都试验成功了，咱们就可大胆地种了，再也不怕收获不了啦。"①

群众文化教育是农业技术推广的一种重要方式和手段。土改完成以后，群众生产情绪很高，迫切要求通过学习文化进一步提高生产技术。②平顺东彰民校做到生产、学习、宣传三结合，通过执行家庭当学校、饭场当会场、生产组就是学习组；遍地开展民教民；通过识字贯彻生产、政治教育等措施取得很大成绩。在农业生产方面，去年每亩上粪七十担，今年平均八十二担，改良土壤原计划十五亩，完成三十二亩。五百三十亩秋田全部做到温汤浸种或药剂拌种，六十亩麦子由妇女全部锄过一遍。③山西省榆次县六堡村的民校，两个月来在紧张的春耕中坚持了原定的教学制度，除进行识字教育之外，还讲解了增产、组织变工、温汤浸种、防止麦苗黄疸黑疸等知识，普遍提高了农民的生产情绪。④

三、农业技术推广与新中国乡村社会

新中国成立后通过推广农业技术促进了农业生产和农村社会的发展，农民的生活发生了巨大的变化。李顺达领导的山西长治地区西沟村，之前是一

---

① 《劳动模范刘聚宝用小农场培育优良品种谷子洋麻都试种成功了》，《山西日报》1951年11月16日。
② 《太行行署发出冬学指示，贯彻时事翻身生产教育》，《人民日报》1946年10月4日。
③ 《农村民校的榜样》，《山西日报》1951年7月6日。
④ 《山西榆次六堡村民校，结合生产改进教学》，《人民日报》1950年6月8日。

个偏僻荒凉的小山村,"经过互助生产和技术改良全村走上了富裕路,完全改变了过去少吃没穿的贫困情况。该村过去十有九家没饭吃或不够吃;现在十有九家有余粮,有几石的,也有十几石的。全村牲畜超过战前1.3倍,羊超过1.4倍"①。随着农民生活的改善,"球鞋、手电、雨伞已成为农民普通用品,小学校由抗日战争之前的1个增加到4个。社里还设置了图书馆、收音机、电话机,并且成立了读报组等学习和文化娱乐组织"②。新技术的推广不但改变了农民的生活,还打破了传统认知对农民思想的束缚。"种不上百亩地,打不下百石粮。生产已到了顶,再讲技术也不行。"③传统社会中农民易于满足现状,对于发展生产不感兴趣,不肯从技术上下功夫,并且这种思想有相当大的普遍性。"平遥六区侯冀村劳动模范乔增荣通过使用技术进行生产,一亩水地丰产小麦收了七百斤。打场那一天村评比委员会组织参观后,打破了群众增产到顶的思想。他们说:乔增荣今年给咱做出了榜样,咱们今后组织起来,学习他的经验,要保证明年在更大面积上争取丰收。"④

通过农业技术推广还让农民懂得了科学种田的道理。"在粪还不多、水还太少的时候,讲'粪大水勤'是对的。可是,有些农民这几年积的粪多了,也有钱买肥料了,也修了水利,就拼命多上粪、多浇水;到后来,反把麦子、稻子倒伏了,棉花长疯了。"⑤在这种情形下,就有必要使农民们在思想上明白科学道理。山西定襄官庄大队农业技术讲习班"讲授了有关选种、浸种、播种、中耕、追肥等方面的科学知识,与此同时也注意学习传统经验,请老农进行讲授"⑥。通过技术班的学习,学员们不仅学会了技术,更是明白了其中的科学道理。"1963年春天,雨水较多,碱地全阻,播种易烂

---

① 《山西省人民政府通令嘉奖大寨西沟两村互助生产成绩》,《山西农民报》1950年7月10日。
② 山西省史志研究院编:《山西通史当代卷》(上),山西人民出版社2001年版,第110页。
③ 王丕绪:《山西省开展农业技术改良运动的经验》,《人民日报》1952年8月14日。
④ 《侯冀村群众增产到顶思想打破了》,《山西农民报》1952年7月14日。
⑤ 燕凌:《实行总路线要努力增加生产》,《人民日报》1953年12月1日。
⑥ 王裕民、张成银、杨振威:《官庄大队农业技术讲习班办得好》,《山西日报》1962年12月21日。

籽。学员们就根据所学理论分别采取了先种干碱地,浸种催芽下种;后种水碱地,用闷锄提温的方法,保证了干碱地全苗防止了水碱地烂籽使九百多亩干碱地高果保苗率达到了百分之八十到九十,并且做到了一次全苗。"① 农民在打破保守思想、使用科学技术耕作的同时,文化学习成为农村社会的一种需求。传统乡村社会教育水平低下,导致农业技术无法大规模推广。"解放初,山西省全省农村有青、壮、老年文盲630万人,占这三代人的80%以上,许多山区较偏僻的地方没有一个识字的人。"② 费孝通指出:"乡土社会,在面对面亲密接触中,在反复地在同一生活定型中生活的人们,并不是愚到字都不认得,而是没有用字来帮助他们在社会中生活的需要。"③ 靠经验积累的农业生产技术改进方式,使得农民没必要去学习认字,所以"在种地方面,山西的一些老农认为种地光凭实际经验就行"④。在许多农村通过学习技术,"明白了农田里学问深,改变了以往'门里出身,自会三分''种地没巧,出力就好'等思想"⑤。因此学技术识大字成为农村社会的时尚。"长治老区五个村有百分之八十三的青壮年参加了民校学文化,如果把识字九百左右的当作非文盲的话,五个村即有百分之二十八的成人已成为有文化的农民了。当地姑娘们说:'学文化不落后,找对象也可找个有文化人。'记日记,写大楷,已成为群众性的运动。"⑥ "农民在地头看书成为千百年来农村出现的一个新景观。"吴春安领导的冀城城关西梁大队,"妇女们经过学习,不仅懂了养种棉花的道理,也会实干了。六队社员王美英管理的棉花不仅讲技术,还增产多。西梁大队青年以及妇女通过学习,掌握了许多技术,技术力量逐渐扩大,妇女也逐渐成为农业生产的主力军"。

---

① 山西省农业厅:《山西省农业厅定襄官庄大队技术夜校典型材料的函件及材料(1964年)》,山西省档案馆藏,档案号:C77-07-00023。
② 山西省史志研究院编:《山西通史当代卷》(上),山西人民出版社2001年版,第34页。
③ 费孝通:《乡土中国》,北京出版社2005年版,第28页。
④ 祁仲儒:《种地不能光凭老经验》,《山西农民报》1964年1月15日。
⑤ 《学技术要思想领先》,《山西农民报》1964年7月4日。
⑥ 王谦:《山西老区五个农村情况调查报告》,《人民日报》1951年11月11日。

四、余论

在中国传统农业生产过程中，除土地、技术、劳动力外，社会因素也起着重要作用。新中国成立后，土地改革使农民实现了"耕者有其田"的梦想，互助合作制度的建立使广大劳动群众成为农业技术推广的主体，"我们的农业生产是依靠农民来进行的，任何先进技术和先进经验都须通过现有农民来推广"①。但是中国农民的传统意识，只有经过农业生产的改造，才能得到提升和深化。"如果农民思想还不通，还缺乏信心，那就不可能很好地推广这种先进技术和先进经验，这是可以断言的。"② 农业生产实践、技术人才培养、典型事例宣传、群众文化教育等广大农民易于接受的技术推广方式，将束缚农民的传统价值观念和行为习惯、思想观念等逐渐打破。有效的技术推广使乡村社会突破了传统的文化壁垒，农业技术得到进一步普及和应用，农业工具改变了农民传统的生产方式，同时也改造了广大农民的传统思想。技术推广与农业生产、农民生活需求相契合，使农民根本需求得到提升，最大限度地解决传统农业互助的缺陷。农民在"破旧立新"，乡村社会也发生了积极变化，随着新式农具、改良农作物品种等农业技术工作的同时，乡村社会被纳入到国家工业化整体进程当中，同时围绕传统技术改造、新技术推广对乡村社会家庭、婚姻、生活、文化信仰乃至农民的行为、思想都产生了重大影响。

---

① 邓子恢：《在全国农业劳动模范代表会议上的报告》，《人民日报》1957年2月22日。
② 同上。

劳动与变迁：新中国农具推广与农民生活研究

——以山西省为中心

新中国成立后，随着土地改革运动的完成，农民获得新的生产资料，生产热情高涨，农业生产力得到解放。但是，传统的农业生产工具和落后的生产方式已经不能满足人们的生产生活需求，农业经济无法满足国家工业化的发展需要。因此，增补原有农具、推广新式农具、改进农业技术成为满足农民生产的迫切需要。同时，帮助农民解决生活困难，对于推进国家现代化发展尤为重要。山西作为我国农业生产的重要地区，积极响应中央政府号召，大力推动农业发展，在农业生产工具的推广过程中使国家政策深入基层，在此过程中，农民的生产观念发生转变，生活质量得到改善，农业生产力持续提高，从而为国家工业建设提供了重要基础，有效促进新中国成立初期国民经济的恢复和发展。

关于农具推广运动的研究，学者们从宏观政策层面、互助合作运动的角度、农具推广运动的实效分析和农业技术等方面进行了讨论和研究。刘磊和宋冰杰着重强调农具推广中国家政策的调整和干部执行的重要性。[①] 范连生、张建、朱显灵等学者都系统地分析了农具推广运动，从农具推广的积极作用

---

① 刘磊、宋冰杰:《新中国成立初期的农具推广工作》,《新乡学院学报》(社会科学版) 2012年第5期。

和农具推广运动的失误两个方面进行论述。[①] 笔者本人曾从农业生产互助和发展农业技术的角度对农具推广运动进行了分析和研究，认为在传统农业的改造中，农业生产工具的推广需要与互助组织的发展和农业技术相结合。

学术界关于农具推广运动的研究多是从国家政策下农具的推广过程、农具推广的实效性等角度切入，从农业技术方面进行研究的成果还较少。本文将从新中国成立初期山西省农具推广中的互助合作和技术传授入手，论述农民使用新式农具的实际效应，研究其时农具推广对农村社会生活带来的影响，从而更加全面深入地探析新中国初期的农具推广运动。

一、新中国成立初期农业生产状况

我国是传统的农业大国，新中国成立伊始依靠农业经济带动工业发展成为重要举措。随着我国新民主主义革命的逐渐胜利，土地制度的改革在全国各地农村逐步开始。到1952年年底，全国除少数民族地区和台湾省外，基本上完成土改。经过土改，60%—70%的无地、少地农民获得了大约7亿亩的土地，还分得了耕畜、农具、房屋等必要生产资料，初步解放了生产力。[②] 但是，由于敌伪的长期迫害和封建土地制度的束缚，大面积耕地被破坏，农民获得的农具、耕畜等生产资料无法满足当时农业生产的需要，农业生产面

[①] 范连生：《略论建国初期黔东南少数民族地区的农具推广工作》，《古今农业》2011年第1期；张建：《新中国建立初期东北地区新农具推广运动及实效分析》，《农业考古》2014年第3期；朱显灵、胡化凯：《双轮双铧犁与中国新式农具推广工作》，《当代中国史研究》2009年第3期；朱显灵、丁兆君、胡化凯：《我国"大跃进"时期农具改革运动考察》，《自然辨证通讯》2009年第4期；朱显灵、胡化凯：《建国初期农具改良政策及实效分析》，《安徽史学》2007年第4期；朱显灵：《中国农业机械化的起步：1950—1960》，中国科技大学博士学位论文，2007年。

[②] 陈守林等主编：《中华人民共和国农业史》，黑龙江教育出版社1989年版，第81页。

临着很大的困难。农民虽然分得了土地,但是劳力、农具、畜力和耕作技术既紧缺又不平衡,不少人家不能适时耕种、管理和收获。① 资料显示,1951年,全国1470000000余亩耕地所需农具,平均缺少31%,以负担30亩耕地为宜的旧犁平均要负担46亩,严重影响了精耕细作。② 在新农具供给严重不足的情况下,大部分农户只能继续使用旧式农具进行农业生产。山西省5个典型村"平均每户富裕中农有两头大牲口,中农平均不到一头,贫农平均三户才有一头。太行山区许多村子,平均三四户才有一条驴"③。

缺乏农业生产工具的同时,传统的生产观念也束缚着广大农民。在传统的农业生产中,"面朝黄土背朝天""靠天吃饭""男耕女织"都是人们习以为常的表现。传统的耕作方式效率低下,需要耗费大量的人工和时间,妇女不参与劳动无形中也加重了生产的困难。农民生产所得甚至不能满足生活需求,除了少数富裕农户能顾足自身,大部分农户的生活还十分困难。由此可见,国家发展农业生产首先要解决农业生产工具和生产技术的问题。修补旧式农具、稳步推广新式农具,让农民获得足够的生产资料,已经成为一件非常迫切的事情。

新中国成立前,山西各地多使用畜力耕作,采用手工或借助旧式农具从事农业生产活动,劳动强度大,工作效率低。新中国成立时,山西农业生产水平很低,农业生产工具十分落后。全省仅有两台美国造的麦森、哈利斯汽油轮式拖拉机和极少量的柴油机、轧花机、胶轮大车等农业机具。党和政府在领导农民进行土地改革的同时,着手改良旧式农具,推广新式农具,努力改善农业生产条件。1949年,全国农业生产会议决定在全国试办新式农具站。1950年5月前,山西就已经先后在榆次、汾阳、长治、临汾和运城

---

① 太原农业合作史编辑委员会:《太原农业合作史·典型村社史》,山西人民出版社1993年版,第66页。
② 中国社会科学院、中央档案馆编:《1949—1952中华人民共和国经济档案资料选编·农村经济体制卷》,社会科学文献出版社1992年版,第484页。
③ 萧颖:《农具与农具改良》,《人民日报》1951年2月22日。

5个专区正式设立了农具推广站，进行新式农具的试验、推广、出租和贷放工作。

　　山西是革命老区，各地在新中国成立前就积极发展生产，但是广大劳动人民还是深受封建土地制度的迫害，战争也导致大片荒地无人耕种，人口流失严重，大小农具缺乏，人们处于饥寒交迫的状态，多数农民都是"糠菜半年粮，饭里没糠没主张""吃甚没甚，有甚吃甚"。战前苏峪每亩耕地平均产粮 1.09 石，洪井村每亩耕地平均产粮 1.6 石。① 左权县丈八村，土地改革前贫苦农民只能在麦收后吃几顿白面，过年过节都是靠借麦子才能吃到白面，大部分家庭是靠吃谷面和糠皮过日子，穿衣也是"旧补烂"。② 西沟村农民以前也是吃糠咽菜过着半饥半饱的生活，糠三粮、糠疙瘩都是家常便饭，衣服更是七补八顶，一年来回穿。③ 土地改革做到了"耕者有其田"，农民都有了自己的土地，但是由于生产资料缺乏和生活困难，一些农民无力耕种，出现了买卖土地现象。武乡韩壁因生产生活困难出卖土地者 13 户，东沟出卖土地者 14 户。④ 除了衣食方面的困难，农民的住房问题也很严重。武乡韩壁有房 1450 间，被焚毁达 722 间，农民住房困难。⑤ 山西面临的问题严峻，工农业生产凋敝，总产值只有 17.6 亿元，全省粮食产量平均每亩只有 84.4 斤，人们生活贫困。⑥ 这些情况都表明新中国初期山西省农业生产和农民生活都较为落后，恢复和发展生产刻不容缓。

---

① 王谦：《山西老区五个农村情况调查报告》，《中国金融》1951 年第 11 期。
② 十月出版社：《土改后的农村》，十月出版社 1951 年版，第 96 页。
③ 十月出版社：《土改后的农村》，十月出版社 1951 年版，第 100 页。
④ 中国经济论文选编委会编：《1950 年中国经济论文选》（第 2 辑），生活·读书·新知三联书店 1951 年 9 月版，第 259 页。
⑤ 中国经济论文选编委会编：《1950 年中国经济论文选》（第 2 辑），生活·读书·新知三联书店 1951 年 9 月版，第 256 页。
⑥ 张玉勤主编：《山西史》，中国广播电视出版社 1992 年版，第 407、428 页。

二、新式农具在农业生产中的优越性

山西作为革命老区，在新中国成立之前就注重农业生产的发展，土地改革完成后，也积极响应国家农业政策。农业生产实践证明，新式农具和新技术的推广给农民的生产和生活带来了很大的改变，及时供给农民生产工具、广泛推广使用新式农具，是提高农业生产的重要举措。但是新式农具的推广并非易事，传统观念的束缚、长期滞后的农村经济、国家面临的发展状况等都是新式农具推广工作要面对的难题。

在传统生产观念的制约下，大部分农民一开始并不接受新式农具，觉得以前的旧农具和沿袭的生产经验能够保证他们稳定的生产。所以，新式农具推广之初，如何让农民自愿接受是重点工作。在实际使用过程中，农民逐渐发现新式农具的优势。

新式农具为农业生产带来的最直观的效益就是生产效率的提高和粮食产量的增长。1951年，山西省推广新式农具共10053部，崞县使用短管喷雾器后，防治棉蚜效率提高了四到五倍。安邑曲温村进行了新旧农具的对比试验，在同样的耕作条件下，新式犁耕过的地比旧式犁耕过的地棉苗长得高、棉桃多。① 大同陈家庄合作社使用马拉农具，一部双铧犁比旧式耕作方式效率提高了一倍多，耕地质量好，耕得深、翻得匀、上下都很平。② 全省新建的马拉农具站使用双轮双铧犁耕地，比旧式犁耕地的效率提高一到两倍，播

---

① 《山西省创造了大量推广新式农具的基础》，《人民日报》1951年12月25日。
② 《大同陈家庄农业生产合作社，是拥有145户的一个大社，全社有男女半劳力297个，牲畜45头，共种着5972亩地》，《山西农民报》1954年7月10日。

种机下种出的苗整齐均匀，有95%的出苗率。①1955年，屯留许村开始使用十行播种机，人们参观完后都说"做活快、节省牲口、劳力，下子均匀，好掌握深浅。"这样不但生产效率提高了，群众的生产热情也高涨了。②在耕作、下种、收割等农事活动中新式农具表现出很大的优势，耕作质量远超旧农具。由此，农民逐渐开始接受新式农具和新技术。

生产效率的提高带动农作物产量进一步增长。山西省霍功德社的农民用马拉农具收割小麦，3天时间收回了全社420多亩小麦，既节省了劳动力，又收割得干净整齐，共增产8斗4升。③岢岚县重点村在共亩数减少145.43亩的情况下，共产粮增加了113068.2斤，亩产增加了7.6斤，④这充分显示了新式农具效率高的特点。

为了广泛开展新式农具推广运动，山西农具总站制定方法，由各地农场试用，组织劳动模范、积极分子等试验农具，给农民作出榜样。同时各地举办新式农具座谈会传授技术，农民试用后认识到新式农具的优势，开始积极主动地使用新式农具。

1951年，山西省许多地方利用庙会举办农具展览会，50余万群众通过展览认识了新式农具。⑤1951年4月之前，仅山西乡宁、离石、襄垣、陵川等6个县就已增修农具12480件。⑥据资料显示，1951年上半年山西省增补旧农具480000件，全国全年共增补旧农具12000000件，超过了原计划的20%。⑦在新农具推广运动下，1951年山西农业生产总值已超过战前水平

---

① 《山西省新建立的十个国营马拉农具站，大大支援了参加互助合作的农民》，《山西农民报》1954年7月14日。
② 《使用新式畜力播种机》，《山西农民报》1955年5月11日。
③ 《霍功德农业社用马拉农具割麦，割得整齐干净，提高了收获量》，《山西农民报》1954年6月1日。
④ 《岢岚县重点村实产量对比表》，山西省档案馆馆藏，档案号：C29-1-15。
⑤ 《山西省创造了大量推广新式农具的基础》，《人民日报》1951年12月25日。
⑥ 《农村合作社怎样推动农具增修工作》，《人民日报》1951年4月8日。
⑦ 《山西省是怎样推广新式农具的》，《中国农报》1951年11月26日。

16.2%，其中粮食单位面积产量超过战前水平 2.3%，总产量超过战前水平 3.2%；在粮食增产方面，全国劳动模范李顺达种金皇后玉茭，每亩山地平均产 980 斤；山西平顺魏理新种母鸡嘴谷子，每亩山地平均产 770 斤。①

人们认识到新式农具的优势后，有了主动购买和使用的想法，但小农经济具有分散性，再加上当时大部分农民生活贫困，单个农民家庭在购买、使用农具方面多少都会出现一些困难，有群众反映"新式农具好，就是买不起、用不着"。因此，新式农具的推广还要与互助组织结合起来。农民在传统的互助、变工的基础上开始组织起来，成立互助组来保证农业生产。1951 年，陵川县北冶村一个互助组使用单把犁犁地，又快又平又省力；使用双腿耧种谷、活耧锄地后，苗子长得很好；用玉米脱粒机速度快，效率高。村民看到后，都要求入组，使用新式农具耕作，当年全组共收粮 39240 多斤，产量大大提高。②1954 年，山西省建立了 10 个国营马拉农具站，给 61 个农业生产合作社、14 个互助组耕地 11000 亩，播种 2925 亩，耙地 2536 亩，保证他们顺利地完成了春耕播种工作，并且提高了耕作质量，为增产打下了基础。③

有的群众觉得互助会吃亏，坚持单干，不愿加入互助组，结果在生产中吃到了单干的苦头，才开始认识到互助组的好处。山西平顺的村民桑步升刚开始坚持单干，秋收时家里出了事，收、种都受到影响，损失一石多粮，认识到互助合作的优势后，要求参加互助组并积极劳动，被大家选为模范。④新式农具的推广推进了互助组的发展，互助组的发展又促进了新式农具的广泛使用。国家也很重视互助组织的发展，拿出大量农具奖励模范互助组，在

---

① 《开展爱国丰产运动，提高单位面积产量》，《人民日报》1951 年 10 月 22 日。
② 《我们互助组使用新式农具扩大了互助组，增加了产量》，《山西农民报》1951 年 11 月 24 日。
③ 《山西省新建立的十个国营马拉农具站，大大支援了参加互助合作的农民》，《山西农民报》1954 年 7 月 14 日。
④ 《经验证明参加互助组比单干好得多》，《人民日报》1952 年 5 月 13 日。

劳动模范会议上颁发，激励各地的互助组总结生产经验，促进农业生产的发展。①

新事物的出现总是伴随着新的挑战。新式农具种类多、结构复杂，在制造和使用方面较旧农具有着一定的复杂性，农民必须经过一段时间的学习使用后才能掌握，因此新式农具推广中也要做好技术的传授工作。1950年，山西省在推广新式农具过程中出现了推广和技术传授脱节的现象。许多地方的农民对新式农具热情很高，买了农具回来进行生产，但是由于没有及时接受技术指导，大半人不会使用，新式农具发挥的效果很小，大家都觉得新式农具没啥用。②因此，山西各级领导机关着重强调新技术的传授和训练，要求通过课堂讲授、田间实习等方式进行培训，陵川县在干部会议上专门讲授技术，并现场操作。③互助组织也便于帮助群众更好地使用新式农具，如大家感到新式农具在小块地使用不方便，便组织起来把土地合成几大块地，方便了农具的使用，也提高了耕作效率。陵川县东谷村宋安法互助组一开始对提高技术认识不够，不使用新式农具，只用旧农具和老办法种地，产量没有大的提高。组里有一些人开始使用新式农具和新技术后，两人一天就能锄10亩地以上。村里人知道后，都计划学习使用新式农具和改进技术。④

由于新式农具的应用效果很好，农民都非常欢迎。晋城县在劳模大会上展览了新式播种机、双轮双铧犁和水车等农具，群众听到消息后，都纷纷前往参观，新式农具得到了群众的一致好评。⑤山西省马拉农具站代互助组耕地时，附近村民都自发前来参观，认识到组织起来才能发挥新式农具的威力，都要求办好互助组，早日使用马拉农具耕地。⑥新式农具反响好，农民

---

① 《农业部拿出大批新式农具奖励咱省模范互助组》，《山西农民报》1950年11月15日。
② 《推广新式农具应和传授技术结合》，《人民日报》1952年5月13日。
③ 《山西省创造了大量推广新式农具的基础》，《人民日报》1951年12月25日。
④ 《发挥组织起来的力量，提高耕作技术》，《山西农民报》1952年8月21日。
⑤ 《晋城群众热烈欢迎马拉农具》，《山西农民报》1954年4月1日。
⑥ 《山西省十个马拉农具站给农民春耕，双铧犁耕的快翻土深农民热烈欢迎，省人民政府定制一万多部供应农民》，《山西农民报》1954年5月27日。

纷纷要求购买新式农具，农具的供销情况良好，进一步激发了工人的生产积极性，工农联盟也得到了加强，促进了国民经济的恢复和发展。

三、新生产方式与农民新生活

中国是传统的农业大国，农事生产在人们的生活中占据着很大的比重。传统的农业生产工具落后，男耕女织的社会形态下农业生产劳动力也很匮乏，农业生产一直处于自给自足的状态，一遇到天灾人祸，生产就会受到影响，使人们的生活陷入水深火热中。新中国成立后，国家更加重视农业发展，推广新式农具，传授新技术，新式步犁、双轮双铧犁、收割机、拖拉机等新式农具进入人们的生产生活，耕地效率提高了，粮食产量增加了，有的人家开始有了余粮；妇女劳动力开始下地生产，封建思想瓦解，女性地位提高；剩余劳动力参加基础建设或者进行副业，人们收入增加；大部分地区群众的思想觉悟提高了，生活条件改善了，精神面貌焕然一新，农村呈现出了良好的发展前景。

1951年，陵川县北冶村互助组使用新式单把犁、玉米脱粒机等新式农具后，产量大大提高，全组每亩产量比1950年增产75斤，并且节省了170多人工，节省下的人力出外搞运输又赚了107万元，该互助组获得了好的粮食收成和经济收入。[1] 根据笔者调查，大同市马辛庄合作社使用双轮双铧犁后，节省了7头畜力和500多人工，节省下来的人畜工拉粪300多车，平地堰160多条，垫地230多亩，农业生产效率得到了很大的提高。大同市陈家庄合作社用节省的人畜进行土地基本建设，开荒地扩大耕地，种植蔬菜瓜

---

[1] 《我们互助组使用新式农具扩大了互助组，增加了产量》，《山西农民报》1951年11月24日。

果，支援农具站做活，共收入333多万元。汾阳贾家庄使用新式农机具后，在1961—1964年的3年时间内共节约107000多个人工和29000多个畜工用于投入农田基本建设和副业生产中，集体和社员个人收入大大增加，社员现金收入增长了近一倍，人人敢想敢干，生活水平大幅提高。①

在土地改革和改良农具等一系列国家政策的带动下，山西广大乡村都改变了过去的贫困面貌，千万个农民家庭开始走向富裕。收入的提高必然伴随着生活水平的提升，从人们的衣食住行等日常生活中就可以看到很大的变化。1950年，山西许多地方的农民赞美他们的伙食为"早晨金皇后（一种新推广起来的玉蜀黍），晌午一六九（一种品种优良的小麦），晚上玻璃秀（一种品种优良的小米）"，相较于以前的"半年糠菜半年粮"和"大浪淘沙（饭多为稀汤）"明显改善许多。农业增产后，家有余粮现象已普遍出现，平顺县西沟村1950年春至夏20多户中有18户有余粮，其中4户都在10石以上。②许多农民也盖起新房子，太原市郊区嘉节村100多户人家中，有9户盖了新房子，20户修理了旧房子，还有13户举行了婚礼，特别是老贫农吴英海，过了50多年的单身汉日子，在1950年4月也当上了新郎。申请结婚登记的农民有604对。③潞城县魏家庄1948—1950年上半年有218户盖了新房子，许多家庭也准备在秋收后改建房子，并且有许多商贩也开始转向这一行业，大家的生活较以往都有了很大的改善。温饱这个大问题解决后，大家对于生活质量也提出更高要求，农民的购买力逐年提高。1950年，潞城县半年内仅洋布一项售卖就达到6000余匹，较1948年和1949年分别增加

---

① 《山西贾家庄大队发扬自力更生精神，大抓工具改革，农业生产基本实现半机械化，各项农活工效提高了，劳力畜力节省了，技术革新队伍壮大了》，《山西日报》1965年10月19日。
② 《土改后太行山区面貌一新，大部农民存有余粮，衣着房屋逐渐翻新》，《人民日报》1950年8月28日。
③ 《太原市郊区土地改革后，农村生产力迅速恢复，农民购买力提高，生活日渐改善》，《人民日报》1950年7月7日。

3400 匹和 880 匹，许多农民的穿着和家中生活用品一年比一年充实。① 长治专区建立拖拉机站后，节省出的劳力都参加了副业生产，该站服务的中苏友好集体农庄中许多人都骑上了自行车。② 平顺县农民王四则说："过去吃的是糠菜，穿的是疙瘩衣裳，全家伙盖一条被子，用玉茭秆围起来就顶房子住。现在，一人盖一条被子，能铺块毡子，冬天还有块棉袍子。今年又新盖了三间房子。"③ 这一描述生动地表明农民衣食住行等生活条件得到了切实改善。

农具的变革推动了农业经济的发展，提高了人们的生活质量，同时也极大地解放了人们的思想。虐待妇女、不愿意让妇女出门和下地劳动等封建思想被破除，各地都积极从思想上清除妇女顾虑，启发妇女的劳动自觉性。妇女参加劳动的比例增大，弱势群体也可以加入互助组织参加生产，做一些力所能及的事情来获得收入。华北地区妇女早在 1949 年就更多地开始参与春耕、抗旱、播种等农事工作，有些老区达 60%—70%，少数地区甚至达到 80% 以上。④ 据长治专区 1950 年在 11 个村的调查，妇女劳力、半劳力常年参加农业劳动者占妇女总数的 46.8%，参加季节性农业劳动者占妇女总数的 40.9%，妇女劳力组织起来者占妇女劳力的 41%。⑤ 壶关六区以此发动妇女参加春耕播种达到全村妇女的 80%。⑥

妇女思想解放以后，无论是下地做活或是帮忙开展副业，都减轻了家庭负担。太行山区提出"家庭和睦，努力生产"的口号，各地出现了李顺达式团结生产的新式家庭，妇女参加生产后男女劳力调配良好，妇女的社会地位

---

① 《土改后太行山区面貌一新，大部农民存有余粮，衣着房屋逐渐翻新》，《人民日报》1950年 8 月 28 日。
② 《山西省长治拖拉机站建站五年来的基本经验》，山西省档案馆馆藏，档案号：C29-1-57。
③ 《土地改革完成地区农村气象焕然一新，农民购买力提高，工商业逐渐繁荣》，《人民日报》1950 年 7 月 5 日。
④ 《半年来妇女参加农业生产概况》，《人民日报》1949 年 8 月 6 日。
⑤ 《长治专区的农业生产，一九四九年农业生产的基本总结》，《人民日报》1950 年 2 月 14 日。
⑥ 《发动农村妇女参加农业生产》，《人民日报》1949 年 5 月 22 日。

和威信都得到提高。

　　新中国成立之初，农业是国家发展的重中之重，担负着恢复国民经济的重任，国家一直鼓励农民接受新的生产工具和技术。华北、东北和华东许多地方成立技术研究会，劳动模范以互助组和合作社为基础交流经验，形成了农业技术网，为农业增产创造了条件。[1] 山西各地农村也一直紧随国家的政策，积极发展农业。1954年，全省共推广双轮双铧犁15000部、新式步犁14000多张、水车7000部、农业药械8500多件以及喷雾器21000多台。[2]

　　随着新式农具制造数量的提高和技术传播力度的加大，学习新式农具的使用技术、发扬固有的好的生产经验、淘汰迷信的保守的方面、学习科学知识、创造新的增产办法、推广好的生产经验，成为保证农业生产良性发展的重要因素。[3] 可以说，新式农具的推广在新中国农业发展中扮演着重要的角色，人们在实际的生产中看到了新式农具和新技术的优势，生活水平随之提高，思想观念随之解放，农村经济迅速恢复与发展，为争取全国经济社会的好转和现代化发展创造了良好条件。

---

[1]《重视农具推广工作》，《人民日报》1952年7月29日。
[2]《推广新农具中认真传授技术》，《人民日报》1955年2月10日。
[3]《开展爱国丰产运动，提高单位面积产量》，《人民日报》1951年10月22日。

文化教育视角下的社会嬗变

灌溉与稻作：晋水流域民间文化信仰研究

一、历史时期山西的水环境

当今地理教科书对山西环境的描述通常是，山西属温带季风性大陆气候，天气干燥，降雨量主要集中在夏季，旱涝不均，水资源匮乏，河流多数为季节性河流，枯水期水量小，洪水期水流湍急，水量不稳定。然而传说中远古时期的山西却是"汪洋大海"，并有大禹在山西"打开灵石口，空出晋阳湖"的"治海"故事。"相传，大禹治水前太原盆地是一片汪洋，禹划着小舟日夜在水面上寻找治水的方法。一天，忽见远处出现一片绿洲，禹顺水划去，绿洲上有一位老人。禹上前施礼，求寻治水的妙方，老人一言不发，禹给老人满满斟了一杯酒献上，老人仍不说话，只见他用指一弹，在酒杯上敲了一个缺口，满杯的酒顿时流干了，空出了杯底。转眼间，老人就不见了。禹恍然大悟，他划着船察看了大水四周，根据山势在灵石山沿打开了缺口，顿时水势下泻，晋阳湖底渐渐显露出来，形成了太原盆地。"这虽然是民间的一个传说，但却留有"系舟山"一地名可查，明朝文人祝颢写有广为传唱的《咏系舟山》一诗："滔滔洪水溺人环，禹德神功力济艰。不信当年昏势险，请看云际系舟山。"据乾隆《太原府志》记载："系舟山，在县北九十里，忻州南二十三里，禹治水系舟其上，故名。"《读史方舆纪要》中记载："系舟山府北九十里。俗传禹治水曾系舟于此，至今有石如环轴。"

山西的地质环境历经长时间的变化，沧海渐变为河泊。在文字记载中，历史时期山西境内河流纵横，除黄河外分布有汾河、潇河、文峪河、漳河等数十条河流。其中，汾河是山西境内最大的河流，其发源于吕梁山支脉管涔山，在现河津注入黄河。《山海经》一书中记载："管涔之山，汾水出焉，西流注入河，汾者，大也"，历史时期汾河的水量是非常充沛的。据《左传》记载："公元前659年，晋饥，秦于是乎输粟于晋，自雍及绛相继命之曰泛舟之役"。文中所提及的"雍"就是当时的秦国都，即今天的陕西凤翔县，绛就是当时的晋国都，今指山西翼城东故城村。汉武帝曾多次乘船溯汾河巡幸，并留下"泛楼船兮济汾河，横中流兮扬素波"的名句。唐宋时期，山西太行山、吕梁山上的树木多经汾河转运到长安，此景象被描述为"万木下汾河"。由此可见，至少在宋朝以前汾河水量还是非常大的。

太原盆地历史上曾是湖沼密布的泽国世界，最大的两个古湖泊是"昭余祁"和"文湖"。"昭余祁"最早见于《周礼·职方》记载："并州，其泽薮曰昭余祁"；据推测"先秦时期整个'昭余祁'总面积约1800平方公里，占太原盆地总面积的36%"。[1] 是全国著名的"十薮"之一。秦汉时期，因汾河改道，"昭余祁"被分割成大小不等的九个湖泊，至北魏时期，"虽然有记载的只有'邬泽'和'祁薮'两个湖，但其面积仍有700平方公里"[2]。"文湖"最早见于《水经注》中的记载。"古文湖位于今汾阳太平村、康宁堡、城子村、县城一带，西周至东汉时期面积至少在130平方公里以上。"[3] 唐代"文湖"又名西河泊，据《元和郡县图志》载："汾州西河县文湖，一名西河泊，在县东十里，多蒲鱼之利。"[4] 此外，还有汾陂，《广雅》一书中记载："水自汾出为汾陂，其陂东西四里，南北十余里。"

因河湖纵横密布，整个晋中盆地适宜水生的植物茂盛生长。《诗经·魏风·汾沮洳》有一首诗描述了此时的风景："彼汾沮洳，言采其莫。彼其之子，美无度。美无度，殊异乎公路。彼汾一方，言采其桑。彼其之子，美如英。美如英，殊异乎公行。彼汾一曲，言采其藚。彼其之子，美如玉。美如

---

[1] 孟万忠、刘晓峰：《昭余古湖水量平衡与水环境驱动分析》，《太原师范学院学报》（自然科学版）2011年第2期。

[2] 同上。

[3] 桑志达、赵余录：《试论太原断陷盆地古湖泊的演变》，《遥感学报》1988年第4期。

[4] ［唐］李吉甫：《元和郡县图志》，中华书局1983年版，第378页。

玉，殊异乎公族。"①沮洳是水边低湿之地，莫、薨都是湿生、水生植物。汾河两岸多种水生、湿生植物的分布，也反映出当时太原盆地的水资源是非常丰富的。

除了河流密布之外，山西泉水众多。"作为我国北方岩溶发育最典型的地区，山西石炭岩出露于地表的面积达3.3万平方公里，占全省总面积的21%，加上覆盖岩溶区，总面积为10.2万平方公里，占全省面积的65%，形成了良好的'储水构造'条件。"②闻名遐迩的泉水有晋祠难老、善利、鱼沼三泉，以及娘子关泉、上兰村泉、龙祠泉、霍山泉、洪山泉等。据明末清初著名历史地理学家顾祖禹在《读史方舆纪要》一书中记载，山西有泉水191处，其中62处有"溉田之利"③。

二、晋水源流与稻作灌溉

晋祠难老泉、善利泉、鱼沼泉汇聚而成的一个河流被称为晋水。《说文》云："晋，进也，日出万物。进所从至。"④寓意"水上升起太阳，可以使这里万物滋生"⑤，故把这条河流取名晋水。关于晋水源流，《晋水志》曰："其泉不一。水最旺者曰难老泉。若善利泉之水，微细无多。极旺不及难老泉三十分之一。而至圣母殿前鱼沼之水，则又次之。"⑥难老泉之名撷取自《诗经·鲁颂》中"永锡难老"的锦句，"难老泉"正如它的名字"难老"一样，

---

① 姚小欧：《诗经译注》，当代世界出版社2009年版，第171—172页。
② 韩行瑞：《山西岩溶泉的合理开发利用》，《山西水资源》1986年第2辑。
③ 张荷、李乾太：《山西水利发展史略》，《山西农业科学》1986年第6期。
④ 白于蓝：《郭店楚简补释》，《江汉考古》2001年第2期，第57页。
⑤ 山西旅游景区志丛书编委会编：《晋祠志》，三晋出版社2009年版，第241页。
⑥ 刘大鹏：《晋水志·晋水源流图说》（未刊印，下同）。

"涌流若沸，波浪汹涌，混混不穷"①。善利泉得名于《老子》"上善若水，善利万物而不争"之义，"其水微小，然亦冬温夏凉"，"分为两派，一入暗溪，一入莲池"。②鱼沼泉位于善利泉的北边，在《晋祠志·山水卷·鱼沼泉》一文中有这样的记述："在圣母殿前，俗呼鱼池，深一丈多，水深五六尺，南北七十尺，东西七丈五尺……上架飞梁，周绕以槛，东西两隅，设水口各一，水出北口，入八角池，水出南口，入玉带河……圆形为池，方形为沼，斯形本方，故曰沼，其中多鱼，故曰鱼沼。"③晋祠三泉发源于太原西南悬瓮山麓。《晋祠志》记载："源出悬瓮山麓，晋祠宇下。"④宋代欧阳修曾写下《晋祠》一诗："行人望祠下马谒，退即祠下窥水源。"范仲淹在《题晋祠》中写下"神哉叔虞庙，地胜出佳泉"的诗句。晋祠是周成王"桐叶封地"唐叔虞之祠，又因晋水发源于此，当地人便将此地命名为晋祠。晋祠之名久远，"清代学者周景柱在《太原晋祠记》中考证晋祠名甚古，自汉代以来盖有之"⑤。

晋水形成距今至少已有二三百万年时间。"根据地质学家的初步研究，大约远在中石炭纪造成古侵蚀面的那个时代，就有这股水了。"⑥而晋水这个名称距今约有三千年以上的历史了，其最早记载见于《山海经》："悬瓮之山，晋水出焉。"经地质勘查，"晋祠泉水的形成主要是由于太原西山岩溶水在向盆地运动过程中，受到边山断层东侧弱透水的第四系地层阻挡而成，这些裂隙同时又受到地下水的侵蚀、溶解、扩大最终形成了溶洞，为典型的山前断裂溢流泉"⑦。《魏书·地形志》记载："晋阳西南有悬瓮山，一名龙山，

---

① 刘大鹏著，慕湘、吕文幸点校:《晋祠志》卷30，山西人民出版社1986年版，第780页。
② 刘大鹏著，慕湘、吕文幸点校:《晋祠志》卷4，第114页。
③ 同上。
④ 同上。
⑤ 李玉洁:《阎若璩〈四书释地续·邑姜〉质疑》，《山西大学学报》（哲学社会科学版）2008年第3期。
⑥ 刘永德:《晋祠风光》，山西人民出版社1958年版，第43页。
⑦ 孙才志、官辉力:《山西晋祠泉复流时间的人工神经网络预测》，《山地学报》2001年第4期。

晋水所出，东入汾，有晋王祠。"《读史方舆纪要》记载："悬瓮山在太原县西南十里，一名龙山，山腹有巨石如瓮，水出其中。"据考查，这里所称的"山腹巨石如瓮"即是指晋祠西部山区分布的一些石灰岩溶洞。

晋祠三泉属于岩溶地貌水，出自悬瓮山的石灰岩地层中，石灰岩的内部常有许多空洞，能大量储存地下水，加之有汾河河水和大气降水等多方面的补给，所以泉水不因季节性的气候变化而变化。晋祠泉水"随地涌出，汩汩靡穷。在冬则温，既夏而寒。悬之则素皎，壅之则澄碧。昼浮光以悠扬，夜含响以淅沥。凝寒不为之损，暑雨不为之增"①。晋水水量充沛稳定，古人曾评价道："太原一邑，除山村之外皆露水利。资汾水之利者十之六，资洞过水利者十之一，资晋水之利者十之三。然汾与洞过旱干水溢未免受害，而晋水滔滔，永无患害。"②

根据文献记载，早在2500多年前，晋水就开始灌溉农田了。③东汉元初三年（116年）春，安帝诏令"修理太原旧沟渠灌溉官私田"。隋开皇六年（586年），仅太原晋祠一地，"引晋水溉稻田，周回四十一里"④，范仲淹在《题晋祠》一诗中有"千家灌禾稻，满目江乡田……皆如晋祠下，生民无旱年"的描述。"宋神宗熙宁八年（1075年），太原人史守一修晋祠水利，

---

① 刘大鹏：《晋水志·晋源》。
② 刘大鹏：《晋水志·凡例》。
③ 据郦道元《水经注·晋水》记载："沼水分两派，北渎即智氏故渠也。昔在战国，襄子保晋阳，智氏防山以水之……其渎乘高，东北注入晋阳城，以周灌溉。"上述文字记述了周贞定王十六年（公元前453年）晋国的卿大夫智伯联合韩、魏两家共同攻打赵襄子一事。赵襄子固守晋阳（今太原市南郊古城营村一带），智伯在晋水上游造蓄水池，下游开挖渠道，准备水淹晋阳城。智伯请韩康子和魏恒子一起察看水势，对韩、魏说："今天我知道水能灭国，晋水能够淹晋阳，那么汾水就可以淹安邑，绛水也能淹平阳（二者为魏国、赵国的都城）。"韩、魏听后意识到自己也会遭到智伯的攻击。于是，韩、魏阵前倒戈联合赵襄子击败智伯。战争结束后，当地百姓在原有"水攻"工程基础上，"踵其遗迹，遂为溉田之渠，名曰智伯渠"。
④ ［唐］李吉甫：《元和郡县图志》，中华书局1983年版，第376页。

溉田六百余顷，盖晋水源其祠下云。"① 据分析推算，宋代晋祠泉的流量达到 2.0—2.5m³/s。② 元至正二年（1342年）《重修晋祠庙记》记载："泉发源圣母庙殿底，汇为二井：南曰难老，北曰善利。……难老泉至分水塔，派而二之。周流阡陌间，下灌众渠，溉田二百顷，激机碾六十区。一方之人，举插为云，决渠成雨，不知旱暵旱膜之忧，安享丰捻之乐，皆水之利也。"③ 至正五年（1345年）《春日游晋祠诗序石刻》一组石刻中，有高昌楔玉《游晋祠诗序》一通，也描述道："……山之麓有泉出焉，涌跃腾沸，光莹澄澈而不浊也。周流匝布，溉田千顷而不竭也。"④ 清道光《太原县志》载："原邑在郡属县中为最贫，而土地最为沃衍，则汾晋二水之力也，汾干旱、水溢未免受害而晋水滔滔，永无患害。"⑤ 及至清末，"晋水南北河总计灌溉面积仍有310多顷，其中北河灌溉面积170多顷；南河灌溉面积140多顷，其中晋水所溉田亩为晦甚多，稻田居其半，麦田居其半，土人呼水田曰稻地，呼麦田曰白地。乃种宿麦、夏麦、秋谷。一岁之中，两种两收。凡资晋水灌溉之田，莫不皆然"⑥。截止到新中国成立前，晋水三泉共灌田325顷58亩，灌溉范围北至董茹村，南至枣园头，南北长22公里；西起难老泉，东至五府营，东西宽3公里。四河渠总长32公里，受益周边村庄35个。⑦

时至今日，晋祠圣母殿两侧依然有一副对联："溉汾西千顷田，三分南七分北，浩浩同流，数十里清之不浊；出瓮山一片石，冷于夏温于冬，渊渊有本，亿万年与世长清。"难老泉旁也有诗碣："晋阳黎庶沽沽喜，千秋水利靡涯涣。沟浍满盈，陌阡逶迤，一泻平田八百顷。源如醴液漪澜鱼，化成香稻千万粒，岁积无歉荒，人寿得安远。"千百顷田地虽有夸张，但也反映了

---

① ［元］脱脱：《宋史》，中华书局1982年版，第2372页。
② 王鸿玲：《晋祠泉水的形成、利用与保护》，《山西水利·史志专辑》1987年第3期。
③ 刘大鹏著，慕湘、吕文幸点校：《晋祠志》卷10，第202页。
④ 同上注，第198页。
⑤ 刘大鹏：《晋水志·凡例》。
⑥ 刘大鹏著，慕湘、吕文幸点校：《晋祠志》卷4，第126页。
⑦ 晋祠水利志编委会：《晋祠水利志》，山西人民出版社2002年版，第18页。

晋水两岸长享灌溉之利的事实。

三、民祀水生：晋水流域的民间文化信仰

作为与天津小站稻米并称"北米之最"的晋祠稻米，"米洁白纤长，味殊精美"，曾一度作为"贡品"。对于晋祠稻米的优良品质，《中国实业志》归因于"太原之晋祠，有泉水七流，水清而多"①。稻作生产的悠久历史，使晋水流域生成并衍化出与水有关的一系列文化信仰。晋水流域的信仰体系繁杂，供奉神祇众多，但无一例外地打上了"水"的烙印。总体而言，晋水流域信仰的神灵主要有水神、龙王自然神和张郎等人物神。

"水神"即水母娘娘，传说水母娘娘真有其人，她是晋祠以北20里的金胜村人柳春英，嫁到晋祠后受到婆婆的虐待，每天到很远的地方挑水，且水桶为尖底，中途不能休息。某年夏天的一个中午，酷暑难耐，在柳春英挑水回家的路上，有一长胡白发老先生向她讨水喂他所骑的马，看着饥渴的马儿，春英欣然允许，其行为感动了白发老人，老人将马鞭送给春英，并告知只要把马鞭放在家里瓮中，稍许用力晃动，瓮水即满，老人再三叮嘱春英不能随意将马鞭提到水瓮外，否则要招致大水狂泻。自此以后，不再外出挑水的春英引起婆婆的不满。有一天，春英婆婆却在趁柳氏回娘家的时候，把马鞭从瓮中抽出，顷刻涌出的大水很快淹没了晋祠。柳春英闻讯赶来，赶紧坐到瓮上，大水变成了息息不断的难老泉，从此柳氏坐地成仙变成了水母娘娘，水母娘娘被供奉在晋祠难老泉亭西边的水母楼中，民众将其尊称为"晋源水神"。水母楼悬挂的两块名匾"悬山响玉""霑濡悬瓮"，表达了当地人

---

① 实业部国际贸易局编：《中国实业志》第4编第15章，实业部国际贸易局1937年版，第331页。

对泽惠百姓的晋水的感恩之情。

晋水流域水母娘娘祭祀活动是与当地农业生产密切结合在一起的。当地农谚讲"惊蛰始雷，大地回春"，表明在"惊蛰"节气过后，地温升高，进入春耕大忙季节。"阖河渠甲因起水程均诣祠下，各举祀事。"① 即是指每年惊蛰节，渠长②率领水甲到晋祠庙内祭祀水母后，各村农民才能开口灌田。惊蛰过后便是春分节气，春风多雨水少，土地解冻起春潮，这个时节是农田开始需要用水的时候，因此，沿河村庄祭祀"水神"活动更为频繁，以北河为例，都渠长、水甲在每年三月初一举行祭祀活动，"是日，花塔都渠长率各村渠甲恭诣晋祠，净献刚鬣（都渠长备）柔毛（罗城村水甲备）祭祀晋水源神"③。祭水神完毕后，都渠长于北河水起程处开始溉田，并宴请渠甲安排各村轮流浇灌水程。宴请放水完毕后，离晋水源头最远的董茹、金胜、罗城三村还要在三月十八共同到祠下献猪以再次感谢水神。

之后，稻农即进入农忙季节，祭祀活动暂告一段落。每年农历六月，农民在忙完插秧和播种五谷杂粮后，暂时进入一段农闲时节，而这一段时期，恰是当地的总河祭期。"凡总河祭期，四河各渠长肃衣冠，具贺仪，诣同乐亭庆贺，而总河渠甲待以宾礼。凡四河祭期，总河渠长亦肃衣冠，具贺仪，为之庆贺，以尽地主之礼。"④ 总河祭期不但要祭祀水母而且要祭祀圣母。关于圣母的身份，历史上一说是唐叔虞之母邑姜，一说是晋水水神。圣母唐叔虞之母邑姜的说法来源于阎若璩。阎若璩是清代太原人，因发现宋政和五年残碑，从而作了《四书释地续·邑姜》⑤ 和《潜丘札记》两篇文章，认为太

---

① 刘大鹏著，慕湘、吕文幸点校：《晋祠志》卷8，第191页。
② 晋水流出晋祠后分为海清北河、鸿雁南河、鸳鸯中河、陆堡河四段，以利浇灌，并形成了以"水"为中心的渠甲社会体系，即由总渠长、渠长、水甲组成的三级用水管理组织。其中北河较为特殊，渠长被称为"都渠长"并管理五名渠长和七十二名水甲，行使着整个流域村庄的用水管理权，都渠长由花塔村张姓世袭，拥有对北河流域用水的实际控制权。
③ 刘大鹏著，慕湘、吕文幸点校：《晋祠志》卷34，第873页。
④ 刘大鹏著，慕湘、吕文幸点校：《晋祠志》卷8，第191页。
⑤ 阎若璩：《四书释地续》，台湾商务印书馆1986年版。

原晋祠之圣母,是晋国始封君唐叔虞的母亲邑姜,"女郎祠之建,实始于天圣"[①]。圣母的加封始于北宋。因宋代曹翰"太平兴国四年,从征太原。……军中乏水,城西十余里谷中有娘子庙。翰往祷之,穿渠得水,人马以给"[②]。熙宁(1068—1077年)年间,因祈祷有应,守臣加号"昭济圣母",对于加封原因,在宋宣和五年姜仲谦《晋祠谢雨文》文中有记载,"乃潜心而默祷兮,薄精神之上驰;曾未逾于浃辰(十二日)兮,遂渗漉(微漏)于灵厘"。徽宗政和元年(1111年),朝廷再封"显灵昭济圣母",次年七月赐庙额"惠远"。[③] 元太宗十四年(1242年)的《惠远庙新建外门记》中就提到:晋溪神曰昭济,祠曰惠远,自宋以来云然。[④] 明洪武二年(1369年),以"祷雨有应",加封广惠显应昭济圣母,岁七月二日致祭,[⑤] 洪武四年(1371年),明太祖朱元璋下令:"革天下神祇封号,止称以山水本名,而圣母庙遂改为晋源神祠。"[⑥] 而在当地,百姓则认为圣母即水母,水母即圣母,二者是同一人。坚持"水母娘娘"与"圣母邑姜"同祭是由于"晋水发源于叔虞分封之地,被其泽者,敬水母必敬圣母,即是敬叔虞耳。渠甲祭资出于众农,是以祀事孔修,历年久而不废"[⑦]。《晋祠志》记载"晋祠总渠甲暨四河各村渠甲致祭敷化水母于晋水之源,凡祭水神必兼祭圣母"[⑧]。而本地士绅刘大鹏先生对"水母""圣母"同祭则认为是"五行一曰水,天一生水,地六成之。水位在北方,北方者阴气,在黄泉之下,任养万物,故名水神为水母。坤为母,母本女,女属阴。水,阴物,则塑水神为女像也,固宜"[⑨]。

---

① [清]阎若璩:《潜丘札记》卷5。
② [元]脱脱:《宋史》,中华书局1977年版,第9015页。
③ 嘉靖《太原县志》卷一《祠庙》,上海古籍出版社1963年版。
④ 晋祠博物馆选注:《晋祠碑碣》,山西人民出版社2001年版,第23页。
⑤ [清]觉罗石麟:(雍正)《山西通志》卷164,台湾商务印书馆1986年版。
⑥ [清]阎若璩:《潜丘札记》卷5。
⑦ 刘大鹏著,慕湘、吕文幸点校:《晋祠志》卷8,第192页。
⑧ 同上注,第201、203页。
⑨ 同上。

总河祭期是从六月初一开始至七月初二日止,这期间晋祠总河渠甲与四河各村渠甲共同在晋祠水母楼祭祀水母,并在圣母殿前水镜台演剧酬神。

《晋祠志》一书中详细记载了在总河祭期内各村庄依照晋水四河的用水制度祭祀水母、圣母活动的经过。

> 初一日,索村渠甲致祭水母于晋水源。祭毕而归,宴于其村三官庙。初二日,枣园头村渠甲致祭水母于晋水源。祭毕而宴于昊天神祠。
>
> 初八日,小站营村、小站村、马圈屯、五府营、金胜村各渠甲演剧,合祭水母于晋水源。祭毕而宴于昊天神祠。
>
> 初九日,花塔、南城角村、杨家村、罗城村、董菇等村渠甲演戏,合祭水母于晋水源。祭毕而宴集昊天神祠。
>
> 初十日,古城营渠甲演剧致祭水母于晋水源。祭毕而宴集文昌宫之五云亭。
>
> 初八、初九、初十等日所演之剧,系花塔村都渠长张某写定,发知单转达古城、小站、罗城、董茹村、五府营,届期各带戏价交付。
>
> ……
>
> 二十八日,王郭村渠甲致祭水母于晋水源。祭毕而归宴于本村之明秀寺。同日,南张村渠甲致祭,水母于晋水源。祭毕而宴于待凤轩。
>
> 七月初一日,北大寺村渠甲致祭水母于晋水源。祭毕而归,宴于本村之公所。[①]

"祭祀水母"之后是七月初二至十四日的"祭祀圣母"活动,同时这也是一年一度的晋水流域民众参与的大型祭典活动。

自明洪武二年(1369年)给圣母加封号后,每年的七月初二日"祭祀圣母"的仪式成为当时整个晋祠地区的传统盛典。"是时,县、乡、村社的

---

① 刘大鹏著,慕湘、吕文幸点校:《晋祠志》卷8,第193页。

官员、乡绅、社首，斋戒、沐浴、躬至晋祠，致祭圣母之神。在圣母殿前的献殿，陈设香案祭品，然后上香鸣钟，由知县恭读祝文，行礼如仪"，并"演剧赛会凡五日"。① 晋祠附近百姓到圣母殿跪拜叩头，上香祈福。农历七月初二日晋祠传统庙会，古称"赛神会"，成为当地最为重要的民俗节日之一，反映出人民对农业生产、水利事业的极大关心。

七月初四日是圣母出行日，县城南关龙王庙是圣母的行宫。地方官员、士绅要组织社火表演，举办迎圣母出行仪式，祭典活动进入高潮。《晋祠志》"祀圣母之神"载："在初四、初五两日，那些头面人物领着八人抬阁（铁棍），至圣母殿前恭请一尊圣母出行神像，百姓则备鼓乐旗伞和铁棍十数台一起巡游。队伍浩浩荡荡穿村入城，男女老幼'填街塞巷观之'。日暮时分，搁上张灯，远看犹似星河闪烁，可称人间天上奇景。数日之内，水镜台上锣鼓铿锵弦乐悠扬，各地民间戏班子相继登台献艺演绎人间悲欢，台下观者如堵，喝彩声四起。祠庙之内及附近街市，农商云集，摆摊设点，货品琳琅，人流如织，真乃熙熙市声与祈祷声互应，商贾农家与庙祝皆欢。"② 这种场景一直延续至七月十四日由古城营送圣母归晋祠，至此活动基本结束。

祭祀水母、圣母既是晋水流域老百姓对苍天所给予"水源"的一种感谢，也是对稻地用水管理方式、水权的一种遵从。晋水祭祀中，"凡总河祭期，四河各渠长肃衣冠，具贺仪，诣同乐厅庆贺，而总河渠甲待以宾礼"。"凡四河祭期，总河渠长亦肃衣冠，具贺仪，为之庆贺，以尽地主之礼"。③ 总河灌溉权益在祭祀仪式中得到了强调和保证。

尽管当地民众对水神崇拜如此虔诚，但是在靠天收获的年代里，老天爷仍有不尽如人意的地方。《晋水志》中曾多次记载过晋祠三泉水量减少的情况："明崇祯二十二年（1650年）善利枯竭连续十年"；清雍正元年（1723

---

① 刘大鹏著，慕湘、吕文幸点校：《晋祠志》卷8，第193页。
② 常原生、宋乃忠：《晋祠民俗》，山西人民出版社2004年版，第206页。
③ 刘大鹏著，慕湘、吕文幸点校：《晋祠志》卷8，第193页。

年）鱼沼泉"衰则停而不动，水浅不能自流，水田成旱"；尤其在夏收、夏种大量用水的季节，晋泉流量降低对农业收成带来严重影响。于是，旱季求雨就成为旧时民间另一种规模盛大的祭祀礼仪。历经时间的演变，及至解放前，无论干旱或风调雨顺的年景，村民都要祭祀以求庇佑。当地著名的祈雨神庙有天龙山、晋祠、庙前山、马练营、观家峪、龙王堂等多处，神像有龙神、风伯、雨师、汾神台骀、婴山小大王（春秋时赵武）等，其中尤以龙神居多，仅晋源镇南关龙王庙就多达18座。

在旧时中国人的信仰里，龙王是上天主管降雨的神灵，能否风调雨顺，全靠龙王爷的旨意。因此，每年到端午节前，晋祠各村庄都要举行盛大的龙王祭祀活动。刘大鹏在日记中曾记载了某年五月初一日晋祠某村迎龙神、办社伙的盛况，"锣鼓喧天，旗伞蔽日，约有数百农人共迎十七座龙王。传言当年十八位，不知于何年过河被水漂没一位，故至今缺一座。农人兼奉木偶为神，以为诸位龙王最为灵应，可以降甘雨，可以庇民……"[①]。

当地最著名的龙王祭祀是天龙山祈雨，据记载每当遇到干旱年景，"各村至天龙山祈雨于龙池，池凿在大石洞中，池有灵泉一泓，池旁建龙王神庙。祈祷雨者名曰善友，不吃荤，不饮酒，以稀粥充饥，夙夜拜祝。三日为一坛，一坛不雨，则稀粥减米，以三坛为限，晋祠、索村、赤桥、纸房、西镇、花塔、南城角等村民皆上山祷雨，赤头赤足入庙拈香，禁祷雨人在山饮雨"[②]。在迎神祈求雨时，祈雨民众往往夜间起程，声势浩浩荡荡，沿途所经村庄不断有村民汇入。到达龙王庙后先焚香、奏乐、拜神，拂晓天亮后，正式迎神起驾。"在前列仪仗20至40人不等，穿黑马甲，赤足，头戴柳条圈，双臂托撑拐，臂上各插薄片小尖刀12把，也有身背铡刀和铁链条的，后为神辇，彩旗华盖，招摇映掩，锣鼓喧天，祷声扬沸。沿途村民于门前备香案迎送，香案供糕点、香烛、纸马，置水缸，插柳枝，摆龙首。龙王经过

---

① 刘大鹏著，乔志强标注：《退想斋日记》，山西人民出版社1990年版，第33页。
② 刘大鹏著，慕湘、吕文幸点校：《晋祠志》卷28，第735页。

时，跪迎烧纸，并用柳条沾水向人群扬洒，迎神队伍回村后，要另行设坛上供，举行祈祷仪式。"① 对此，刘大鹏描述道："十数村庄气象新，日照旌旗光闪闪，风摇锣鼓响振振。吹箫弄笛开前路，耀彩张灯拥后尘，千百农家都踊跃，熙熙攘攘太平民。"② 求雨要祈神，降雨要酬神。一旦祈雨如愿以偿后，村民就要进行隆重的酬神活动。这时，搭台唱戏往往是庆典活动的高潮。《退想斋日记》中就曾记载了某年花塔村酬谢龙王的盛况："第二日花塔演剧酬神谢雨，往观者踵相接。"③

在晋祠当地农民的文化信仰中，掌管降雨的神仙不仅有龙王爷，还有观音菩萨、关帝老爷等各路神仙。因此，每年五月十三日，民众"筹钱设醴酒，献柔毛"祀关圣，"俗以是日雨为磨刀雨"。④ 而在六月二十四日的河神圣诞日，还要举行祭祀河神的活动。"凡沿四河人民均于河神庙陈设祭品以祀之。"但与祭祀龙王的隆重场面相比，祀关圣、祭河神就要逊色得多。

春夏祈雨，以祷丰年；秋季恭送龙王，酬谢神灵，祈求丰收。每年农历七月十八，当大田主要灌溉、耕作的农事将近尾声时，便到了花塔村传统演剧报赛的日子。《退想斋日记》载："花塔村每年于今日演剧报赛，前后凡三日。戏价甚巨，今年尤甚，价一百余缗，而农皆甘心焉，则演剧一事，尤为迷信民心之端矣。"⑤ 在花塔村之后，接着便是晋祠地区性的九月三日"秋成报赛送龙神"的重要节日，这时浇灌季节已过，各村百姓要"抬阁"恭送龙王归山。为感谢龙王恩泽，"晋祠农民演剧致祭黑龙王神于三圣祠。前一日自纸房村恭迎出神像至献殿"，并祝文："惟神泽润桐封，膏流晋田，雨旸时若，夙彰孚应之灵，年谷顺成，溥贺丰穰之庆，仰神庥之丕著，爰典礼之攸崇。"初四日，晋祠等十数村会集文昌宫，公议送龙王入山的日期，并于第二天张报

---

① 常原生、宋乃忠：《晋祠民俗》，第218页。
② 刘大鹏著，慕湘、吕文幸点校：《晋祠志》卷28，第734页。
③ 刘大鹏著，乔志强标注：《退想斋日记》，第235页。
④ 刘大鹏著，慕湘、吕文幸点校：《晋祠志》卷7，第187页。
⑤ 刘大鹏著，乔志强标注：《退想斋日记》，第171页。

于南堡，恭送龙王入天龙山。① 至此，全年对各水神的祭祀活动大体结束。

除了晋水水神、龙王等自然神灵外，在晋祠地区的民间信仰中，还有一位特殊的神灵，接受着村民的顶礼膜拜。这位神灵就是花塔村吃百家饭长大的孤儿张郎，张郎与柳春英一样都是人物神。相传很久以前，晋水南、北两河村庄经常因争水引发纠纷，甚至不惜通过械斗的方式解决问题。据记载："北宋嘉祐年间，当地冬春天连旱，直至立夏了还滴雨未落，晋祠三泉的水量明显减少。于是南、北两河村庄为争水抬着棺材进行械斗，县官出面调解，并约定在难老泉边燃起柴火上置一大油锅，待锅中的油沸腾后，投入代表十股泉水的铜钱，南、北两河村庄双方同时派人捞取，捞取几枚铜钱便可得到几股泉水，用此方法来分配南北两河的泉水水量，以平息双方的争端。"② 这一事件在当地百姓中至今还耳熟能详："看着热气腾腾的油锅，参加争水的两河民众面面相觑，北河人群中的一位年轻人跳入沸腾的油锅，用尽浑身力量捞出七枚铜钱，而后壮烈牺牲。于是县官判定以晋水三、七开的水量分给南、北河村庄。难老泉前面石塘中的'人'字堰和'三、七'分水石堤就是这样建立起来的。北河沿岸各村百姓为了纪念张郎，就在分水之处修了一座小石塔，并将张郎的侠骨埋在塔的下面。"每年清明时节，北河各村的百姓都要齐聚在晋祠难老泉前面石塘中三、七分水的石塔边，祭奠这位跳油锅捞铜钱的英雄。

在传统社会中，自然禀赋是农业生产的先决条件，水到渠成反映出中国历史时期以自然为中心的农业思想，以晋水为主要灌溉水源的稻作生产，进一步阐释了农业生产与自然的关系，而在晋水区域历史发展的进程中，当地的自然资源还与文化信仰构成了一种平行的关系，并成为社会生产、生活的重要内容，"万物莫不以水生焉"，作为晋水流域社会历史共同的基础，"一方水土与一方神灵"是当地社会的一个主要特征。

---

① 刘大鹏著，慕湘、吕文幸点校：《晋祠志》卷 8，第 201、203 页。
② 行龙：《晋水流域 36 村水利祭祀系统个案研究》，《史林》2005 年第 4 期。

民间文化与区域社会历史研究

  碛口镇位于山西省临县城西南48公里处，是一座依吕梁山襟黄河水的古朴小镇，其古为军事要塞，在清朝中叶至民国年间凭借黄河水运一跃成为我国北方著名的商贸重镇。碛口镇的繁荣缘于大同碛的惊险，大同碛是位于黄河中游的一段落差近10米、长500米的暗礁，货船到达这里后因水急浪高难以通行，所以由黄河运来的物资到达碛口后，须转陆路再运到太原、北京、汉口等地，于是碛口镇便成为黄河上一个著名的水旱码头。据民国《临县志》记载，民国五年（1916年）碛口镇挂号的店铺有204家，主要经营粮食、麻油、盐碱、皮毛、药材、钱庄等六大行业，碛口黄河码头日渡船只50余艘，装卸货物上百万斤，市面货币流通额达150万元。[1]仅"集义兴""义生成"两个商号一年经由碛口转运的甘草就达350万公斤。除本地商人外，祁县大盛魁商号、平遥大德通票号、太谷广誉远药店在碛口都设有分号。[2]在碛口镇兴盛繁荣的200余年间，其商业影响北达宁夏、内蒙古，南到两湖、广东地区，西到甘肃、青海，东到京津地区。

一、现存民间文献资料介绍

  关于碛口的最早文献记载出现在《隋书》中，当时碛口是被记作黄河边

---

[1] 临县志编纂委员会编:《临县志·山川》，成文出版社1917年版。
[2] 王洪廷编著:《碛口志》，山西人民出版社2005年版，第67页。

上的一个军事要塞，①而世人对碛口的关注则更多的是在清及清以后的志书中，光绪《永宁州志》《保德县乡土志》，民国《临县志》，1994年版《临县志》等书中都有记录。还有一些关于碛口的商业资料散见于《宫中朱批奏折中所见乾隆时的粮食调剂措施》②《山西巡抚刘于义为筹划将口外之米以牛皮混沌运入内地奏折》③《河津粮食志》④《平、祁、太经济社会史料与研究》⑤等档案和书籍中。这些文献资料从不同角度记载了碛口的历史、地理及民间文化，为我们了解碛口镇提供了一个宏观视野。但是，志书及文献资料对古镇的历史发展多是一笔带过，或窥见一斑。古镇的社会、经济、文化历史往往得不到应有的关注，因此，留存在村落中的民间文献资料就成为诠释古镇社会历史的一个重要组成部分。笔者在碛口镇调查过程中主要获得了以下方面资料。

一是建筑资料。临县地处黄土高原腹地，因此碛口镇及其周边村庄保留着大量窑洞式建筑，这些建筑在形态、构成及功用等方面体现了不同的功能。例如，碛口镇留存的古建筑以商业铺面为主，许多商店是北方特有的三开间一门两窗式铺面，还有的采用南方常见的活动板式门，大的商铺后面还带有仓库。一些建筑至今还保留着旧商铺的店名，如"协图店""世衡昌""锦荣店"等。碛口镇东面的西湾村则是在陈氏住宅基础上形成的一个古村落，陈氏家族清代时在碛口经商致富，居住至今，已历经300余年，繁衍了11代子孙，发展到拥有三十几座宅院的村落。在这些宅院中至今还留有"源远流长"（同治甲戌季春）、"龙飞鱼跃"（光绪年间）、"笃庆锡光"（民国年间）等晚清、民国时期的匾额。⑥以上建筑布局及遗留的门额、牌匾对研究

---

① 参见杜国经主编：《二十五史》第5册，中州古籍出版社1998年版，第6页。
② 葛贤惠：《宫中朱批奏折中所见乾隆时的粮食调剂措施》，《历史档案》1988年第4期。
③ 《山西巡抚刘于义为筹划将口外之米以牛皮混沌运入内地奏折》，《历史档案》1995年第2期。
④ 河津粮食局编：《河津粮食志》，内部资料，出版地不详，1988年版。
⑤ 史若民：《平、祁、太经济社会史料与研究》，山西古籍出版社2002年版，第627页。
⑥ 笔者于2004年9月在临县孙家沟村所做的田野调查。

碛口镇商业及地方社会的形成都具有很高的历史文化价值。

二是碑刻资料。碛口镇黑龙庙现存有乾隆二十一年（1756年）、道光二十七年（1847年）、民国五年（1916年）及民国八年（1919年）四通石碑，这四通石碑的碑文记载了碛口镇形成与发展的历史，并反映了其商业鼎盛时期店铺林立的状况，如民国八年（1919年）《重修黑龙庙碑》碑文有如下记述："本镇共有施银商号219家，汾州府、祁县、孝义、文水、介休、临县、绥德等施银商号共142家。"此外，在碛口镇周边村落还留存有《新修高家塌东三重崖石路碑》（1773年）、《李家山重修天官庙碑》（1866年）、《小垣则村新修长虹桥碑》（1918年）等碑刻。这些碑刻对于了解碛口的历史文化、商贸交通都具有极高的参考价值。

三是民俗资料。作为黄河上的一个贸易重镇，碛口镇民间还保留着一些商贩当年的经商习俗、节日的祭祀习俗、餐饮习俗以及能够反映出当地社会生活的幌子、招牌、对联、榜示、祭文、吊则、坟谱、金兰谱等民俗资料。

四是谱牒资料。有《青塘王氏家谱》《李家山李氏家谱》《西湾陈氏家谱》等，这些家谱记录翔实，内容有据可查，对于研究碛口镇的历史来说是十分宝贵的资料。

五是口述资料。关于碛口的传说非常多，例如"黑龙庙的由来""乔家与碛口""荣光店兴衰记""油篓商战"等传说在碛口流传得都很广泛。临县伞头秧歌、道情、盲人三弦书以及散落在民间的商业账册、契约执照、商号书信[1]等资料也都记载了碛口镇丰富的社会历史。这些资料对于碛口镇及晋商文化的研究都有极高的学术价值。

---

[1] 碛口镇陈德照先生收藏。

二、民间文化与碛口镇的社会历史

有关碛口镇的形成,在文献资料中有两种不同观点。第一种观点认为碛口镇的创始人是陈三锡。据《西湾陈氏家谱》记载,"陈三锡生于康熙二十四年(1685年),卒于乾隆二十三年(1758年)。三锡秉承父业曾在康熙年间从北口(河套一带)运粮到碛口,当地农民为解粮荒之急用土地换粮食,陈三锡拥有了碛口大片土地,在碛口开设了三十多所商号,至此碛口形成市镇"。第二种观点是据民国六年(1917年)《临县志·山川》记载:"碛口古无镇市之名,自清乾隆年间河水泛滥,冲毁县川南区之侯台镇并黄河东岸之曲峪镇,两镇商民渐移积于碛口;至道光初元,商务发达,遂称水陆小埠。"[1] 这两种存在一定的争议:碛口是在康熙年间就已形成贸易市镇,还是道光初年以后才出现商务发达的景象?从现存文献中无法找到正确答案。但是,有关修建黑龙庙的传说引起了笔者的注意,传说黑龙庙建于明代,是碛口人用黄河上漂来的木头,修建了这座庙,最早的黑龙庙规模很小,不过"创庙三楹"而已。乾隆二十一年(1756年)《重修黑龙庙碑记》记载,当时黑龙庙"荆棘丛生于阶,瓦砾狼籍于庭",并未得到人们的重视。而距此仅5里的侯台镇却因商贸繁荣,镇上寺观云集,供奉着"关圣帝君""元始天尊""灵宝天尊""财神""观音菩萨"等诸多神灵。[2] 另外,在距碛口镇北约120里的曲峪镇此时也是黄河上的一个商贸重镇。传说当地曾有十八座庙,供奉着"关公""财神""河神""龙王"等十八路神仙。[3] 可以说各路

---

[1] 临县志编纂委员会编:《临县志山川》,台北成文出版社1917年版。
[2] 王洪廷编著:《碛口志》,山西人民出版社2005年版,第237页。
[3] 笔者于2004年11月在临县曲峪村所做的田野调查。

神仙保佑着侯台与曲峪的兴盛与繁华，但是乾隆十五年（1741年）黄河发的一场大水却将两个镇几乎夷为平地，然而同样经历了大水的碛口却安然无恙，人们将功劳归于镇上黑龙庙中供奉的龙王，于是规模不大的黑龙庙引起了人们的关注。"每当风雨骤至，波涛忽惊之倾，则人人怆惶，呼神欲应，夫是以演歌舞，供牺牲，祈灵于兹庙者，踵哉相接！"① 黑龙庙取代了侯台与曲峪被冲毁的寺庙成为人们祈求神灵、寄予希望的精神天堂。乾隆二十一年（1756年）黑龙庙的扩建与重修正是迎合了这一要求。"今募缘增修，两旁隙地营建砖窑若干眼，而竖钟鼓楼于其上，其下立山门，修垣墉，鸠工庀材——补前所未建，虽其体制隘小，而视前荒凉冷落之况，焕然改观……四时香火永无歇绝，则今日之遥为厚望也夫。"②

黑龙庙位于湫水河与黄河的交汇处，按民间习俗水口附近都会修建庙宇，而这些庙宇的修建一般都会附着一些传说。这类传说通常有极其相似的四个要素：处于生存窘境的人、水、水面漂浮来的异物和该异物的灵验。③如果以此判断为标准，关于黑龙庙的传说应是在乾隆二十一年（1756年）才构建完成的，遭黄河大水后"处于生存窘境"之中的侯台镇与曲峪镇的商人、黄河水、水上漂来的"异物"木头是构成传说的三个要素。黑龙庙的重修如同黄河岸边神灵的再塑造，人们希望黑龙庙中所供之神能够"灵验"，因此黑龙庙成为周边地区的信仰中心，黄河岸边的商业布局也随之发生了变化，碛口镇替代了侯台镇、曲峪镇成为黄河岸边一个新商埠。确切地说，碛口镇的形成应以乾隆二十一年（1756年）黑龙庙重修为标志。此后100年间，碛口镇迅速发展成为连接黄河中上游地区与山西中部、华北内陆、京津地区重要的"水旱码头"。道光二十七年（1847年）再次重修黑龙庙时，庙中的龙王已是恩泽四方的神灵，此时黑龙庙的影响力已不再局限于碛口镇的

---

① 《重修黑龙庙碑记》，乾隆二十一年（1756年）。
② 同上。
③ 岳永逸：《乡村庙会传说与村落生活》，《宁夏社会科学》2003年第4期。

居民中，许多与碛口有商业往来的外地商号也祈求黑龙庙中的诸神来保佑他们财运亨通。道光二十七年（1847年）重修黑龙庙的施银者中除有碛口镇本地商号外，还有包头、汾府、平遥、介休、孝义、灵石、柳林镇、吴城镇、大麦郊、双池镇、军渡、薛村等地商号。随着碛口镇商业的发展，黑龙庙的影响力也在不断地扩大。民国五年（1916年）重修黑龙庙时，西包头、河口、河曲、保德、府谷、下三交等外地施银的商号有129家。[①] 时隔三年至民国八年（1919年）重修黑龙庙时汾州府、祁县、孝义、文水、介休、临县、（今陕西）绥德等外地施银商号就增加到172家。[②] 可以说碛口镇商业繁荣、商家财源广进，是因为河上飘来的"异物"显灵了，庙中所供奉的"龙王"成为"异物"的化身。黑龙庙被不同地域、不同行业中更多的商家所认同，众多商贩到黑龙庙烧香许愿，祈求"龙王"保佑买卖顺利。

早期的黑龙庙有三间殿堂，主殿供"龙王"，"风神""河神"居于左右。清咸丰年间，汾州府通判驻碛口镇督办粮务，结果得了重病。按照当地的习俗，通判买了三只羊到西咀岔村的华佗庙求医问药，通常进庙后求神者要在华佗的神像前用冷水浇到每只羊身上，如果羊有反应则表示神灵答应了祭主的请求。而通判带去的三只羊在这一仪式中却丝毫不动，于是通判在华佗像前杀羊许愿：如果神仙能治愈他的病，他就在碛口镇为华佗修建庙宇塑金身。通判许愿后不久病果然好了，于是他就利用职权在黑龙庙的上方建起一座庙供奉华佗，成为黑龙庙的上庙。[③] 时至今日，碛口镇每年农历七月初一起都要在黑龙庙唱戏三天，供敬华佗。通过对这个传说的释读，我们可以看到官方势力在碛口镇确立的过程：咸丰三年（1853年）汾州府通判开始常驻碛口镇负责督办黄河漕运事务，咸丰九年（1859年）山西筹饷总局又将"西路总卡"设在碛口镇，负责征收百货"厘金"和药料"税银"。驻"通判"

---

① 《重修黑龙庙碑记》，民国五年（1916年）。
② 《重修黑龙庙碑记》，民国八年（1919年）。
③ 陈志华：《古镇碛口》，中国建筑工业出版社2004年版，第46页。

与设立"西路总卡"的时间与传说中华佗庙建立的时间大致相同,都是在咸丰年间。在"修建华佗庙的传说"中人物角色的选择具有很强的特定性。为什么会是"通判",而不是其他人?因为只有通判才敢许下如此大的愿,也只有他有能力还这么大的愿。因为通判是官方的代表人物,黑龙庙上庙的修建无疑是官方势力在碛口镇确立的标志。而通判为华佗建庙为什么没有选择其他地方,而是选在黑龙庙上庙的地址?此时黑龙庙由于它的"灵验"已成为远近闻名的神庙,它的影响力是碛口任何一个地方都无法超越的。

官方将华佗庙选在这里,不但代表着官方势力的出现,而且是对碛口民间信仰的一种认同。据当地传说,黑龙庙上庙不但供奉着华佗,而且供奉过关公,因此上庙又被称作关帝庙。民间信仰中华佗与关公都是一种道德原理的化身。华佗医术高明、治病救人。关羽重义气、讲信用,特别得到商人的敬重。这两个神灵在碛口的出现,打破了黑龙庙单纯以自然神为崇拜的模式,成为碛口新的象征。尤其是被晋商奉为财神的关帝,其一度还坐上了上庙的正位,接受着南来北往商人的膜拜、赐给他们金银钱财。通过对黑龙庙和碛口民间传说的诠释,我们可以发现在人们的精神世界中也同样有一个碛口镇形成、发展的历史。在这个精神世界中,黑龙庙是中心。1940年,临县成立抗日民主政府,由于军需,上庙被拆,关帝被移至下庙正殿右耳殿,左耳殿供奉华佗。"1942年,在陕西葭县一二零师兵工厂又派兵来拆下庙,碛口商会会长刘开瑞牵头,会同地方士绅齐心协力使下庙幸免于难。"[1]一座神圣的殿堂被保护下来,使留在人们记忆中的一种符号得以延续。

---

[1] 王洪廷编著:《碛口志》,山西人民出版社2005年版,第237页。

三、余论

民间文化是人类集体行为和思维在其直观感知的生活世界的一种构形，是人的行为和所处的生态时空背景相互作用、相互阐释的一种现象。[①] 因此，保留在村落历史文化中的"民间文化"体现出中国传统文化中最丰富多彩的一面，它是来自底层社会中最朴实的文化，不但带有泥土的香味，而且是了解中国社会与历史的一把钥匙。而对于文献资料极其不足的古村镇来讲，庙宇、碑刻、传说等丰富的民间文化就成为村落历史的主要载体，它们记载的内容实际上就是古村落的"集体记忆"，而对村落"集体记忆"的解读，有助于我们更深刻地理解乡村历史的"事实"或内在脉络。[②]

[①] 江帆：《生态民俗学》，黑龙江人民出版社 2003 年版，第 277 页。
[②] 陈春声：《乡村故事与国家历史》，载黄宗智主编《中国乡村研究》第 2 辑，商务印书馆 2003 年版，第 14 页。

抗日战争时期太行根据地的冬学运动

一、冬学运动（1941—1945）[①] 开展的背景

（一）1941年后根据地的形势

中国的抗日战争进入1941年之后，国际形势发生了变化，在世界反法西斯战场上出现了对同盟国十分不利的局面，这一局面严重影响到国内抗战局势。地处敌后战场的抗日根据地，在敌伪势力步步进逼、国民党反动派变本加厉的破坏下，又遇到了前所未有的自然灾害，进入了严重的困难时期。这是抗战中敌后抗日根据地经受的最为严酷的考验。为了提高广大干部及人民群众的政治思想觉悟，使他们更好地了解和执行中国共产党的政策，增强克服困难、争取胜利的信心，中共中央要求全党加强对根据地民众的教育工作，特别是针对时局变化的教育。

太行根据地的广大农村地区，地处对敌斗争的第一线，敌我势力的斗争更为严峻。根据地的大部分地区是山区，以农民为主，传统的农村教育是极其落后的。抗战前，晋冀豫区的文盲占全部人口数的95%—97%。要在这样一个文化水平低、文盲众多的地区开展政治教育工作，提高本地区民众的抗日意识，其难度可想而知。这些困难情况在群众中产生了害怕"变天""抗日积极性降低""不愿生产劳动"等思潮，这一现象的出现对根据地的巩固及扩大抗日民族统一战线产生了消极影响。如何使根据地广大群众认清形势、克服困难、树立必胜的信心，成为摆在根据地政府面前的一个迫切问题。

---

① 边区教育厅：《冬学手册》，山西省档案馆（革命历史档案）藏，档案号：G3-181。

（二）冬学运动的动员与组织工作

太行根据地的广大农村地区，地处对敌斗争的第一线，敌我势力的斗争更为严峻。根据地政府依据中央指示，加大冬学组织力度，适时地在群众冬学运动中展开反对"变天"、认清形势、增强信心的社会教育。在边区教育厅编印的冬学运动宣传大纲中指出，"今天中国对日的民族革命战争，要求得最后的胜利，广大群众必须在政治上有深刻的认识与觉悟，有坚定的胜利信心，共同奋斗才能有保证和把握。开展冬学运动，不仅要提高人民的文化水平，并且要在文化水平的提高上去加强人民对政治的认识与觉悟，使他们对最后胜利更有信心"。"目前的抗日战争已走上更接近胜利的阶段，但同时也到了更困难的关头。国内的汪派汉奸和反共的亲德意顽固份子，都积极地从中破坏抗战，敌人的政治阴谋也更加毒辣，千方百计地加紧对中国人民的欺骗麻醉，因此，要广大人民不中敌伪汉奸的阴谋诡计，只有积极开展冬学运动，提高人民文化水平和政治水平才有可能"。[①]

为了克服根据地的困难，进一步发动群众，太行区政府对冬学工作非常重视。1941年10月8日，边区政府发布命令，"要求各地从本年11月15日起开展冬学运动，目前应立即进行训练干部、登记文盲、准备课本等工作，并要动员群众踊跃上冬学"[②]。县、区政府适时地开展冬学教师训练班，组织教师学习方针、任务、政治时事和教材教法，推动冬学按期开学。边区政府对冬学的工作要求。第一，每个行政村必须建立一所冬学。村公所所在村必须设立，机关部队所在村必须设立，每区必须办一个模范冬学。第二，冬学预备期为一个月，每年十一月上半期为宣传期，下半期为集训教员及动员民众入学期。第三，各小学应设立冬学儿童班，动员学龄儿童入学。第四，冬学所在地周围五里内各村15岁到45岁的民众，人人都要入冬学。第

---

① 边区教育厅：《冬学手册》，山西省档案馆（革命历史档案）藏，档案号：G3-181。
② 皇甫束玉：《中国革命根据地教育纪事》，教育科学出版社1989年版，第208页。

五,不识字的冬学学员至少要识 100 字;识字 100 以上者,应新识 200 个生字。每个学员要学会 6 支歌,至少唱熟两支新歌。第六,一般冬学以政治课为主、文化课为辅,模范冬学学员必须完成识字要求。第七,组织宣传活动,办黑板报、读报组、业余剧团等。① 冬学的组织形式不强求统一。群众中各种各样的组织,比如农会小组、佃户小组、互助组、纺织组、运输队、民兵小组等,从组织上把冬学和实际工作结合起来。除此之外,还有大小冬学、巡回冬学、一揽子冬学、流动冬学等灵活多样的冬学组织,这些组织方便了群众,扩大了冬学的教育对象,激发了群众的革命热情,提高了群众觉悟。② 冬学教育成为太行抗日革命根据地卓有成效的社会教育运动,这一运动深入根据地农村的各个角落,为抗战期间组织动员群众、扩大统一战线巩固抗日根据地起到了积极的作用。

二、以左权县上庄村为例的太行根据地的冬学运动

我们从左权县上庄村冬学历年的发展状况可以看到群众对冬学的认识变化。上庄村位于左权边沿区,人性顽强好斗,文化工作从不开展,全村 128 户、512 口人,仅有知识分子 10 人,文盲占全人口 79.5%。1938 年前上庄村一般人对共产党的认识可综合为三点:(1) 不是正统,不能成事;(2) 没有力量;(3) 抗战中,国共合作不可能长期存在。1939 年在政府号召下,在夜校基础上开办了冬学。群众当时对学习文化的信心很少,政府也任其随便入学,妇女在整个冬天仅利用开会上过一二次课,课程是灌注式的,也出现

---

① 山西省史志研究院:《山西通志·教育志》,中华书局 1999 年版,第 613、615 页。
② 左权县政府教育科:《左权县上庄冬学历年发展状况》1945 年 10 月 21 日,山西省档案馆(革命历史档案)藏,档案号:A166-1-40-2。

上课睡觉以及说闲话等现象。1940年冬学虽按不同要求重编了班,但上课入学仍如1940年一样混乱,整体来说本年冬学由于与政权关系不密切,加之群众对冬学上课的积极性不高,使得冬学限于消沉。

1941年开展冬学的环境有所改善。(1)河北民军被斗逃走,群众感受到了八路军的力量。因之群众都被动员起来了,以往是被迫入学,该年变成自愿入学了。(2)为办好冬学,政府调来得力干部当义教。(3)从未上过冬学的三个高校生自动加入冬学上课,成为冬学骨干,推动了不少人的学习。(4)县区干部注意了冬学的领导工作,印发指示。抗战小报上也刊登冬学材料,特别是村干部到村工作时抽空代课,给了群众很大鼓舞。青壮年也愿多上些政治课,了解些时事问题,证明抗战必胜。不过,在本年冬学中也存在一些问题:群众感到课本上尽是民兵故事,觉得枯燥,另外特务们对冬学进行了破坏,动摇了学员的学习情绪。

1942年经过减租减息运动,大部分群众的生活得以改善,进一步有了提高自己的要求,学习情绪便随之高涨起来。村冬委会组织由村长、武委会主任、各救宣传学校校长、义教等组成。空前的学习热潮也对一部分群众起了推动作用。群众热情不断高涨,学校添置了黑板、教桌并在教室内贴满标语。本年政治课、文化课一般内容和中心工作密切结合,同时在课堂内也有了热烈的讨论,改变了以前先生讲学生听的教学法,收到了较好效果。冬学在1943年就更加活跃了,不但青壮年人数超过上一年,老年男女也要求听课了,有个别的夜间还扶杖参加,尤其通过反特务工作后,政权工作得到巩固,群众认识也敏锐了。这时教学又着重于教法,教材也充足,不少人早早就问上啥课。冬学中发现了模范夫妇五对,他们课后回家还争论问题,甚至有的半夜醒来也互相问答。最大收获是使一些人明白了民主政府不但不反对富农经济还要发展他们,以前他们认为成为富农就有被斗争的危险,因而不愿发展生产。本年冬学通过讨论,改变了这种错误思想,大大团结了社会各阶层,给翌年大生产运动奠下了牢固的基础。本年经过冬学拥军献礼洋七千余元、羊三只和其他物品甚多,该村成为一区拥军的模范村。1944年冬学偏重于生产教育，教材亦多系互助组材料自编。村里组织了生产互助大队，按互助组编制教学，失学儿童组织了儿童班。文委会帮助陈治充等三个模范互助组，将生产与学习相结合，（这种活动）推动影响了十八个组，逐渐形成随时随地经常露天学习的习惯，群众对这种学习很满意，觉得既不耽误养种又学了东西。①

随着冬学运动在根据地农村的大规模开展，农民群众的思想觉悟不断提高，冬学教育内容由开始的认清形势、转变思想，逐步发展成与生产、生活相结合的民众教育运动。根据地政府对冬学的学习内容、课程和教材安排等方面也做了相应调整。

三、太行根据地"冬学"运动与"继承传统"的再思考

抗战时期根据地的"冬学"运动是一次具有全民性质的社会变革，它通过冬学这一农村中的传统学习形式，将形势政策宣传到根据地群众当中，不但提高了当地群众学习的积极性，为扫除文盲、提高群众文化水平奠定了基础，而且是中共在一个落后封闭地区改造社会传统的一次成功尝试，同时也成功地建构了中国传统文化，使植根于华北乡村社会中的"冬学"获得了新的语境。陈序经先生曾经说过："中国的问题，根本就是整个文化的问题。"对传统文化的认同、改造、否定一直是近代学界争论的焦点，并形成"复古派（主张保存中国固有文化）、折衷派（提倡调和办法中西合璧）、西洋派（主张全盘接受西洋文化）"三大派别。②这其中无论哪一派，他们所注

---

① 左权县政府教育科：《左权县上庄冬学历年发展状况》1945 年 10 月 21 日，山西省档案馆（革命历史档案）藏，档案号：A166-1-40-2。
② 陈序经：《中国文化之出路》，载罗荣渠主编《从西化到现代化》，北京大学出版社 1990 年版，第 249 页。

重的都是精英阶层所需要的阳春白雪，忽略的正是中国底层社会的草根文化，处在中国底层社会中的农村成为人们视野中的盲区。中共利用"冬学"对根据地草根文化进行"改造"与"建构"，实质上是对传统文化的继承与发扬。

"改造"是对"冬学"学习内容进行有针对性地改造，主要是改变了以往冬学中只是识字、学习文化、读故事这些单调的内容，同时还将形势政策教育增加到冬学内容当中，目的是在抗战困难时期，根据地群众文化素质普遍不高的情况下，有利于提高农民对抗战的认识，树立抗战胜利的信心。另外是对冬学话语权的改造，将民众话语改造为官方话语，再将官方话语改造成民众话语。1941年冬学运动开始之前，太行边区各级政府发布通知，具体部署冬学运动的方针、任务和实施办法，组织冬学视察团，到各村视察指导工作。区、县政府适时地开展冬学教师训练班，组织教师学习方针、任务、政治时事和教材教法，推动冬学按期开学。教师通过不同的教学方式，将抗战的形势、政府的政策、当前的任务等内容灌输到广大群众的思想当中。经1941—1943年的冬学运动，根据地群众切身体会到上冬学带来的好处，并以自己的亲身经历成为冬学中的教育者。

"建构"是指冬学运动与根据地减租减息相结合，使中央及根据地政府的政策、法令通过冬学教育在根据地农村社会得到实践，它解决了部分农村中存在的问题，切实地维护了广大农民的利益。"（平东）沿庄冯更会租孙云地一亩九分，每亩产粮九斗，前年减租定了5年租约。孙云因为不能收过去的重租，同时又不愿出钱修大水渠，因此今年秋天把地出卖给别人，另找来一亩二分坏地租给冯更会，既没写租约，也没有商定租额。冯更会是个老实农民，不懂法令，感到人家说怎就怎吧。到秋后种上麦子了，地主又想逃避负担，想把这地当给他。但冯更会当不起，地主又想当给别人。这时冯更会感到再不能忍受，但自己也不知该怎样。经冬学讲了减租法令后，冯更会女人在冬学中向大家提出这个问题。经大家讨论后，一致认为这是地主孙云抵抗减租，逃避负担，欺骗佃户。当时孙云也向大家承认自己这一切错误，另换好地二亩给冯更会并且换了新租约。通过冬学还解决了某地主侵夺佃户柿子等多个问题。"[1] 传统的冬学运动在被改造后,建构起一座政府与乡村群众互动的平台,在这个平台上政府与农民超越了非此即彼的二元对立语境,从两者共存的现实出发走出一条互动的道路。这条道路既解决了农民生活中的实际困难,又使根据地人民成为"生产的人民也是战斗的人民"[2]。广大人民群众与根据地政府共同克服了1941年后遇到的困难,为抗战的最后胜利奠定了群众基础、思想基础。

---

[1] 《沿庄地主非法夺地,冬学解决了》,《新华日报》(太行版)1944年1月5日。
[2] 太行第三专员公署:《冬学通讯》,山西省档案馆(革命历史档案)藏,档案号:G3-142。

20世纪40年代山西冬学与乡村社会

北方的农民群众自古以来就有利用冬季农闲时节识字读书的习惯。"冬学"一词最早见于宋代陆游的《秋日郊居》一诗："儿童冬学闹比邻,据案愚儒却自珍。授罢村书闭门睡,终年不著面看人。"其自注:农家十月,乃遣子弟入学,谓之"冬学",所读《杂字》《百家姓》之类,谓之"村书"。① 至清末,冬学已发展成为山西农村中普遍的文化教育方式,农谚"天寒地冻把书念,水暖花开务庄农",反映的正是这样一种悠久的历史文化传统。

抗日战争爆发后,中共中央提出"文化教育应为抗日战争服务"的方针。山西根据地政府针对当地农民群众文化水平偏低的状况,一面通过冬学教育开展"识字明理"的文化普及工作;一面利用这一群体学习的方式开展民主选举、变工互助、改造二流子、废除缠足等乡村社会的治理工作,使冬学这一传统的文化教育方式成为改造农村社会的场所。

作为根据地乡村中"最大量、最经常、有效果的一种社会教育形式"②,根据地政府通过一揽子冬学、巡回冬学、流动冬学、家庭冬学等机动灵活的学习形式,在教育民众学习的同时协助村民解决了房产、耕牛、犁具、婚姻、债务乃至夫妻、婆媳、邻里纠纷等与其切身利益相关的问题。这种形式多样、内容"闲杂"的文化表达方式成为中共乡村社会治理的重要手段和主要内容。根据地时期的冬学已不仅仅是传统意义上的"敲锣上学,念书识字",它使农民群众在学习文化的同时树立了新的价值理念与社会标准。

---

① 苗春德:《宋代教育》,河南大学出版社1992年版,第82页。
② 董纯才:《中国革命根据地教育史》第2卷,教育科学出版社1991年版,第222页。

有关根据地区域社会史的研究，学界从政治、经济方面做了较多探讨，以文化变迁为视角的研究则较少，而文化教育的成功是中国革命成功不可缺少的一个部分，1949年12月5日教育部《关于开展1949年冬学工作的指示》一文中称："解放区十余年的经验证明，农村冬学是团结教育广大农民的有力武器之一。"所以这一研究领域应引起我们充分的关注。与军事斗争和暴力胁迫不同，中国共产党运用冬学对乡村社会进行改造的方式，是依靠乡村社会中的文化张力来完成的，是发生在乡村社会中静悄悄的革命，所以通过这一研究路径可以凸显文化变迁在区域社会发展中的意义。本文的研究资料主要是采用山西根据地农村冬学调查报告、冬学典型村的资料以及各行署、县民众教育工作总结，并借助于各根据地政府出版的报刊、杂志中有关冬学工作的报道，选取冬学中具有代表性的村庄作为研究对象，从冬学的承传与建构、冬学视野中的乡村社会等内容进行阐述，并重点对原生态历史场景下的根据地乡村社会进行全面的解读，从中梳理出根据地政府是如何因地制宜地通过文化建设来发动群众进行社会治理的路径。以上内容同时也从理论上为根据地区域史研究开拓了一个自下而上的视角。

一、多元性文化的建构，冬学的承传与发展

抗日战争以前的山西根据地农村由于地处偏僻，交通不便，基本处于封闭、落后的状态之中，劳动群众沿袭着旧有的生产方式，民众生活因循守旧，老百姓世代承传着小农社会中固有的乡土文化。"在这种社会里，生活乃至生产经验的承传，主要是依靠祖辈们的言传身教来实现的。文字的作用并非十分重要。由于经济落后，生活贫困，广大农民是没有机会读书识字

的。"① 这一地区的文盲占全部人口数的 95% 左右。② 要在这样一个文化水平极低的地区开展教育工作，提高本地区民众的抗日意识，其难度可想而知。然而，抗日战争爆发后，"平津沦陷，华北危急"，山西的广大农村地区成为抵抗日本侵略者的前沿阵地，如何将农民的生产与生活纳入民族救亡的体系当中，使每一个农民成为"保家卫国"的匹夫？如何改变这一地区农民传统意识形态中"国"与"家"二元对立的观念，使每个农民树立起"保家卫国"的观念？针对以上方面的问题，中国共产党着手对根据地农村传统的文化教育方式——冬学进行改造。

根据地政府首先是改变了传统冬学"教授《三字经》《百家姓》、读故事等单调的内容"③，将冬学与民众的生产生活结合起来。静乐县农村妇女王丁香，因为不识字，曾被地主多收了地租。冬学开展后（1941 年），"王丁香两个月时间认识了 270 个字，并读懂了地租契约、房屋契约等文书，她认识到公家叫咱翻身，咱没本事也不行，总得自己学文化，公家帮助才能翻身"④。沁源县瓦窑村群众在冬学中买回算盘 16 架，学习"加减乘除"，并协助村民开展减租减息工作。新冬学改变了以往乡村冬学因循守旧的教育内容，引起了农民对文化教育的关注，激发起他们对知识的需求，吸引了大批农民自觉上冬学，并取得良好的效果。左权县上武村群众冬学情绪非常高，每次上课"人到得很多，义务教员有时无立足之地"，甚至"五六十岁的老翁、老婆婆也积极主动地参加冬学"。⑤ 长子县的丁家庄村经过 1941 年冬学，村民文化结构发生重大变化，冬学开展前，"在本村 15 至 50 岁的男子中，识 50 字以上的有 23 人，识 500 字以上的有 1 人，不识字的有 56

---

① 齐武：《晋冀鲁豫边区史》，当代中国出版社 1995 年版，第 360 页。
② 董纯才、皇甫束玉：《中国革命根据地教育史》（第 2 卷），教育科学出版社 1991 年版，第 426 页。
③ 江地：《近代的山西》，山西人民出版社 1988 年版，第 550 页。
④ 《静乐县冬学总结》，山西省档案馆藏，档案号：A140-1-6-1。
⑤ 《左权县 1943 年度冬学总结》，山西省档案馆藏，档案号：A166-1-33-2。

人，妇女 15 至 45 岁的共有 83 人，识 50 字以上的有 6 人，100 字以上的只有 2 人，不识字的有 75 人"。冬学开展后，"男子识 50 字以上的增加到 57 人，识 500 字以上的增加到 11 人，不识字的只剩 12 人，妇女识 150 字以上的增加到 37 人，500 字以上的增加到 5 人，不识字的人数比之前减少了 34 人"。① "保德县所有入冬学的学员，在一个半月学习中不但懂得了'民族战争''统一战线'等名词，而且有三分之一的学员对当前政治形势，也能有简单的了解。文化方面，每个人能认识 90 到 350 个字，此外还学会了 5 至 12 首抗战歌曲。"② 文化知识的普及成为农民民族意识觉醒的基础，在此基础上中国共产党适时地将时事教育纳入冬学之中，"其主要目的在于借此灌输与启发民众民族抗战意识，推进与加强他们的政治水平"③。在 1943 年各边区教育厅编印的《冬学宣传大纲》中指出，"今天中国对日的民族革命战争，要求得最后的胜利，必须使广大群众在政治上有深刻的认识与觉悟，有坚定的胜利信心。开展冬学，不仅要提高人民的文化水平，而且要加强人民对政治的认识与觉悟，使他们对最后胜利更有信心"④。时事教育成为冬学中农民"放眼看世界"的一项主要内容，"在学习中，群众反映过去只知道有陕甘宁和晋西北边区，不知道根据地已发展到几十个，八路军人数已达到数十万，因此要求教员多讲时事问题。这一现象反映出群众在翻身后已开始关心国家大事"⑤。

  与过去因循守旧的教学形式相比，根据地政府构建了灵活多样的冬学学习方式，这些学习方式既便于组织群众，又方便老百姓的生产生活。以晋西北农村为例，保德县袁家里村开展了"一揽子冬学"，这种学习形式是将生产与学习相结合，全村分别组成掏炭、背柴、合作社、民兵、纺织等五个小

---

① 晋冀行署教育科：《教育通讯》1945 年第 1 期。
② 莫川：《活跃的保德冬学》，《抗战日报》1941 年 2 月 5 日。
③ 《中共北方局给抗日根据地关于冬学运动的一封公开信》，《抗战日报》1941 年 1 月 21 日。
④ 边区教育厅编印：《冬学手册》，山西省档案馆藏，档案号：G3-181。
⑤ 《临南冬学教员训练总结》，山西省临县档案馆藏，档案号：A147-1-28-1。

组，以生产组织为单位进行学习。在学习内容上除进行政治教育外，还按不同的对象分别进行生产知识、练兵爆炸、识字、读报等文化技术的学习。偏关县石佛沟村开展了"巡回冬学"，由冬学教员每隔三四天巡回教学一次。这种巡回教学方式对于村子小、相对分散的农村来说是很好的组织形式。在游击区内的汾阳县农村组织了"流动冬学"，采用了"人走到哪里，冬学教到哪里"的教学方式，村民平时在村里进行教学，敌人进攻时转入地道或荒野进行流动教学。这种形式的冬学与民兵工作密切联系，教学内容与群众的对敌斗争相结合，适应了游击地区的环境。五寨县杨家湾村开展了"家庭冬学"。这个村以家庭手工造纸业为主，每个家庭都是一个小作坊，不易集中教学。"家庭冬学"在每个作坊设有识字牌，规定每天由专人教三个字，群众一面识字，一面造纸，学习生产两不误。此外各地还组织了冬学性质的夜校、读报组、识字班和剧团等。[①] 冬学教学形式的多样性适应了战时不同的乡村环境，文化教育渗透到了乡村中的每一个角落，这是在传统社会中私塾式冬学所无法比拟的。此外，根据地政府还建立了对冬学的评价体系，"在太行地区，每年都要进行冬学的评比工作，冬学大致可分为三种类型，第一类是组织形式灵活多样，上学人数占到全村人数 90% 以上，取得明显效果的模范冬学，这类冬学每年会给予一定的物质奖励；第二类是能坚持上课，人数未达到全村人数 60% 以上，教学效果不明显的冬学；第三类是普通冬学，开课次数不多，晚开早停，领导组织都不够健全，这类冬学必须进行整顿，力求达到第二类冬学的标准"[②]。制度体系的建立促进了冬学工作的开展。

随着冬学的深入开展，根据地的农民群众进一步表现出对时局浓厚的关注。"在冬学开办好的老区，群众听时事的要求十分迫切，上课前总是要求先读报纸，了解前方的战事情况。"左权、武乡等地的群众说"不听时事，

---

① 《晋绥边区 1944 年冬学运动总结》，山西省档案馆藏，档案号：A90-3-27-2。
② 潞城县教育科：《潞城县 1948 年冬学总结》，山西省档案馆藏，档案号：A206-2-16-3。

闷得不行"①。这一现象反映出旧中国农民中长期存在的封闭、冷漠、游离于国家政治生活之外的思想，已经被一种积极入世、勇于斗争的精神所取代，农民群众思想境界的提高不仅是中国革命所需要的，也是中国社会进步所急需的。

二、文化实践与乡村改造，冬学视野中的乡村社会

抗战爆发前的山西省各县县志对于当地情况多有这样的描述：地瘠民贫，男耕女织，与世阻绝，有些地方甚至保留着明朝的遗风遗俗。斯诺夫人海伦·斯诺在考察这一地区后曾写道："文明只是深深地潜藏在古代的窑洞里，躲藏在泥巴筑成的围墙后面，幸存在人们的心里，其一贫如洗、落后愚昧的惨状可见一斑。"随着抗日根据地的建立、发展、壮大，这块落后、愚昧、封闭的土地发生了翻天覆地的变化。那么在严酷的战争环境下，在一个以小农经济为主的社会中，中国共产党是如何将传统社会的文化因子纳入政权建设与社会变迁的过程中，并且以超然的力量来唤醒和组织民众完成乡村社会改造的呢？本文将通过以下内容进行论述。

冬学中基层组织体系的建设使农村社会权力结构发生了变化。农村中的冬学委员会多数由村长、村支书、农会主席等组成，他们是在新政权建立后"当家做主"的，保德县9个村的23个冬学委员会委员中，有贫农13人、中农9人、富农1人。②我们可以看到中共在构建冬学组织的同时，也为农村社会塑造了新精英阶层。与传统社会中的士绅相比，新精英是在政治背景中树立起来的，意识形态和国家权威是他们合法的注解，而传统冬学则

---

① 《太行区1948年冬学总结》，山西省档案馆藏，档案号：A52-4-41。
② 《保德二区冬学工作总结报告》，山西省档案馆藏，档案号：A137-1-19-5。

成为乡村精英取得民众认同的文化途径。他们遵循着"从群众中来,到群众中去"的原则,成为管理农村事务的主体力量。在"冬学开展较好的村庄(涉县王金庄、磁县白土村等),冬委会组织领导机构在土地改革、组织群众生产劳动过程中起了相当大的作用,新组织改变了老一套的组织机构和领导方法,吸收了更多的群众参与到农村事务的管理工作中"[1]。中共基层组织替代了旧的乡村管理机构,使政治与文化的影响力在民众的生产与生活中充分发挥。

在20世纪30年代中国开展的乡村建设中,学者出身的梁漱溟也曾试图从教育入手,对"乡学""村学"进行改造,以期实现乡村社会的变革。但其摆脱政府权力而由村民自己治理的方式,使得乡村社会治理过程中"主体失语",农民"所要求的有好多事,需要从政治上解决",但"没有解决政治问题的力量"。[2] 与乡村建设不同,根据地社会变革主要依靠的是政府的力量,冬学委员会将民众教育与社会改造相结合,对农村社会变迁起到了关键的作用。"减租减息工作开展后,河曲县五花城村佃户王大荣向地主邬清和提出减租,邬清和不但不减租,反说佃户欠下的旧账还没清算,经过冬学讨论,由农会联合群众去找地主说理,邬清和最终减了租。这一事件让农民看到了组织的力量。"在这里,我们看到冬学成为农村社会中改造群众思想与组织群众最有效的空间。政府还通过冬学将群众的力量纳入新的政权体系当中。"群众感觉到人少力量小,应当扩大自己的组织。在群众斗争中,将积极分子、忠实的农民吸收到农会中,静乐县金胜村仅在1942年冬学中就发展农会会员24个,妇救会员13个,后来又选出了自己爱戴的领袖。"[3] "根据对五寨县白草坡村、秦家庄、魏家窊村等五个村1086人的调查统计,村

---

[1] 太行五专署教育科:《1946年社会教育部分材料总结》,山西省档案馆藏,档案号:A69-1-8-3。
[2] 徐秀丽:《中国农村治理的历史与现状:以定县、邹平、江宁为例》,社会科学文献出版社2000年版,第10页。
[3] 《静乐县四五年冬学工作总结》,山西省档案馆藏,档案号:A140-1-6-6。

民中农会会员有 165 人，妇救会会员有 145 人，自卫队队员有 151 人，民兵有 43 人，变工队队员有 265 人，合作社员有 163 人。"①可以说农民群众成为乡村社会权力结构中的主体，并拥有生产生活中的话语权，成为"斗争的人民"，以其自身力量实现了乡村社会革命。②静乐县"石家庄村的群众经过冬学提高了对生产的认识，农会提出组织冬季生产，马上就得到群众热烈的响应，村民王二脸说：'以为共产党爱穷人，反对发财致富。今年才知道减租是为了老百姓，公粮条例订的是奖励生产，交的公粮可比以前（阎锡山统治下）少得多。'翻身村民强生贵在冬学中制订了生产计划，他说：'过去穷是因为受地主王德魁剥削无心情劳动，现在没人剥削了要好好劳动。大家确定了冬季生产以纺织、积肥、运输等工作为主，并在自愿的原则下，组成两个纺织小组，一个运输队，九个拾粪组，其余民兵自卫队担煤熬硝，村民劳动得热火朝天。'"③

美国学者杜赞奇认为，"证据表明共产党在中国获得政权的原因不只有一个，如地主所有制或帝国主义，如果要将其归纳为一条，这就是共产党能够了解民间疾苦：从殴打妻子到隐瞒土地，无所不知，从而动员群众的革命激情"④。乡村社会中婆媳关系是家庭生活中比较敏感而又复杂的问题，"人们普遍认为，婆婆酷待媳妇，是因为她当媳妇时也受到过同样的对待，酷待媳妇是为过去所受的委屈报复"⑤。河曲县巡镇村通过冬学搞好了婆媳关系，并巩固了婆媳"变工互助"。在巡镇冬学中，冬学教员了解到有几家婆媳关系不好，便在冬学中启发大家讨论这个问题："咱们带着孩子纺线织布，孩子看不好布也织不好，如果把婆媳关系搞好，婆婆看好孩子，咱们就可以专心

---

① 《五寨县冬学总结报告》，山西省档案馆藏，档案号：A138-1-32-5。
② 太行第三专员公署印：《冬学通讯》，山西省档案馆藏，档案号：G3-142。
③ 《静乐县四五年冬季工作总结》，山西省档案馆藏，档案号：A140-1-6-6。
④ 〔美〕杜赞奇：《文化、权力与国家：1900—1942 年的华北农村》，王福明译，江苏人民出版社 2004 年版，第 183 页。
⑤ 杨懋春：《一个中国村庄：山东台头》，江苏人民出版社 2001 年版，第 63 页。

织布。李玉梅和她婆婆关系很好,所以看孩子和织布两不误。李玉梅婆婆说:'我自上冬学后开了脑筋,你们明天把那些老婆婆亦叫来上冬学,我来帮助她们开脑筋,帮助媳妇看好娃娃,她们纺线织布能多赚钱,这是正经事情,好事情。'对于那些不来上冬学的顽固婆婆,冬学教员邬二同志与李玉梅的婆婆便到家里耐心劝说,王桂莲、段秀云等人的婆媳关系搞好后,现在一天织的布比以前翻了一倍。"[①] "婆婆不给看娃娃,媳妇无法从事纺织生产"的情景,正是农村社会中婆媳矛盾关系的一种反映。这一反映展现出根据地农村丰富的社会内容,与传统农村社会相比较,解放区农村妇女已获得解放,一方面她们想热切地投入劳动生产中;另一方面却无法兼顾家庭生活中所需尽到的义务,如何使妇女们从家庭中解放出来发挥更大作用,婆婆的角色转换成为打破习惯势力的一种无形力量。在河曲县巡镇冬学中,冬学教员将"李玉梅和她婆婆变工互助"的事例树立为改善婆媳关系和鼓励妇女纺织生产的榜样,得到大家的认同并在乡村社会中产生了"示范效应","李婆婆"模式的推广,一方面变革了乡村社会关系;另一方面提高了妇女从事劳动生产的积极性,使妇女地位发生了革命性变化。

冬学对根据地乡村社会的影响深入了各个层面。扭秧歌唱大戏是农闲时农民主要的娱乐活动。但旧式秧歌、戏曲主要宣扬的是才子佳人、封建迷信等一些较为低级的内容,起不到教育的作用。为此,根据地政府在冬学中组织群众以身边发生的真实事例进行自编自演,"五寨县瓦房村冬学中群众讨论了神鬼的来源,并自编秧歌剧宣传破除迷信。兴县胡家沟军民秧歌队的《刘铁牛转变》、临县碛口民众剧团的《回心转意》等以传统表演形式反映农村社会、农民生活变化的文艺演出深受民众的欢迎",群众在寓教于乐中对新社会产生了认同。这种新观念同时也体现出农民群众思想中"国家"概念的塑造过程,"石梁群众开始上冬学时有些人说,上冬学又上不来小米,顶啥事?老百姓的意思是说公粮负担重,后来经冬学宣传东北完全解放,郑

---

① 《河曲巡镇冬学典型材料》,山西省档案馆藏,档案号:A137-2-11-2。

州、开封等大城市解放后。群众才说，怨不得公粮重，地方大了，解放军多了，这和自家人过日子一样，人家大了，自然就花销（消费）多了，东山村没牙媳妇说：要想打胜仗，就需男女老少一齐上"①。抗日战争及解放战争期间，根据地妇女成为军队后勤保障工作的主要力量，她们积极地从事做军鞋、缝制军衣被的工作，仅晋绥边区临县的妇女1948年就为部队做军鞋15万双，缝制衣服和被褥5万套。②冬学中农民日常生活的政治化构建，使国家事务成为老百姓生产、生活中的一个重要组成部分。

通过冬学，我们看到20世纪40年代山西乡村社会中发生的巨大变化，以群众为主体的乡村政权成为乡村社会变革的主要力量，传统社会中的宗族、会社等民间组织被根据地政府构建的新型群众组织所替代，这类组织除较好地执行了中国共产党的各项政策外，还对乡村社会中的经济、道德、文化进行了革命性的改造。因此，中国共产党通过冬学构建出一个"文化—政治—生产"的"新农村"社会，这一建构过程同时也实践了中国共产党在根据地农村社会中利用传统文化进行现代化建设的理论。

三、余论

农民教育一直是人们视野中的盲区，而农民对制度的认同是源于千百年来形成的文化传统，在山西和顺县1944年检查减租工作中，农民认为"人凭良心虎凭山，自己依靠地主吃饭，应受统治"③。美国人韩丁在其描述土改的著作《翻身》一书中也有类似的描述："要是地主不把土地租给我们，我们就得

---

① 潞城县教育科：《潞城县1948年冬学总结》，山西省档案馆藏，档案号：A206-2-16-3。
② 山西省临县史志办：《临县大事记》，载《临县史志资料》（第7期），1989年12月。
③ 王宗淇：《平顺县一九四四年冬检查减租运动总结》，《晋冀鲁豫》1945年第2辑。

挨饿。给地主干活人家管我饭吃，年底还给工钱，这都是说好了的，人家确实给钱了，也给饭吃了，那还有什么错处？"①还有一些地区传统的宗族、亲情等观念成为中国共产党政策推行的障碍，在1942年晋绥边区临南县减租工作中，"出现了佃户因与地主平时来往接触较多，不好意思减租，糊里糊涂就过去了，许多人都是明减暗不减或明减暗加等现象"②。1947年冬晋绥边区河津县土改中，农民也是"对地主富农拉不下脸皮，他们认为大家都是同村，或同姓本家，实在是破不开情面"③。

抗日战争及解放战争时期，山西各根据地开展的冬学正是从乡村社会文化入手，将束缚在农民日常生活中旧的思想、文化体系打破，从而进行的一次乡村革命，这里的革命并非单纯意义上的政权变革，而是涉及农村社会方方面面的变革。有学者认为，"社会教育是战争时期中共在根据地实施的一项重要社会政策。其目标是在实现扫盲教育的同时，对民众灌输民族意识、国家意识及中共所主张的意识形态和道德观念，激励民众参与政治的热情，其终极目的是要民众对中共政权以及各项政策的最大限度的认可"④。因此，根据地乡村开展的"冬学"所具有的意义不仅在于扫除文盲和提高农民的文化素质，还在于农民在接受社会教育的过程中摆脱了旧习俗、旧文化的束缚，并自觉地将其行为纳入新政权为他们规划的政治模式、经济模式及文化模式中，而这一过程最终的结果表现为民众力量与国家政权的结合。以上结论进一步说明了根据地的"冬学"在乡村社会变革中的作用。

---

① 韩丁：《翻身》，北京出版社1980年版，第144—145页。
② 《关于回赎土地、减租减息、纺织工作的指示》，山西省临县档案馆藏，档案号：62-1-15。
③ 崔秀峰：《河津县的土地改革运动》，《文史月刊》1996年第1期。
④ 黄正林：《社会教育与抗日根据地的政治动员》，《中共党史研究》2006年第2期。

20世纪50年代山西农村扫盲与农业生产研究

"1949年秋,一封紧急'通缉密信'送到山西省交城县某村村长手上。村长不识字,连夜挨家挨户敲门找人来读,可村里的人大都不识字。终于,村长找到了一个号称'秀才'的村民,'秀才'看完信,很快就逃跑了。原来,信中让村长抓的嫌疑犯正是'秀才'本人。"这件发生在山西农村的事情反映了20世纪中叶中国广大农民的文化状况。据资料显示,中华人民共和国成立时,"全国总人口中不识字、识字少、不能用文字交流思想的文盲占80%以上"①。

人民群众整体文化水平较低是制约中国社会发展的一个重大问题,因此,中华人民共和国成立后国家开展的一项重要工作就是群众性扫盲教育,尤其是在农村中开展的扫盲工作,其涉及地区之广、人数之多在历史上是前所未有的。"到一九六〇年二月间,全国农村参加扫盲和业余学习的人数已达一亿三千二百多万人,占农村青壮年总数的百分之六十六。"②

作为影响当代农村社会文化变迁的一项重要内容,学术界对于中华人民共和国成立后扫盲学习的研究已有不少成果,但多侧重于对识字、教学过程、实效等方面的探讨,然而,当时的中国农村不仅需要解决绝大多数民众文化知识匮乏的问题,同时还需要解决农业生产方式落后、粮食产量低下等问题,而农村整体文化水平低下严重影响着上述问题的解决。因此,在农村

---

① 廖其发主编:《当代中国重大教育改革事件专题研究》,重庆出版社2007年版,第133页。
② 中共中央文献研究室编:《建国以来重要文献选编》(第13册),中央文献出版社1996年版,第215页。

开展扫盲工作,其目的不仅仅在于扫除农村数量众多的文盲、普及教育,更重要的是通过读书识字,"提高他们的政治、文化、技术水平,并且培养出大批技术力量"①,以适应农业现代化的要求。

山西是全国土地改革开展较早的地区,但由于山区众多、环境闭塞,农民受教育程度较低,新技术的推广遇到很大阻力。以革命老区昔阳县为例,当县里派出教员针对各村实际进行生产技术指导时,出现了三区黄岩村群众认为杀虫药剂"不顶事",拒绝购买红矾杀虫;七区王寨村农民以"摘不好,不耐旱"为由反对翻地等情况。②山西农业发展所遭遇的文化困境在全国具有一定的典型性,因此,本文尝试以山西农村识字扫盲工作为例,通过对文献、档案等资料的分析研究来说明农村识字扫盲对中华人民共和国成立后农业生产所起到的促进作用。

一、农业生产发展与乡村文化阻力

由于遭受长期的战争破坏,加之频繁的自然灾害,中国的农业生产力遭到了极大的破坏。1949年的粮食产量只有2162亿斤,棉花产量只有888万担,③同抗日战争前的历史最高水平相比,"粮食下降24.5%,棉花下降47.7%,花生、油菜籽和芝麻三大油料作物合计下降61.6%","大牲畜、猪和羊年末存栏数分别下降16.1%、26.5%和32.3%;水产品下降

---

① 中共中央文献研究室编:《建国以来重要文献选编》(第13册),中央文献出版社1996年版,第215页。
② 郝晋瑞:《山西昔阳县许多民校结合文化学习进行生产教育,赵壁村等民校对提高农业生产起了很好作用》,《人民日报》1950年7月12日。
③ 中共中央文献研究室编:《建国以来重要文献选编》(第10册),中央文献出版社1994年版,第459页。

70%"。①1949年9月,《中国人民政治协商会议共同纲领》提出：为"争取于短时期内恢复并超过战前粮食、工业原料和外销物资的生产水平",人民政府"应注意兴修水利、防洪防旱,恢复和发展畜力,增加肥料,改良农具和种子,防止病虫害,救济灾荒,并有计划地移民开垦"。②12月,中央人民政府农业部在北京召开了全国农业生产会议,确定以"繁殖耕畜家畜,兴修水利,增施肥料,防除病虫害,推广优良品种,增补农具,垦荒扩大耕地面积,并积极进行农业科学的试验研究工作",作为实现"一九五〇年全国增产粮食一百亿斤和生产棉十三亿斤的粮棉增产计划"的主要措施。③为此,中央人民政府农业部部长李书城要求"把技术改进推广到农民中去。一切农村工作者必须把领导农民提高技术当成自己的经常的重要任务;一切农业技术机构与农业科学工作者均应根据农民生产的需要与本身条件进行试验研究,并和各地行政领导机关配合起来,深入群众,把现有的生产办法与经验提高一步,广泛地运用新技术"④。

但是,农业生产新技术的推广运用对于刚获得解放的农民来讲是一件十分困难的事情,中国"绝大部分农民是文盲,农村基层干部的文化达不到小学程度,许多村庄找不出一个能记账目的会计"⑤。1949年农村青壮年中约有文盲1.65亿人,占全国青壮年农民的80%,⑥阻碍了农业生产的进步,绝大部分农村"长期与世隔绝,生产工具简陋、粗笨,生产技术保守、陈旧,有

---

① 当代中国丛书编辑部编:《当代中国的农业》,当代中国出版社1992年版,第50页。
② 《中国人民政治协商会议共同纲领（一九四九年九月二十九日中国人民政治协商会议第一届全体会议通过）》,《人民日报》1949年9月30日。
③ 《中央人民政府农业部提出明年粮棉增产计划》,《人民日报》1949年12月18日。
④ 《全国农业生产会议闭幕 制定明年增产计划增产粮食百亿斤、植棉五千万亩、产皮棉十三亿斤》,《人民日报》1949年12月26日。
⑤ 杜润生主编:《当代中国的农业合作制》(上),当代中国出版社2002年版,第23页。
⑥ 中国教育年鉴编辑部编:《中国教育年鉴（1949—1981）》,中国大百科全书出版社1984年版,第596页。

的甚至刀耕火种，生产方式同古代差不多"①。简陋的生产工具和落后的农业生产技术无法抵御自然灾害，一旦遇到灾害农民只能祈求神灵保佑。在十年九旱的山西，水在农业生产中占有极其重要的地位，"全省到处都建有龙王庙、水母庙、河神庙"，在旱灾之年，人们"头戴柳条编的头圈"，敲锣打鼓，燃放鞭炮，叩头祈雨。②在中华人民共和国成立之初，祈求"老天爷"免灾降福的思想在农民中仍然普遍存在。

文化水平低下不仅导致农业生产技术长期得不到改进，而且成为推广新技术的阻力。如1950年，在山西省洪洞县二区南尹壁村，互助组种了60多亩棉花，有几亩棉苗生了蚜虫，有的农民要求按照传统"下雨灭棉蚜"的方式处理，有的农民认为棉花长不成了可以改茬，这种"靠天吃饭"的想法耽误了消灭蚜虫的时间，几天后所有的棉苗都生了蚜虫。区政府了解情况后派人送来了农药和一架喷雾器帮助群众消灭蚜虫。村里人不敢使用，共产党员刘洪玉带头试验，但他父亲刘宝有怕伤了棉苗，不让在自己地里用。③

总体来讲，农村文化水平低下已经严重阻碍了农业技术的提高和农业生产的发展。普及农民文化知识、提高农业生产力、促进农村社会发展成为国家的中心工作。因此，中华人民共和国成立初期，农民教育就提到了政府的议事日程上，1950年，中央人民政府教育部提出："当前文化建设的重大任务是有计划、有步骤地开展农民业余教育，提高农民的文化水平。"④

---

① 杜润生主编：《当代中国的农业合作制》（上），当代中国出版社2002年版，第23页。
② 《山西通志·民俗方言志》，中华书局1997年版，第20页。
③ 《互助组用喷雾器消灭了蚜虫》，《山西农民报》1950年4月25日。
④ 《中央人民政府教育部关于开展农民业余教育的指示（一九五〇年十二月十四日经中央人民政府政务院批准）》，《人民日报》1950年12月21日。

二、识字扫盲与农民文化意识提升

1950年9月，中央人民政府教育部和中华全国总工会联合召开了全国第一次工农教育会议，会议明确提出："推行识字教育，逐步减少文盲。"[①] 在各级政府的推动下，全国农村的扫盲工作陆续展开。文化课是一切课程与活动的基础，农民只有识了字、学习了文化知识才能够学习科学技术，但是在现实生活中，部分农民对识字学习有一定的抵触，在山西沁源县曾普遍流行着"住过翰林院，没钱也难吃饭""从小没念书，现在学识字，还不是跟上汽车拾粪，瞎费劲"等说法。[②] 昔阳县思乐乡的农民认为："不搞生产不行，不学习文化没关系"；"学文化得十年寒窗，识几个字顶什么事"；"每天跟土圪垯打交道，要文化干什么？"[③]

针对农民文化意识淡漠、不愿意识字学习等情况，山西农村扫盲工作的重点是把教学内容与具体劳动、生活情况结合起来，做到因时、因人办学，尽最大努力让农民从生产、生活和劳动中去接受文化知识。1953年，"山西黎城县曹庄农业生产合作社有1名教师，4名辅导员，共计33名劳力，他们在进行修林、打柴中组织了学习小组，晚上集体上课，白天打柴结合互助自学。据一天统计：33人打柴12500斤，每个学员平均巩固97个字。该村顾连江、张家山等8个羊工，按羊群组织了羊工小组，黑夜上课，白天上山复习，在第一教段结束测验时，顾连江打了一百分。群众反映说：'文化真

[①] 中共中央文献研究室、中央档案馆、《党的文献》编辑部编：《共和国重大决策和事件述实》，人民出版社2005年版，第85页。

[②] 《省教育厅关于工农业余文化教育工作典型经验材料》，山西省档案馆藏，档案号：C61-5-82。

[③] 同上。

上了山，放羊人也学会了字。'"①

还有一些农村利用冬天搞副业生产，"有的村民到煤窑上工作，有的村民去烧木炭，有的村民是做瓦匠，临行时都向识字老师领了课，并确定认字较多的人当小组长，到年底回来一总结，出去工作的村民不但挣了二八〇万元钱（旧币——引者注），而且每个人还认了二百来个生字。社里有十八个赶大车的，根据他们活动的特点，组织了一个大车组并选出识字较多的张珍当小先生，教大家认字。社里有些带孩子的妇女，不能参加班级学习，就采用了夫教妻、子教母、送字组等办法来解决"②。除采用夫教妻、子教母等办法外，农村识字班还专门抽出学习较好的学员担任小先生，每天教不能参加学习的女学员三四个生字，实行包教保学，这样好多不能参加班级学习的社员也都有机会识字了。③

平顺县北社村群众从1954年2月开始积极开展送肥运动和各项春耕准备工作，有人说："上课好是好，耽误生产受不了，春耕忙了，等冬天再学吧。"④因此，在广大农村地区还需要根据农业生产的时间合理安排识字扫盲工作，根据生产需要，采取灵活多变的学习形式，使农民在不耽误生产的前提下，按照闲时多识字、忙时少识字的原则，"春天下种分散学，夏天锄苗地头学，秋天放假自己学，冬天大搞基建工地学，有孩子的妇女包教学"⑤。例如，在农忙季节则采取隔日上课或逢3日、6日、9日上课，并利用劳动小组在休息时由小先生辅导进行复习和讨论。学习组织和生产组织扭在一

---

① 《省扫盲委员会关于黎城、晋城、太原、祁县扫盲经验的通知、通报》，山西省档案馆藏，档案号：C61-5-22。
② 《省教育厅、扫盲委员会关于工农业余文化教育工作经验向中央的报告、报表（1953—1954年）》，山西省档案馆藏，档案号：C61-5-28。
③ 李泰来：《用多种多样形式组织社员学习》，《山西农民报》1955年5月7日。
④ 《省扫盲委员会关于陵川、平顺、稷山、祁县、平定、太原、高平、蒲县、洪赵扫盲经验的通知、通报（1954年）》，山西省档案馆藏，档案号：C61-5-31。
⑤ 《省教育厅关于工农业余文化教育工作典型经验材料》，山西省档案馆藏，档案号：C61-5-82。

起，人人满意。①

襄汾县陈红光合作社在秋田管理的紧张阶段，以男女生产组为单位，组织了 48 个学习小组，规定生产组的记工员和知识分子共 109 人为辅导员（地头老师）负责在田间的学习，并且在村内各巷口和院内都设置了识字牌，把每天所学的生字写在上边，这样就做到了"教师到处能教，学员到处能学"。每组有纸制黑板一块，由组长带到地头领导学习。每天还由辅导员给每个学员发 3—5 个生字卡片，让学员随时随地学习，因为识字牌、小黑板、卡片上的字都是一致的，把学员"学的快，忘的快"变成"见面多，记得牢"了，真正做到"农闲、农忙到处是课堂，人人是老师，地皮是石板，手指柴棒是石笔"。②

襄汾县南刘村春耕播种后，即实行了缩短课堂教学时间与田间复习相结合的办法，巩固了教学效果。邓庄、古城等地区由于采取了"适应农忙的灵活措施，基本上解决了夏季里'劳动强度大，业余时间少'的矛盾，人数都巩固到 80% 以上，一般都增识到 100—300 个生字"③。

读报也是巩固识字的一个好方法，通过阅读报纸，农民不但巩固了识字成果，而且从报纸上学到了许多生产经验，如在进行冬季生产时要做好春耕准备，积极开展积肥送粪、积柴积炭，还要注意发展副业，利用副业生产收入修造农具，购买脱粒机、割草机和优良种子，还要推广新式农具等。④

经过一系列扫盲学习，山西许多农村脱盲工作成绩显著。截至 1957 年年底，在沁源县 11372 名农村青年中，已有 81.2% 的青年摆脱了文盲状态。

---

① 《省教育厅、扫盲委员会关于工农业余文化教育工作经验向中央的报告、报表（1953—1954 年）》，山西省档案馆藏，档案号：C61-5-28。
② 《省教育厅关于工农业余文化教育工作典型经验材料》，山西省档案馆藏，档案号：C61-5-82。
③ 山西省教育厅工农教育处：《省百人检查团赴榆、忻、临专检检查组调查材料（1956 年）》，山西省档案馆藏，档案号：C61-5-228。
④ 《东长井读报组用具体事例宣传组织起来改进技术的好处》，《山西农民报》1952 年 3 月 30 日。

在 14—40 岁的青壮年中，非文盲占 60% 左右。① 沁源县成为山西省第一个青年基本无盲县。扫盲使农民群众初步掌握了文化知识，并在此基础上纠正了农民对农业生产的认识，打破了农民的保守思想，鼓舞了农民的生产积极性，提高了农民的文化意识，为农村社会带来了诸多变化。

三、技术普及与农业生产发展

扫盲虽然使广大农民识了字，但并不等同于农民就此掌握了农业技术，许多地区的农民还是依靠旧有的经验来从事农业生产。"1952 年春天，解虞县西张耿村成立了初级农业生产合作社，社员们的劳动热情很高，社里根据当地实际情况，订出了增产棉花和小麦的计划，提出采取先进植棉技术，要求棉花密植行距留一尺八分，株距留九寸。但大部分社员思想不通，有的说：'活半辈子啦，没见过种棉花还讲尺寸。'有的社员甚至把按密植规格种好的棉苗拔稀。秋后，全社因为没有应用密植技术导致棉田少收 12500 多斤籽棉，折合人民币 2650 万元（旧币——引者注），这些钱可以买小麦 180 石，供 323 人吃两个月。"② 而且许多新的农业技术对农民来说都是陌生的，由于农田发生虫害，1951 年昔阳县政府推广使用杀虫药剂，然而思乐乡农民看不懂使用说明，给农业生产带来了损失。③ 同样的情况还发生在解虞县西张耿农业合作社。1952 年夏天，棉花发生了虫害，政府拨给村里 2 万多斤 666 杀虫药粉和 4 架喷雾器，全村只有技术员王运昇一个人能使用这种农具，大

---

① 《省教育厅关于工农业余文化教育工作典型经验材料》，山西省档案馆藏，档案号：C61-5-82。
② 同上。
③ 同上。

多数人眼看着先进农具而没有办法使用。①

1952年5月,《人民日报》刊载了一封读者来信,指出山西许多农村虽然有了新式步犁和肥田粉,但是"因为不会使用,结果收效不大。这样,有些人就认为新式农具、化学肥料不顶事。其实并不是步犁、肥田粉不好,也不是群众不喜爱,而是农民缺乏使用它们的技术"②。以上事实深刻教育了农民群众,要想农业增产,不仅要识字扫盲,还要学习并且掌握农业技术才能真正推动生产发展。

识字扫盲完成后,山西一些农村便开展了农业技术普及。"过去,由于昔阳县思乐乡没有识字的人,新式农具年年坐禁闭,双轮双铧犁变成'挂犁'。现在,扫盲毕业学员识字后即学习农具使用说明书,36人学会使用双轮双铧犁,12人学会使用山地犁,还有5个人掌握了使用锅驼机、播种机等新农具的技术。""昔阳县蔡河村农民认识了字,通过进一步学习对农业技术有了新认识,积极推广小麦的密植技术,在1954年用五寸行距合理播种小麦一百七十四亩,产量超过以往任何一年。"③强调技术学习成为许多地区扫盲后农业生产的新特点,"技术是个宝,没有文化学不了""文化跟着生产走,生产到哪里,学习到哪里"④,成为当时许多农民的共识。

经过识字扫盲后,农村中具备文化知识的人数大量增加,为推广农业技术创造了条件。一些农村开办了农业技术学习班,如"1953年2月西张耿农业社组织了一个技术学习班,有十多个青年积极分子参加,技术员王运昇教他们配药、治虫。5月,在省农业科学工作组的帮助下,又把技术学习班扩大成为全乡的技术学习夜校,参加学习的增加到八十多人"⑤。据统计,截

---

① 《省教育厅关于工农业余文化教育工作典型经验材料》,山西省档案馆藏,档案号:C61-5-82。
② 贾克勤、杨树培:《推广新式农具应和传授技术相结合》,《人民日报》1952年5月13日。
③ 《省教育厅关于工农业余文化教育工作典型经验材料》,山西省档案馆藏,档案号:C61-5-82。
④ 同上。
⑤ 同上。

至1956年，山西已有1200个业余农业技术学校。农民有了文化，不仅便于推广科学技术经验，而且为研究改进农业技术增添了新生力量。"昔阳县下思乐爱国农业社社员通过实施玉茭人工授粉和改良土壤技术后，全社625亩玉茭增产了5万斤，超过原计划的31%。青年社员王仲德，在报纸上学习了制造颗粒肥料技术后，和4个青年制造出颗粒肥料两万斤，使全社261亩丰产玉茭抓了双青，增产粮食35000余斤。"①

一些农村将农业技术的学习与生产实践相结合，取得了良好的效果。例如，1953年临猗县南佃村普及"棉蚜虫的生活习惯和繁殖情况""小麦的品种、性能特点和栽培注意事项"时，许多农民反映"讲的太深，打的比方少，不能结合实际，学的用不上"，于是技术教师根据农民的意见就采取"少讲、讲清，地里做什么就学什么，学了就用"的教学方法。②还有一些农村根据需要组织技术人员在田间地头为农民讲生产技术，1954年，平顺县东谷村"在田里发现了乌霉草后，就讲除草施肥的技术，推动大家拔了1200多棵乌霉草，并上了一次追肥，使庄稼长得超过以往任何一年，村里上了年纪的老汉说：'我长了这样大的年纪，还没有见过今年这样好的庄稼'"③；解虞县西张耿农业合作社讲"棉花根外施磷肥的效果和方法，教师就和学生们到地里看施过磷肥的棉花生长情况。讲棉花整枝打杈技术，就从地里拔来了一株棉苗，告诉学员不打杈的害处和打杈什么，不打杈什么。使学员们学了技术真能用上，学会了棉花整枝打杈的技术和根外施磷肥的方法，群众一致反映'识字是真本领，技术学习真管用'"④。

农民学习农业技术后使庄稼在生长过程中遇到的各种问题得到了有效地

---

① 《省教育厅关于工农业余文化教育工作典型经验材料》，山西省档案馆藏，档案号：C61-5-82。
② 同上。
③ 《省教育厅、扫盲委员会关于工农业余文化教育工作经验向中央的报告、报表（1953—1954年）》，山西省档案馆藏，档案号：C61-5-28。
④ 《省教育厅关于工农业余文化教育工作典型经验材料》，山西省档案馆藏，档案号：C61-5-82。

解决。以 1954 年浑源县南沟村为例，"该村一个农业组种了 4 亩小麦，平均每亩麦田下种十八斤，这样密植后，幼苗长得虽好，但穗出齐时，因苗太稠，有倒伏可能，经过学习《农业科学手册》上各种肥效的经验介绍后，农业组们及时地追施了草木灰，增强了枝干的生长，倒伏避免了，秋后小麦亩产达到 421 斤"[1]。

随着各项农业技术的普及，在农村中出现了一个值得注意的现象，农民不但学会了使用新式农业生产工具，而且开始自己制造工具，农业机械化也逐步发展起来。沁县郭村上游公社女社员郭东果通过学习成为改良农业工具的能手，她自己设计制造了三轮推粪车、轻便锹、空心锄等 6 件新工具，郭东果还与其他人合作制造了 12 种工具，推广了 549 件，使生产效率提高了 1—2 倍，被人们赞许为"跃进花开朵朵红，农村妇女逞英雄；东果姑娘十九岁，劳动战线建奇功"[2]。

汾阳县杏花公社冯郝沟管理区农民李锐将学习的内容与实践结合，在一年之内发明创造和改造各种工具共 22 种、306 件，给全村节省了 4130 个人工和 1980 个畜工，创造财富 3343 元，[3]1959 年 4 月 15 日，中共山西省委发出了《关于学天柱、赶李锐，开展保全勤提高工效竞赛运动的通知》。到 1959 年 10 月，山西省"建立公社级农机专业研究小组 119 个、业余研究小组 1469 个，参加研究的土专家和能工巧匠达 7384 人"[4]。这些技术人员因地制宜制造出一批适合本地使用的机械设备，如太谷县的小型畜力收割机和喷雾车、永济县的打井抓石机、汾阳县的万能筑埂机、繁峙县的山药蛋剥皮机

---

[1] 山西省教育厅工农教育处：《山西省扫盲、工农教育先进集体和积极分子代表大会经验材料》，山西省档案馆藏，档案号：C61-5-89。
[2] 山西省农业合作史编辑委员会：《山西农业合作史经营管理卷》，山西人民出版社 1991 年版，第 469—470、475 页。
[3] 《农民李锐是个能工巧匠，改革工具省出大批劳力》，《山西日报》1959 年 4 月 4 日。
[4] 当代中国的山西编辑委员会：《当代中国的山西》（上），中国社会科学出版社 1991 年版，第 305 页。

和风力磨、万荣县的水果切片机、洪洞县的玉米脱粒机等。①

事实证明，农业技术的推广应用对农业生产起到了推动作用。"1953年，榆次张庆曙光农业社，用拖拉机耕的小麦每亩平均产了三百四十斤，比牲畜耕种的小麦多产了六十斤。解虞县拖拉机耕过的小麦，在遭受严重旱、虫等灾害下，每亩还平均产了一百六十七斤十两，比牲畜耕种的小麦多产三十六斤。"②1953年山西著名的"晋祠大米"获得丰收，每亩平均产量为832斤，与新中国成立前相比产量翻了近1倍，主要原因是普遍推广了穗大紧密、不易脱粒的陆羽优良品种。此外，适当密植、合理分期施肥、精耕细作、掌握季节灌溉排水、迅速扑灭虫害等都是其增产的重要原因。③

四、余论

在传统社会中，农民几乎没有空闲时间去学习文化知识。中华人民共和国成立后，在农村开展的识字扫盲工作将识字教育与农业技术推广相结合，这样既提升了农民的文化水平，又让农民对农业技术有了新的认识，并通过推广农业技术增加了农作物的产量，促进了农业生产的发展，解放了农民的思想。

中华人民共和国的成立使广大农民在政治上翻了身，土地改革则使广大农民从经济上翻了身，但是如果不识字就不能在文化上翻身。潞安县北坡村农民陈爱乡识字后说："我在政治上翻身了，经济上也翻身了，现在文化上

---

① 山西省史志研究院：《山西通志·机械电子工业志》，中华书局1999年版，第49页。
② 柳增发：《拖拉机给农民带来了富裕》，《山西农民报》1955年10月1日。
③ 《山西全省秋收中减少损耗多收粮食一亿斤，太原郊区农民组织起来改进技术，今年水稻大丰收》，《人民日报》1953年12月17日。

也翻身了。"① "在识字扫盲前，昔阳县459个农业社中，就有147个社的会计不称职，使得财务管理发生混乱，群众叫社里的账是糊涂账。"②

识字扫盲后，农业合作社不但解决了会计问题，许多社员还成为农村合作社的骨干。"如洪赵县董堡村扫盲班毕业学员中，担任乡妇联主席一人，农业社股长二人，生产大队长二人，生产小组长六人，义教二人，文化福利员二人，小组记工员三人，图书管理员一人，生产技术员一人，供销社采购员一人。"③

识字扫盲为农村互助合作化运动培养了大批骨干，有利于农业的社会主义改造。1954年8月，中央人民政府教育部和扫除文盲工作委员会联合召开第一次全国农民业余文化教育会议，会议指出："今后农民业余文化教育必须结合农村互助合作运动的发展，在生产发展的基础上，积极地有计划地扫除农民中的文盲，并且一步步提高农民的文化水平，来适应农业社会主义改造和发展农业生产的需要。"④

回顾中华人民共和国成立初期开展的识字扫盲工作，有助于我们认识扫盲与农业生产之间存在的必然联系，扫盲在提升农民文化素质的同时还将知识深化到劳动生产的层面，不仅改变了传统的耕作方式，推广了新技术，提高了农业生产力，而且推动了中国农业合作化的开展，对社会的发展产生了重要影响。

---

① 《省教育厅关于农村开展扫盲运动情况、经验、学制、课程、教学计划向教育部的报告》，山西省档案馆藏，档案号：C61-5-60。
② 《扫除文盲是实现合作化的重要工作》，《山西农民报》1955年11月27日。
③ 山西省教育厅工农教育处：《省百人检查团赴晋南检查组调查材料（1956年）》，山西省档案馆藏，档案号：C61-5-227。
④ 《中国教育年鉴（1949—1981）》，中国大百科全书出版社1984年版，第595页。

社会嬗变的历史理论思考

技术与社会为中心的区域社会史研究的路径问题

一、新中国成立初期的农业技术与互助合作

新中国成立后,中央政府在农村实行"耕者有其田"的政策,但由于全国各地还处在战后恢复时期,分到土地的农民大部分缺乏必备的生产资料及生产工具。据全国典型农村调查资料显示,"当时贫雇农平均每户只有耕畜0.47头,犁0.41张,年生产资金只有300元,生产受到很大的限制"[①]。然而,新中国成立伊始百业待兴,国民经济的发展离不开农业生产的支持。但是,土改后大部分地区的农业生产依然因循着传统的耕作方式,精耕细作、兴修水利等新生产措施都因农民的保守思想而停滞,改良土壤、良种推广等农业新技术所具有的风险性,对于独立经营土地的农户来说,更是难以推广和实施。在一些土地改革完成较早的地区,虽然多数贫农已经中农化,但其经济基础仍非常薄弱,仅靠一家一户的力量根本无法迅速提高农作物产量。这一时期,个体农业生产的局限性与国家快速发展农业的要求相左右。面对两者互相矛盾的局面,"广大农民确有合作化的要求,只有合作化才有可能依靠集体力量扩大再生产"[②]。

农业互助合作是农民根据各自生产技术、人力物力等方面的需要,按照等工或等价交换的原则相互调剂帮助生产,主要目的是弥补个体劳动者生产工具与技术的不足。以1950年年初山西农村为例,"村中富农和富裕中农占

---

① 杜润生主编:《当代中国的农业合作制》,当代中国出版社2002年版,第21页。
② 同上。

有车马、农具和较好的土地，但因为不能雇工，而缺少劳力。贫雇农户虽有劳力但缺少生产工具。于是二者之间出现了变工互助的形式。贫农王富贵与有车马的乔满红变工，王富贵用乔满红的车马耕作，王富贵给乔满红以劳工顶替车工"①。这种形式的生产互助合作有临时性的、季节性的，在一些地区还有长期形式的。但这种长期形式的互助合作一般是有公共的农具和牲畜，并将劳动和生产技术相结合。例如，"山西省昔阳县白羊峪村，土地改革后，一家一户买不起耕畜和新式农具，以互助组为单位，集体购买耕畜23头，羊40头，推广了新的技术和新式农具。到1951年，全村常年互助组粮食产量、牛、驴、羊都超过战前水平"②。

对于土地改革后各地普遍出现的互助合作组织，中央政府当时已认识到："要克服很多农民在分散经营中所发生的困难，要使广大贫困的农民能够迅速地增加生产而走上丰衣足食的道路，要使国家得到比现在多得多的商品粮食及其他工业原料，就必须提倡'组织起来'，按照自愿和互利的原则，发展农民劳动互助的积极性。"国家将"种子、肥料和农具贷给农民，从而帮助他们能够有效地组织起来"，并赋予劳动互助组"享受国家贷款、技术指导、优良品种、农用药械和新式农具的优先使用权，以及国家贸易机关推销农业和副业产品、供给生产资料的优先合作权"。③

在土改工作完成较早的山西，1950年1月召开的中共山西省委第一次代表会议就提出："互助合作与新的技术密切结合起来是农业生产新的发展方向。运用组织起来的经济力量，合伙购买新式农具，在互助中研究改进耕作技术。只有在逐步组织起来进行集体互助生产的基础上，农业技术改良才

---

① 太原农业合作史编辑委员会：《太原农业合作史·典型村社史》（第1册），山西人民出版社1993年版，第48页。
② 山西省农业合作化史编委会办公室：《山西省农业合作化史综述卷》，中央文献出版社2002年版，第66页。
③ 《中共中央印发〈关于农业生产互助合作的决议（草案）〉的通知》（1959年12月15日），载中央文献研究室编《建国以来重要文献选编》（第2册），中央文献出版社1992年版。

能得到更广大的发展，才可使农业生产力获得无限提高。因此，普遍发展劳动互助，已不仅是为了克服劳动力困难的问题，而应该是通过互助生产，逐步引导农民走向集体化的道路，并改良农业生产技术。"① 在同年11月召开的山西省工农业劳动模范大会上，中共山西省委书记赖若愚在总结报告中指出，"组织起来与提高技术相结合的方向是正确的，要办好互助组，除坚持自愿互利外，必须注意提高农业技术，这就是要逐步改良农具，推广新式农具，改良土壤，防治病虫害，兴修水利，精耕细作等"②。以山西老区经验来看，土地改革后，深入开展互助生产合作是农村社会发展的趋势。早在抗日战争时期，根据地就以农村先进分子为骨干组织起来进行生产互助，互助组一般由7至8个农户组成，依靠集体力量精耕细作并在生活中互助互济。这种互助组的成员基本稳定，养成了集体劳动的习惯。中华人民共和国成立后，这些互助组又响应政府号召，将提高农业技术作为互助合作的新内容，集体购买新式农具，巩固了互助合作的基础。

20世纪50年代初期，山西省在农业生产互助合作运动中出现了一批互助先进生产典型。"有李顺达（平顺县西沟村）、郭玉恩（平顺县川底村）、吴春安（翼城县南梁村）、曲耀离（运城县南庙村）等人所领导的合作社，其中李顺达领导的西沟村，是太行山区一个土地瘠薄、十年九旱的地方，玉米产量很低，互助组采取修筑梯田、拉土垫地、增施肥料、改良土壤、田间选种、温汤浸种、抗旱保墒等措施以后，1951年玉米亩产达到490公斤，大大超过了抗战前历史最高水平。"③ 另一个典型是长治申家庄，"互助组运用新式水车将农民组织起来，提高生产技术，发展生产。该村水地虽仅占全村土地的17.2%，但由于过去播种麻、蓝、胡萝卜等需水量大的作物，一到夏

---

① 《组织起来与提高技术相结合，应成为今年互助生产的主要方向》，《山西日报》1950年3月5日。

② 山西省农业合作化史编委会办公室：《山西省农业合作化史综述卷》，中央文献出版社2002年版，第62页。

③ 同上。

秋季节，劳动力便出现'重园轻秋'的紧张状况，推广新式水车替代人工浇地后，由于浇水适时充分，一般麻增长1尺，每亩增产7.5公斤，劳动效率提高了6倍，每户平均省工15个"[1]。

为了进一步发展农业生产合作社，改变农村社会状况。中共山西省委采取扶植政策鼓励互助组和农业生产合作社使用先进的马拉农具，"1950年5月，山西省先后在榆次、汾阳、长治、临汾和运城五个专区的农业试验场内，成立了新式农具推广站。新式农具推广站的工作主要是进行新式农具宣传、示范，并无偿将新式农具借给农民使用。1951年，又增设了忻县、兴县两个专区农具站，晋城、陵川、洪洞等五个县级农具站。全省马拉农具站由农业部调配双轮双铧犁、双轮单铧犁、12片圆盘耙、10行播种机、摇臂收割机、镇压器等，共196部。1954年，10个马拉农具站与130个农业生产合作社、18个互助组建立了业务联系，共为农业生产合作社、互助组耕地33411.36亩，耙地3410.5亩，播种7831.8亩，收割小麦1909.6亩。农民称赞新式农具是'种麦不摇楼，收割不用手，犁地先赶牛，耙地坐上走'"[2]。新式农具的推广和使用，使农民体会到先进生产工具的重要作用，促进了农村互助生产合作的发展。

在农业技术推广与互助生产合作的过程中，我们可以看到农村社会发生了结构性变化。首先，农业投资风险承担的主体由原来的个人或家庭变成了集体，改良土壤、种植良种、改革生产工具等技术变革对个体风险释放大大减小，农业生产的抗风险能力有所增强，有利于粮食增收丰收。其次，农业技术提高后，农村有了剩余劳动力。农村大量的劳动力可以组织起来参加修渠灌溉、土地开垦等劳动密集型农田基本建设工作，为大力发展农业奠定基础。再次，技术改良增加了农业收入，公共积累降低了个人或家庭的生产风险，农民生活得到了

---

[1] 山西省史志研究院：《山西农业合作化》，山西人民出版社2001年版，第62页。
[2] 山西省农业合作化史编委会办公室：《山西省农业合作化史综述卷》，中央文献出版社2002年版，第80页。

一定保障。"据 1951 年上半年调查，许多老区的互助组已有自己的公共财产。例如，山西长治地区 14 个县里已有 430 个互助组有公积金，这些公共积累能起社会保险的作用，组员遭受意外的灾难或有特殊的急需，互助组可以帮助，使他们避免陷于破产的境地。"① 中华人民共和国成立初期，国家在着力发展新式农具、改良农作物品种等农业技术工作的同时，乡村社会被纳入国家工业化整体进程当中，同时围绕传统技术改造、新技术推广对乡村社会家庭、婚姻、生活、文化信仰乃至农民的行为、思想都产生了重大影响。

二、农业技术、生产互助与华村社会

作为中华人民共和国成立初期以"技术"发展为特征的典型村庄山西华村，②1949 年前，农业生产主要是通过"地主出租经营"、"自耕农自主经营"及"佃农租田经营"的形式而得以进行的。据统计，1935 年，当地自耕农占农户的 41.67%，半自耕农占 19.44%，佃农占 19.44%，雇农占 19.45%。③境内贫雇农占总农户的 52%，占有土地仅为总土地的 29.7%。④ 由于土地分散，经营种植方式落后，本地水稻种植全靠铁锹、锄头、镰刀和扁担等简单的生产工具，遇到风调雨顺的年景时，水稻亩产最多可生产 500 市斤，最少时仅有 100 余市斤，华村平均亩产仅能达到 300 市斤，⑤当时稻农有"大米好吃，稻难栽"的说法。

---

① 杜润生主编：《当代中国的农业合作制》，当代中国出版社 2002 年版，第 105 页。
② 依学术惯例，本文中出现的村名、人名均为化名。
③ 太原市南郊区地方志编纂委员会：《太原市南郊区志》，生活·读书·新知三联书店 1994 年版，第 185 页。
④ 同上注，第 814 页。
⑤ 《关于稻田机械化调查及规划意见的报告》，《太原市南郊区华村大队档案：第 54 卷》，山西大学中国社会史研究中心藏。

1949年，华村进行了土地改革，农户生产积极性空前高涨，农作物生产中注重了水稻生产的施肥，对土地的投入也明显增多。王天有、王义有兄弟二人在1949年前以租种土地为生，土改时分到"陡门河"稻田5.25亩。在财力有限的情况下，兄弟俩加大了对土地的人力投入，1949年即对全部稻田进行了平整，改变了以往高低不平的情况，并且修建了引水渠和退水渠，改善了稻田的灌水和排水条件，当年"陡门河"稻谷亩产即达到500市斤。[①] 从1949—1951年，华村水稻生产以农户家庭为单位进行，即华村历史上农业生产的单干时期，这一时期华村主要粮食产量呈现缓慢增长态势。下表9是华村1949—1951年稻谷、玉米秋收统计表。

表9　1949—1951年华村秋收粮食产量统计

年份（年）	秋收粮食 播种面积（亩）	秋收粮食 总产量（万市斤）	秋收粮食 亩产（市斤）	稻谷 播种面积（亩）	稻谷 总产量（万市斤）	稻谷 亩产（市斤）	玉米 播种面积（亩）	玉米 总产量（万市斤）	玉米 亩产（市斤）
1949	895	41.00	458	620	31.00	500	75	3.0	400
1950	850	45.35	534	600	36.00	600	40	2.0	500
1951	905	46.40	513	630	37.8	700	45	1.8	400

资料来源：《太原市南郊区华村大队档案：第25卷·农作物面积和产量》，山西大学中国社会史研究中心藏。

由上表数据可知，1949年全村水稻平均亩产量为500市斤，比1949年前平均亩产量300市斤增长了近66.67%。[②]1950年，华村水稻亩产量600市斤，1951年达到700市斤。随着水稻亩产量的增长，全村水稻总产量也

[①]　《王天有情况》，《先进党支部档案·华村大队：第41卷》，山西大学中国社会史研究中心藏。

[②]　《忆苦思甜、回忆对比、用算三比账的方法加深对毛主席革命路线的认识》，《太原市南郊区华村大队档案：第5卷》，山西大学中国社会史研究中心藏。

由1949年的31万市斤增至1951年的37.8万市斤。其中，1950年华村水稻总产量在稻田面积比1949年减少20亩的情况下，依然以16.13%的增幅取得了36万市斤的产量。1949—1951年，华村水稻平均亩产为566.49市斤。粮食有了一定增产，但土地分散、育秧成活率低、田间管理差等农业生产技术滞后因素仍是影响个体农民粮食产量增长的主要障碍。

1951年，中央政府发出《关于农业生产互助合作的决议（草案）》。1952年，华村建立互助组，水稻插秧、积施肥等种植技术在互助组内得到普遍应用。1953年，李根柱互助组采取行穴距4.5寸×4.5寸，每穴插5—7株密植的栽植方法，使互助组水稻亩产达到750市斤。与此相对照，互助组土地相邻的村民王二狗稻田采取普通行穴距7.5寸×10.5寸，每穴插秧7—8株的稀植法亩产仅为480市斤。[①]杨林互助组通过制作农家肥对水稻增产也产生了一定积极作用。华村传统的肥料是将首蓿、绿豆、黑豆与冬闲季节收集的根茬、秸秆、枯枝、落叶等混在一起沤制肥料，一般来讲沤肥是当年沤制当年使用。杨林互助组采用"二诸葛"福喜的沤肥法，秋收后秸秆早点沤下，将烂土、秸秆混到一块，然后再和绿肥堆积压在一起将肥沤烂沤臭，并改变以前各家积小堆肥的习惯，大家合伙积大堆肥，避免了小堆肥易风干的弊病。这样的堆肥在田头施肥效果显著，当年水稻平均亩产增加125市斤。[②]焦二秃互助组在稻田中增加了传统肥料——圈肥、皮毛、石灰等的用量，每亩施用1200市斤，结果当年水稻亩产达到780市斤。截至1953年年底，华村18个互助组水稻亩产量稳步提高到750市斤，互助组水稻产量优势明显高于单干户。与1949年前相比，1953年华村水稻亩产平均增加450市斤，增产150%。杨林互助组因1953年水稻亩产高于800市斤还得到了太原市第六区政府奖励的拖拉机一台。[③]1953年，华村全村粮食总产量708250

[①] 《互助组情况》，《太原市南郊区华村大队档案：第5卷》，山西大学中国社会史研究中心藏。
[②] 同上。
[③] 太原市农业合作史编辑委员会:《太原农业合作史》，山西经济出版社2001年版，第181—182页。

市斤，亩产 561 市斤，分别比 1949 年粮食总产量 505000 市斤、亩产量 435 市斤增长 40.25% 和 28.97%。① 其中，水稻总产量和亩产量分别比 1949 年增长 56.06%、50%，② 粮食总产量和亩产量双创历史新水平，充分体现了组织起来、技术共享的优越性。

1955 年，华村初级农业生产合作社建立。耕地连片后，全村水稻生产便开始统一种植、统一管理、统一使用生产技术。为了充分发挥优良品种的增产作用，通过群众评选农家良种和引种试验，均以最新的优种淘汰了相形见绌的劣种，优种更换面积占种植面积的 80% 左右。水稻生产中推广水稻小株方形密植的栽植方法，全村稻田根据不同的土地条件密植面积达到 300 余亩。③ 在插秧方式上由传统的转圈插秧全部改为南北直行。同时，推广了山西汾阳县贾家庄试验成功的秸秆高温速成沤肥法，使农家肥质量得到提高。随着积肥技术的改进，施肥数量相应增加，亩均施肥量增至 92 担。④ 在施用农家肥的同时，华村还逐步推广使用化学肥料和化学杀虫剂。表 10 是 1955 年华村水稻施用硫铵增产对比试验数据统计。

表 10 水稻追肥硫铵的产值

处理编号	硫铵每亩累计追肥量	每亩产值	每亩成本	每亩盈利
1	0	71.40	115.00	−43.60
2	20	89.08	119.00	−29.92
3	40	111.86	123.00	−11.14

---

① 《历年粮食分配表》，《太原市南郊区华村大队档案：第 6 卷》，山西大学中国社会史研究中心藏。
② 《农作物面积和产量》，《太原市南郊区华村大队档案：第 25 卷》，山西大学中国社会史研究中心藏。
③ 太原市农业合作史编辑委员会：《太原农业合作史》，山西经济出版社 2001 年版，第 184 页。
④ 《农作物面积和产量》，《太原市南郊区华村大队档案：第 25 卷》，山西大学中国社会史研究中心藏。

续表

处理编号	硫铵每亩累计追肥量	每亩产值	每亩成本	每亩盈利
4	60	133.62	127.00	6.62
5	80	144.50	131.00	13.50

资料来源：《太原市南郊区华村大队档案：第12卷·建设社农业生产统计》，山西大学中国社会史研究中心藏。

根据上表数据可知，水稻追肥硫铵达到80数值后，水稻每亩盈利可增加13.5。农业合作化后，华村大田水稻普遍施用硫铵，每亩产量普遍提高14%。[①] 每年夏天都是华村水稻病虫害的高发季节。1955年因有效使用了"六六六"化学杀虫剂，大大降低了蝗虫、蝲蛄等病虫害对水稻减产形成的危害，当年华村水稻平均亩产量就增加到了760市斤。[②]

华村的集体化尽管只是个案，但是通过对这一村庄的研究可以发现中华人民共和国成立后农业技术与生产互助合作所蕴含的社会发展逻辑，尤其是由传统向现代社会发展进程中农村社会所表现出的变化。

在农村社会中，农民基本上是依靠祖祖辈辈留下的经验来从事农业生产的，它同我们的文化已经融为一体，成为人们生存方式的一部分。而这种技术与繁衍我们的文化一样，在乡村社会中具有一定的保守性，不容易得到普及。文化保守性一直是中国现代化进程中的一个壁垒，而在农村中许多有经验的老农是将自己的"手艺"视作"看家本领"，不轻易外传。我们从华村档案中也看到一些有技术的老农作为雇工身价不菲。"刘会儿于1943—1945年给华村张堂中插秧种稻谷做临时工（农忙时）每年40个工，每个工7角钱，共计做120个，工洋84元。李海龙1945年给张堂中家扛长工5个月，

---

① 《建设社农业生产统计》，《太原市南郊区华村大队档案：第12卷》，山西大学中国社会史研究中心藏。

② 《农作物面积和产量》，《太原市南郊区华村大队档案：第25卷》，山西大学中国社会史研究中心藏。

每个月 3 元钱, 共 15 元。1943 年闫四海在张瑛家做长工, 日工资仅 2 角。"[①]由于种稻要经过选种、育苗、插秧、除草、施肥、杀虫、收割、脱粒、碾粒、扬粒、晾晒等前后十几道工序,所以种稻插秧在华村一直是技术活,虽然是短工,但是其工资比无技术的长工高得多,因此一个掌握有丰富种稻生产经验的老农在华村被尊称为"好把式",[②]他们在村里大都是享有声望的人。华村资料显示,与 1949 年后农村中被打倒的地主相比较,尽管部分"好把式"的土地也有被没收的,但他们的地位是在上升的。这是因为土改后得到土地的农民希望迅速脱贫致富,但农业技术十分匮乏,尤其是在华村,一部分跑买卖做生意的人归田务农后严重缺乏农业生产技能,希望互助合作。[③]

农业技术得不到进一步普及和应用,主要还在于农村社会自身的保守性。为了打破这种技术的保守性,1949 年后一些农村开始利用冬学,[④] 开展文化教育和生产技能方面的培训。据华村档案记载,1950 年春在本村冬学识字扫盲的同时开展生产经验的交流活动,一些有技术的老农被请去讲课。据"老农教师"李焕喜讲,当时"传家手艺被公开,许多人开始是不情愿的。一些人不愿去讲,以各种事情推托,一些人则只讲皮毛。但是由于政府经常来给讲道理,又积极为农民提供肥料、工具,一来二去,我也就给大家讲起种地的活计来,最后把'看家本领'都拿出来讲了"[⑤]。

农民对生产技术的需求和国家对生产技术的介入使乡村社会突破了传统的文化壁垒,许多农村依靠农业技术建立起互助组。除前文所述华村李根柱合作组外,这一时期该地区比较典型的还有徐沟县赵家堡村互助组,"1950

---

① 《村民历史情况》,《太原市南郊区华村大队档案资料:第 44 卷》,山西大学中国社会史研究中心藏。
② 这一词汇来源于 2008 年 8 月笔者在华村所做的田野调查。
③ 太原农业合作史编辑委员会编:《太原农业合作史·典型村社史》(第 1 册),山西人民出版社 1993 年版,第 44 页。
④ 太原市南郊区地方志编纂委员编:《太原市南郊区志》,生活·读书·新知三联书店 1994 年版,第 634 页。
⑤ 被采访人:李焕喜,男,84 岁;采访人:苏泽龙;采访时间:2008 年 8 月 21 日。

年村党支部书记李成绩组织17户村民成立3个长年互助组，互助组带头推广药剂浸种等新技术，并添置新式步犁6部，喷雾器3部，使用化肥250公斤促进作物生长。秋后，3个长年互助组亩均产粮245公斤，比全村亩均211.2公斤增产16%。生动的互助合作与技术相结合的事实，使赵家堡村与互助合作和科学技术结下了不解之缘"①。

  作为本文论述的一个重要命题，以上事例可能仅仅是技术概念下社会变迁的一个方面，而在具体的调查工作中，乡村社会中存在的许多词汇都具有丰富的社会性。在华村，有'踩街'一词，它是每年阴历六月十五到附近山上请神时表演的一种秧歌，秧歌的历史由来已久，每次表演人数有30人左右，有腰鼓、锣、镲等乐器伴奏，表演者自编自唱，风格独特，而在集体化时期这一娱乐方式被衍化成新式农具试制成功的庆贺方式。"踩街"所具有的含义变了，形式也被改造了，但这一词汇却仍然沿用。类似的词汇还有"新皇历"，尽管没有脱离旧的表达方式，但其赋予的含义却发生了新的变化，因此前面要加一个"新"字，以示区别。当每个词汇发展成一个学术概念时，它本身便蕴含了丰富的社会内容。因此，农民对"技术"的认知成为阐释国家与社会关系的一个重要途径，而从历史的视角来看，对"技术"概念的研究不失为探讨区域社会变迁的良好路径。

三、学术概念中的区域社会史研究

  技术发展不仅使人们认识自然的技能日趋进步，同时也使人们的思维出现了革命性变化。摩尔根认为，生存技术在人类社会生活的发展中起着决定

---

① 太原农业合作史编辑委员会编：《太原农业合作史·典型村社史》(第1册)，山西人民出版社1993年版，第51页。

作用。而在社会史研究中，技术与社会发展一直是隐蔽的问题，关于这一问题的研究大都被包含在社会生活之中。在中国传统社会中，个体农民既是农业生产劳动力，又是管理者，农业技术的发展主要是依靠农村社会中的经验累积。因此，相对于土地、资金、劳动力等有形的农业投入来讲，建立在经验传承基础上的农业技术已完全内化在生产劳动过程中，并成为农民社会生活的一部分。我们从一些生活谚语中可以看到农民对于土地耕作、农田管理等技术知识的深刻认识和理解，如"清明前后，种瓜点豆""要知五谷，先看五木"等。有了这些农谚，农民就能掌握适时播种，不误农时。而在社会变迁过程中，技术实际上是一个显性的概念，因为传统耕作技术不但是农民生产的主要内容，还反映了不同地区农业社会的特点。如对于福建农村宗族的特点和成因，莫里斯·弗里德曼认为，东南的宗族组织之所以这样完备和发达，是由于水利灌溉系统和稻米种植等因素促进的，种植稻米而有农业盈余，允许稠密人口的生长，而水利灌溉系统的建立需要更多的劳力合作，因此促成土地的共作与宗族的团结。林周二也作过类似论述。他认为，在稻作社会，水田需要灌水或排水时，人们必须同时进行；处于高处的水田要是施肥，则肥水必然流入位于低处的他人的田里，反之，要是涝水的话，低处的水田必定首先遭殃。有一利必有一弊。所有这些都意味着村落共同体必然地要承担共同的命运。它们既是村落共同体，也是一个命运共同体。这就决定稻作文化与麦作社会的不同。

由此反观社会史研究的学术进程，自20世纪80年代社会史研究兴起以来，围绕"社会史"这一概念，"学者们提出了'专史说''通史说''范式说''视角说'等诸多社会史研究模式"。各种新研究模式促使社会史中的"社会"一词成为阐释历史的一种新概念。1992年，乔志强在《中国近代社会史》一书中对"社会史"做了这样一个定义：社会史研究的是社会本身的历史，即研究人类社会及其机制发展的历史，研究人类有史以来赖以生存并必然结成的社会本身的历史。这一定义强调了社会史"整体性"的书写方式。因此，在中国社会史学界"社会史"一词又发展成为一个综合性概念，

"它是以人们的群体生活与生活方式为研究对象,以社会结构、社会组织、人口、社区、物质与精神生活习俗为研究范畴,揭示它本身在历史上的发展变化及其在历史过程中的作用和地位"[①]。

虽然学术界对社会史概念的阐释仁者见仁,智者见智,但被冠以"社会"前缀的主流词汇却大行其道,诸如"社会结构""社会生活""社会功能"等概念都成为研究者炙手可热的对象,这些概念一方面反映了社会史研究的重要内容;另一方面被赋予了社会史的研究功能,成为中国社会史研究表述的主流概念。它们包含着丰富多彩的社会历史内容,诸如婚姻、家庭、宗族等作为研究的对象,每个概念都有其各自发展变化的特征,"并且可能成为贯穿历史的一条主线,使看似庞杂的社会史成为一个有序的知识体系。以中国近代社会为例,传统社会向近代社会的衍化是社会变迁的一条重要线索"[②]。"在传统中国社会主要表现为封建性、停滞性、封闭性、宗法性等特征,而近代则表现为民主化、工业化、社会阶层流动化、教育普及化等特征。"[③] 但社会运行方式的变化怎样引导农民走出传统生活,是有关近代社会转型的重要问题,"社会生活"概念的提出为研究这一问题打开了一个新的视角。有研究证实:"近代工业品下乡虽然对农家手工业造成冲击,但并非如时人所言,促使农村经济的破产。工业品能在农村销售,是要有农民收入的提高和消费观念的变化为前提,而消费观念的变化又要农业以外的部门、手工业、商业和各种副业生产的发展为条件的。事实是农民放弃自给生产改在市场购买,首先要有钱,收入要比原来高,并把从事自织自纺的时间投入其地生产,才能用上洋货。生活的变化如实反映了农村消费观念的更新和经济结构的变迁。所以生活是一个窗口,它所展现的时代风云、社会变迁、思

---

① 冯尔康:《开展社会史研究》,《历史研究》1987年第1期。
② 乔志强:《从社会史到区域社会史》,《山西大学学报》(哲学社会科学版)1998年第3期。
③ 乔志强:《近代华北农村社会变迁刍论———兼论地域社会史研究的理论与方法》,《史学理论研究》1995年第2期。

潮起伏，为研究者提供了取之不竭的资源。"①

正如研究者所见，丰富的内容促使了社会史研究概念的多元化发展，诸多概念的使用又为社会史研究带来日新月益的变化。当人们从社会史的角度，将林林总总的社会事物概括到某一方面进行研究时，社会史研究的内容更加细化了，出现了对民众认识、基层组织、地方制度的研究，与这些概念大体相对应的是社会史研究者以"自下而上"的视角来阐释中国传统社会中乡村制度、社会精英等内容对国家体制的塑造功能，并有市民社会、公共领域、宗族构造等理论和研究模式的提出。以上模式形成了社会史概念观照下的中国历史变迁过程研究，即"小概念中的大历史"。

20世纪90年代，"随着社会史研究的发展，社会史研究其实面临着复兴之后如何深化的问题，仅靠宏观的立论显然难担其责，中国近代社会史研究要迈上新的台阶，必须开展深入的研究，这样中国近代社会史研究体现了区域社会研究的走向，区域社会史研究的繁荣则成为这一时期的突出特征"②。那么，区域社会史如何在时空中找到区域社会的研究概念，使研究对象既具有独立性又不被大历史排除在外？这里，笔者借助"地点感"和"时间序列"进行概念梳理，以明晰研究中的"小概念"与"大历史"的关系。"在做区域社会历史的叙述时，只要对所引用资料描述的地点保持敏锐的感觉，在明晰'地点感'的基础上，严格按照事件发生的先后序列重建历史的过程，距离历史本身的脉络也就不远了。"③ 实际上，在具体研究实践中，"时间与地点"的概念不仅为区域社会史提供了思考的基础，而且为之提供了思考的对象。通过强调"地点感"研究，"区域社会史越来越注重不同区域的具体性和特殊性，越来越深入个案中。这种田野调查方法在区域社会史研究中的运用，不但兼有资料建设和方法论的意义，而且可以使研究者在一定的

---

① 薛君度、刘志琴：《近代中国社会生活与观念变迁》，中国社会科学出版社2001年版，第9页。
② 行龙：《二十年中国近代社会史研究之反思》，《近代史研究》2006年第1期。
③ 陈春声：《历史的内在脉络与区域社会经济史研究》，《史学月刊》2004年第8期。

时空场景中更好地解读历史的脉络"①。

在田野与社会视野下,区域社会史的研究理论与方法得到了进一步扩充,并囊括了区域社会发展中更多的概念,使一些"鸡零狗碎"的内容引起了人们的关注,诸如里社制度、地方传统、身份认同、生存伦理、礼教扩张等。这些概念一方面与社会史概念一脉相承,成为社会史研究的一种延伸,反映了社会史理论与方法的深化;另一方面又加强了社会史与其他学科的交流,成为"适应协调社会系统的结构性规则与历史偶然性、共时性与历时性、普遍性与特殊性、分析与叙述等的需要"②。这样的概念有利于学科交叉研究,避免从定义上出现歧义,使区域社会史的定义更加准确并具有包容力。以历史学与人类学的关系为例,人类学家列维·斯特劳斯指出二者均以社会生活为研究的主题,以对人类更深刻的了解为共同的目标,在方法上除了各种研究技巧比率有所差异外,大致上也是相同的。因此,区域社会史研究引用了人类学中的一些概念,如庙宇、宗族、村落等,这些概念所谓"麻雀虽小,五脏俱全",研究者力求通过小概念,追求大问题,其目的是在"小地方"与"大历史"之间建立起必要的逻辑关联。此外,区域社会史从个案研究的角度出发也提出了一些新的概念,如农业技术、疾病、灾害等,这些在以往研究中一度被忽视的边缘概念随着社会史研究的深入发展逐渐由边缘走到中心,并以非主流的视角进入社会史研究中,担当起"旁观者清"的任务。这种新的研究视角可以说既有助于对既有理论的检视,更有助于史学新概念的建构。在其理论发展的过程中,借助了众多概念中所包含的话语力量,可以说每次理论的深化都是对相关学术概念的进一步分析与探讨。

由以上论述可以看到,作为概念的"技术"蕴含了丰富的社会发展内容。但是,由于与中国传统社会农业技术相关的社会研究一直未引起学术界

---

① 行龙:《二十年中国近代社会史研究之反思》,《近代史研究》2006年第1期。
② 叶汉明:《立足于历史学的社会史概念建构与更新》,《天津社会科学》2001年第1期。

的高度关注,因而技术也就作为一个边缘概念未被列入社会史研究的主流之中。随着相关研究进一步深入开展,"技术"等一些概念所具有的学术价值逐渐凸显,尤其是在对近现代农村社会的研究过程中,"技术"变量及变革不但关系到农村社会的变化与变革。更为重要的是,它还从另一个侧面反映了国家政治向农村渗透的具体实践过程及路径。

小地方与大历史

在中国漫长的历史发展过程中,传统史学历来是以王朝更替、典章制度、社会精英为主要描述对象的,而社会史研究的兴起,使普通人的生活进入研究者的视野范围内,为中国大历史的书写又增添了一条新的脉络。20世纪90年代,在社会史研究深化的过程中,区域社会史研究成为在既定时间和空间中探索社会变迁的一条重要学术途径,由于区域社会史的研究对象包括地方社会发展中的生态环境、社会经济、文化生活等诸多具有丰富"地方性知识"的内容,因此,区域社会史的研究不但可以认识区域社会自身发展的脉络与节奏,而且可以反映出地方社会对大历史构建所起到的影响与作用。

一、小地方与大历史建构

在传统史学研究中,我们所讲的大历史概念多是宏大叙事式的,不论是西方还是中国,基本上是以文本史料为依据,关注国家上层的历史,即政治史、经济史、军事史、外交史等与国家政权活动关联密切的大历史。在中外史学研究中,"王侯将相"一直占据着传统史学中的主体地位,所谓的大历史就是那些改朝换代、治乱兴衰、典章制度、重要人物等的历史。在中国漫长的古代社会中,专制主义中央集权、小农经济、传统文化成为阐述大历史的真正框架。传统史学所编纂的史书成为一系列政治制度兴废和权力交替的记录,所以在大历史的视野中天下一统和文化一体的观念使地方历史偏隅一方，即使是被列入史籍的地方志书也总是被理解为王朝典籍在地方上的翻版，"府志""县志"等旧方志完全是当地主政者"治理一地，造福一方"的资治辅政之书，是大历史框架下的地方"向化"中央的过程，其不可能在小地方与大历史的关系层面进行探讨。究其传统史学研究中"放大"与"失小"的原因是缺乏对整体史观的认识，没有把区域研究和整体研究结合起来。然而历史是一个蕴含着丰富内容的文本，在历史长河的演绎中，小地方的社会要素也往往会成为大历史的重要内容。在区域社会研究中，小地方与大历史是并列存在的关系，尤其是对于一个保存有数千年历史文献，典章制度记载相当完备的传统国家来讲，地方社会的各种形态都可以在国家编著的文献中找到阐释的根源，小地方的历史蕴含于对国家话语的深刻理解之中，与国家意识形态相一致，大历史也可以在区域社会中全息地展示出来，这样才能真正体现出小地方的所具有的研究价值。

19世纪末期，以革新传统史学研究范式、拓展研究领域为学术追求的新史学运动在西方兴起，新史学反对传统史学只关注帝王将相英雄史的研究，美国新史学派鲁滨逊提倡扩大研究视野，希望研究者关注人类活动的每一个领域即社会整体的变迁史。在这种史观的影响下，政治不再是历史研究的唯一标的，过去对政治、经济、文化等内容简单地划分，在社会史研究中已失去意义。在研究方法上，新史学质疑传统史学只按照事件发生的先后年代次序组织史料、描述历史的方法，提倡突破传统史学的陋习，主张通过分析与总结对历史做出合理的解释。在此学术研究背景下，小地方的历史进入研究者的视野，一个典型的例子是法国历史学家拉杜里的著作《蒙塔尤》，蒙塔尤是13世纪晚期14世纪初期法国西南部的一个村庄。拉杜里以宗教裁判所的口供资料，描述了该地区牧业经济、家庭构成、妇女生活，以及当地的空间、时间、宗教信仰等内容。彼得·伯克在《历史学与社会理论》一书中指出：《蒙塔尤》记述的历史中，没有政治专权，也没有史诗般的历史事件，有的只是30年历史间该村子中人们的生活。以"大海中的一滴水"，展现了中世纪村庄的面貌。拉杜里在书中写道："蒙塔尤是一滩臭气扑鼻的污水中的一滴水珠。借助日益增多的资料,对于历史来说,这滴水珠渐渐变成了一个小小的世界;在显微镜下,我们可以看到许多微生物在这滴水珠中游动。"① 尽管蒙塔尤是一个小地方研究的个案,但却具有代表性。正如海登·怀特的评介,"我们通过蒙塔尤这个村落了解到了整个法兰西的权力分配结构,即王权和教权的双重统治、整个社会的阶层结构、当时的风俗人情,更重要的是整个农民阶层的社会生活,这正是通过部分了解整体的过程。因此,史学家在评述这部具有代表性的区域史著作时,往往会指出该作品应该是一部有着自身深厚内蕴的研究,但同时也会揭示出与在它之外的其他进程和事件的关联"②。

《蒙塔尤》诠释了法国年鉴学派倡导的新史学观念。新史学的历史研究跳出了过去以王朝更迭、皇帝将相为中心的大历史范畴,通过对一个小地方的研究拓展了史学研究的空间。年鉴学派的新史学强调社会是由独立和多元的内容组成,主张在总体史观的关照下对某些特定地区进行深入研究,认为任何一个地方社会都有自己的历史记忆,这是构成年鉴学派建构"大历史"的中心内容。布罗代尔所著的《菲利普二世时代的地中海和地中海世界》一书就是以地中海区域为中心,深度描述了16世纪这一地区的山脉、平原、海岸、岛屿、气候、城市、交通、人口、商业、海盗等社会内容,并对当时的西班牙和土耳其的政治文化、战争方式以及两者争霸的过程进行了叙述。通过对地中海与16世纪下半叶地中海地区的研究,布罗代尔抓住了小地方中暗藏的大历史,将研究视野扩展到整个地中海区域以至全世界。正如他在书中所言:"我怎么能够不瞥见地中海呢?我怎么能够逐一研究大批醒目的档案资料,而对地中海千姿百态和生动活跃的生活视而不见?……抓住地中海这样一个历史大人物,利用它的庞大题材,它的反抗、圈套以及冲动,以

---

① 〔法〕埃马纽埃尔·勒华拉杜里:《蒙塔尤——1294—1324年奥克西坦尼的一个山村》,许明龙、马胜利译,商务印书馆1997年版,第428页。
② 〔英〕玛丽亚·露西娅·帕拉蕾丝-伯克编:《新史学:自白与对话》,彭刚译,北京大学出版社2006年版,第76页。

期创建一种崭新的史学。"①

年鉴学派对有关于小地方与大历史的研究,深深地影响了20世纪有关于中国历史的研究。在新的研究视阈下,美国一些历史学家为深入考察中国的历史,特意缩小了研究区域,开始对小地方进行研究,汉学家施坚雅提出的以区域中国为单位的研究理论方法,对历来注重时空序列的大中国历史研究者产生了巨大的影响,施坚雅改变了整体中国的研究,也改变了以行政区域为单位的研究。在施坚雅的研究中有一个重要的预设问题:研究中国社会历史的地理单位是什么?这个问题对于传统史学而言具有重要的现实意义,在关注中国的研究学者眼中,施坚雅代表集市体系理论《中国农村的市场和社会结构》和代表区域体系理论《中华帝国晚期的城市》的两部专著,均是通过对小地方的研究来透视大历史的问题,前者是从农村的基层市场出发,逐渐扩展到整个中国。后者是对中华帝国晚期的城市进行系统研究,逐渐演绎成为以等级经济结构为主要特征的城市体系理论。施坚雅以等级经济结构来划分中国的区域,这种理论划分标准突破了以往中国历史研究中,长期以来将行政单位进行分析的思维定势,把城市放在了更为广阔的区域环境社会背景中进行考察。

20世纪60年代以来,在施坚雅的区域分析方法论的影响下,美国汉学界摈弃了对中国历史研究的"冲击—反应"大历史模式,开始注重从中国社会内部来考察近代中国史,这一研究取向被柯文(Paul A. Cohen)称之为"中国中心观"。"中国中心观"强调"把中国按横向分解为区域、省、州、县与城市,以展开区域与地方历史的研究,认为只有进入到中国社会的内部,才可能总结出它的规律,发现它的问题"。②"中国中心观"就是力求从小地方寻找历史的因素,致力于在中国发现历史。70年代以来,国外汉学

---

① 〔法〕费尔南·布罗代尔:《菲利普二世时代的地中海和地中海世界》,吴模信等译,商务印书馆1996年版,第8页。
② 〔美〕柯文:《在中国发现历史——中国中心观在美国的兴起》,林同齐译,中华书局1989年版,第165页。

界出现了一大批对中国区域社会的研究成果，如：罗威廉对汉口的研究；裴宜理对上海、淮北的研究；魏斐德对广东的研究；斯特兰德对北京的研究；杜赞奇对华北的研究等。并在此基础上形成了黄宗智的"过密化"（或内卷化）理论、萧公权的"士绅社会"理论、杜赞奇的"权利的文化网络"理论、艾尔曼的"文化资本"方法等一些较大影响的理论模式。这些理论建构起中国小地方社会研究的理论框架，对区域社会史研究有着重要的指导作用。

在国内史学界，对小地方与大历史的研究早已有之。早在20世纪30年代，冀朝鼎先生就从区域历史的角度提出"基本经济区"的转移问题，这一问题实质上也是区域社会发展与中国大历史的问题。"基本经济区"是指"其农业生产条件与运输设施，对于提供贡纳谷物来说，比其它地区要优越得多。以致不管是哪一集团，只要控制了这一地区，它就有可能征服与统一全中国。这样的一个地区，就是我们所要说的'基本经济区'"[1]。我们可以看到，基本经济区的兴衰关系与整个国家的命运息息相关，区域的历史主宰着王朝的历史。回顾国内的区域史研究，傅衣凌先生在对中国社会经济研究时，就曾指出农村的经济小区的研究，应不放弃其对于中国社会经济形态之总的轮廓的说明。20世纪90年代以来，国内部分学者通过对欧美区域史研究理论的"本土化"实践，利用天时地利人和的条件，在不同区域多层次、多角度地研究了中国社会历史。如：王笛先生通过对清代以四川为中心的长江上游区域的人口、耕地、生态、经济结构、文化、社会生活、城市贸易、宗教信仰等方面的系统研究，论述了这个处于中国腹地的、具有独特经济和文化的内陆地区由传统向现代发展的历史；乔志强、行龙先生从人口增长及其流动、婚姻状况及其变迁、家庭、家族、阶级—阶层及社会流动、市场交换、城乡关系、物质生活、社会风俗、民间信仰、社会心理、人际关系、农村教育、基层政权、灾荒救治、社会问题、社会变迁等方面，系统研究了近

---

[1] 冀朝鼎：《中国历史上的基本经济区与水利事业的发展》，中国社会科学出版社1981年版，第21页。

代华北社会的发展历史;王振忠先生则是考察了明清徽商与淮扬社会文化变迁的关系。此外还有朱德新等人对20世纪三四十年代冀东、河南的研究。小地方历史研究对中国社会发展多样性的阐释,使中国社会历史发展的单一性、重复性被打破,历史不再是以民族—国家为核心的政治史的解释模式,而是包含了日常生活及社会的各个领域,历史学家关心"最容易影响到家庭生活、物质生活条件以及基本信念这样一些制约人类的因素所发生的物质变化和心理变化,关注群众的日常生活,研究人的饮食起居、姿态服饰、风俗习惯、技艺和文化"[1]。从时空、人类、经济、文化、事件等多重维度去研究社会,历史的发展变得复杂而丰富。李泽厚认为:"历史的主要部分本就应是这些衣食住行、日常生活的记录和记述。之所以记录和载述,是为了保存经验,巩固群体,传授后人,归根到底还是为了食衣住行。"[2]而日常生活归根到底是发生在基层社会的小地方当中的。葛兆光先生就认为区域史研究使同一性中国历史、中国文明与中国思想是否存在产生了根本质疑。

从小地方看大历史,或者说从区域社会的发展状况去探讨整个国家历史的取向,使历史学研究从纷繁的时空脉络中探索出各因素之间的相互关系,家庭、宗族、社区、农村社会、城市等各种空间都成为透视大历史变迁的内在因子,民众的日常生活、婚姻、信仰、心态、社会交往等各种以前被人们所忽视,但包含丰富历史信息的内容被纳为历史研究的题材,历史被客观、全面地重构,从而变得更加开放。在以往历史研究的过程中,许多区域社会中的历史资料由于与宏大历史不相干,往往被从历史中排除。而小地方与大历史的研究者提出,历史研究的视野与对象应包括"区域"与"整体"两个境域,这两个境域实为一个整体,是统一的,从资料挖掘意义上来讲,"区域"的研究是更为重要的,年鉴派代表人物马克·布洛赫、吕西安·费弗尔

---

[1] 〔英〕杰弗里·巴勒克拉夫:《当代史学主要趋势》,杨豫译,上海译文出版社1987年版,第85—87页。
[2] 李泽厚:《历史本体论》,生活·读书·新知三联书店2002年版,第24页。

提倡研究区域社会中经济、心理现象，描绘个别特殊事件、人物、制度，把个体事物放到区域社会中予以辩知与理解，找出各种历史因素之间的关系，并将自然与社会，历史学与其他社会科学结合来做区域史研究，因为只有将历史学、政治学、社会学、民俗学、文化人类学的一些东西在方法论的意义上结合起来，打通史学与社会科学，使材料多样化，才能完成研究中的"区域""整体"相生、相辅、相成的关系，才能使之重新构建"全面的历史"。因此，民俗学、人类学等学科的常用材料，例如传说、故事等，到了社会史学家的研究视野里就具有了历史的价值。区域社会研究者会把它们理解为人们的对权力、文化、某种形式的共同体及其历史等等的建构行动，而不只是一种话语活动。[1]

透过对小地方历史研究的同时还重新建构了传统的政治史，用微观的视角来看政治，真正做到了从大众的角度、心态的角度等多社会结构的角度来解读制度、事件与意识形态，即勒高夫所讲，新型的政治史在政治史的范畴内不再是政治的历史，而是政权的历史，不再关注那些大人物诸如国王和大臣是谁，而是探讨解释政权在何处，拥有权力的是谁，社会的权力在哪里。在探讨小地方历史研究对中国社会发展多样性的研究中，华南学派的田野调查对上述问题做了回答，科大卫和刘志伟先生认为华南宗族的发展实际上是明代以后国家政治变化和经济发展的表现，是国家礼仪改变并向地方社会渗透在时间和空间上的扩展，通过宗族意识形态向地方社会扩张和渗透与宗族礼仪在地方社会推广，把地方认同与国家象征结合起来的过程。陈春声通过对广东樟林乡村社会史的调查，探索了樟林神庙系统的结构关系。他发现国家作为一种政治和文化的正统始终存在于基层社会的集体无意识中，也始终影响着乡民的信仰空间，并揭示这种信仰空间得以形成的历史过程和历史场景。

而对于通过这种小地方对大历史的阐释，不可能局限在村落或宗族，以典型区域山西为例也同样具有说服力，谭其骧先生曾应山西史学会之邀在山

---

[1] 周祥森、张凤香：《区域社会史的革命》，《史学月刊》2007 年第 12 期。

西大学作过一个报告，讲述山西在国史上的重要地位。而在 2011 年，行龙先生出版的《山西何以失去曾经的重要地位》一书回应了谭其骧先生对山西的研究："曾几何时，山西以其表里河山，地形最为完固的地理优势，成就了数朝霸业，演绎了民族融合，见证了分裂割据，在近现代史上，晋商的富可敌国与阎锡山利用这种'地利'做出了一番事业。""中国共产党人从井冈山、延安走进太行山，又从太行山转战西柏坡，进入北京城，走向全中国，中国革命胜利的历史与太行山紧密相连。建国后，山西是中国农村集体化时代的一个典型。从根据地时代李顺达的互助组到新中国成立初期率先在全国试办初级农业生产合作社，从'模范党支部书记'陈永贵到全国农业学大寨，山西都可谓模范辈出，独领风骚。"但是随着中国近代以来的现代化运动，曾经在中国经济发展史上占据核心地位的山西反而日益丧失了往日的辉煌，也即"为什么山西失去了曾经的核心地位"。[①]《山西何以失去曾经的重要地位》一书为典型的小地方与大历史研究路径，既是对山西区域社会内部微观历史的梳理，又是对宏观大历史脉络的研究，这部著作反映了自 20 世纪 90 年代中期以来，中国社会史研究转向的学术潮流，同时也反映出了当今社会史研究的学术变化，即以前的研究主要在于探讨的是小地方本身的历史渊源，而现在则是要透过地方社会思维逻辑、产生与发展的原因等这些现象，去探究山西这个区域对整体史的认识和建构，认识国家与社会关系之类的大问题。脱离了区域社会就不能完整地理解大历史。在过去的历史研究中，我们过多地强调了对外的取向，而忽略了中国内部的取向，也就是中国本土意义的历史研究，而这是要通过区域研究来实现的。柯文认为在中国开展区域研究的主要依据，是因为中国的区域性与地方性的变异幅度很大，要想对整体有一个轮廓更加分明、特点更加突出的了解——而不满足于平淡无味地反映各组成部分间的最小公分母——就必须标出这些变异的内容和程度。

---

① 行龙:《山西何以失去曾经的重要地位》，山西教育出版社 2010 年版。

纵观 20 世纪以来，历史学研究所经历的从民族国家向地方、从叙事式向分析式、从宏观到微观、从总体到专题的研究转变，反映了历史研究取向、学术观念、研究方法的极大改变，而直接促使这些变化的根本因素在于学术视角的转换。在"自下而上"的研究视角下，"无论我们的研究对象是多么平淡无奇，多么缺乏宏大的'政治叙事'"，我们都"可以从那些表面看来'无意义'的对象中，发现历史和文化的有意义的内涵"[1]。

二、小地方与大历史书写

19 世纪末 20 世纪初，建立在批判、反思传统史学基础上的新史学，对传统历史书写的方式提出了挑战，倡导总体史观，强调研究整个社会的历史。社会史作为一门新兴学科，应运而生。社会史关注社会生活，关注下层社会历史的研究，"他们将重点放在下层群体，放在以前为人们所忽视但可以为历史学家提供信息的资料上"[2]。"在某种程度上，下层历史代表了一种抉择，因为它通过关注大众或人民的生活、活动和经历，把人们的注意力从精英或统治阶级身上吸引开来。"[3] 正是这种新的学术视野使小地方所具有大众社会浮现出来，使社会史的领域变得异常开放。从家庭、宗族、阶级—阶层、社区、集团、婚姻、宗教信仰到仪式、象征、心态等，统统被纳入了社会史的研究范围。

---

[1] 王笛：《茶馆：成都的公共生活和微观世界，1900—1950》，社会科学文献出版社 2010 年版，第 14 页。
[2] Lynn Hunt, ed.: *The New Cultural History*, Berkley: University of California Press, 1989, p.6.
[3] Harvey J. Kaye: *The British Marxist Historians: An Intro-ductory Analysis*, Cambridge, 1984, p.223. 转引自梁民愫：《英国新社会史思潮的兴起及其整体社会史研究的国际反响》，《史学月刊》2006 年第 2 期。

20 世纪 80 年代,中国社会史研究复兴是对倡导眼光向下、关注小地方的研究旨趣的一种提升,社会史研究中有关小地方的内容似乎更能把"历史的内容还给历史"[①]。那么,在中国这样一个具有几千年历史文化的国度中,历代王朝的典章制度与国家权力是怎样深入地方社会中的,民间社会又是怎样对朝廷的典章制度进行合理性解释的,宗族、信仰、娱乐、礼俗等丰富的社会内容又是怎样与国家进行交流的。常建华认为,社会史学家的问题意识,推动 90 年代社会史研究在方法论意义上实现了区域转向,成为 80 年代以来中国社会史学术发展的三大特征之一。中国幅员辽阔,民族众多,地理环境复杂,经济文化发展区域差异较大。俗话说:"广谷大川异制,人居其间异俗。"色彩斑斓的地域特色,使区域社会史日渐成为中国社会史研究的一个主要方向。区域社会史研究的初始阶段,受整体社会史研究视角的局限,区域历史宏观性研究的色彩浓郁,主要是基于现代化理论,关注传统—现代结构转型中地方和国家的关系。研究者多关注的是传统社会的解体过程,强调民族—国家领导的现代化意义,忽视地方社会性,忽视黎民百姓在现代化过程中的经历,没有站在民众的角度来体会历史文化的连续性。这种"向下看"的眼光实际上是"自上而下"研究立场的反映。

20 世纪 90 年代中期以来,受历史人类学的影响,区域社会史分析模式转为国家与地方关系,开始关注地方传统文化和社会空间,对于地方传统社会文化的感知,西方史学研究者主张采用"移情法"。所谓"移情法"即柯文所说的历史学家通过进入历史演员们丰富多彩的直接经验之中去认知历史,移情是设身处地体会对方的心理、思想、感觉和处境。颇类似于陈寅恪先生的同情之理解,强调了采用本地人思维立场的重要性。杨念群认为,研究者不仅需要采用"移情"的方法,关键还在于采用底层民众的视角,因为地方世界之所以区别于上层社会,就在于其存在着难以用上层精英的知识加以把握的感觉世界,乡民们往往凭借从"感觉世界"提炼的原则安排日常

---

① 《把历史的内容还给历史》,《历史研究》1987 年第 1 期。

生活。地方性文化传统虽然没有得到朝廷的承认，却已植根于民众的心灵深处，成为建构黎民百姓行为方式、生活规范甚至农村社会结构的主要因素。国外人类学理论的引入，为区域社会史研究的本土化实践提供了契机，在学术界出现了诸如"华北模式""关中模式""江南模式"等一系列说法。① 正是这一系列模式的提出，促使了区域社会史研究方法论发生了从"眼光向下"到"自下而上"的转变。

"自下而上"的小地方与大历史的书写方式，是通过对民众的生存环境、日常生活状况等内容来揭示国家大历史的规律，"国家"不再是一个孤立的、脱离具体社会情境的、抽象的叙事概念，而成为一个具有强烈时空感的鲜活场景。它通过对地方具体历史事件的分析，注重区域社会事件在历史中的关联作用，可以考察国家的宏观政治在这个地方的实施以及演变的情况。即以地方的视角去重新理解中国和世界。一些研究者还运用诸如"宗族""神庙""市场"等分析概念，通过"自下而上"的视角探索上层政治是如何渗透进地方社会的，即"从民众的角度和立场来重新审视国家与权力，审视政治、经济和社会体制，审视帝王将相，审视重大的历史事件与现象"②。例如，清雍正年间实施的"摊丁入亩"政策，它废除了近两千年来的人头税，改变了历代以人口为主要对象的赋税征收方式，极大地削弱了人口与赋税的依附关系。然而这一政策在执行过程中却受制于区域性差异，山西省早在雍正二年（1724年）九月就开始执行将"丁银"并入"地粮"的政策，但直到晚清光绪五年（1879年）才最终完成"摊丁入亩"，成为最后一个实施该政策的省份。郭松义先生曾在《论摊丁入亩》一文中就山西省摊丁入亩的时间、过程、执行等情况研究，指出"以晋省居民置产者少，逐末者多，且地土瘠薄"是政策进展一直十分缓慢的主要原因。加之山西自耕农较多，土地兼并与其他省份相比不太严重，虽然"丁赋改革"使农民人身获得较大的自由，

---

① 行龙、杨念群：《区域社会史比较研究》，社会科学文献出版社2006年版，第2页。
② 赵世瑜：《"自上而下"、"自下而上"与整合的历史观》，《光明日报》2002年10月12日。

但与从前的赋、役分征办法比较，丁银相对偏重，因此遭到了百姓的强烈反抗，甚至于激起万泉、安邑等县"罢市、烧城门、毁公署"的民变。这些具有重大影响的国家事件只有放到地方社会中具体进行考察，并充分地体验出民众真实的生活感受，才能得到国家历史的整体构图。

这种自下而上、由民间而国家的区域社会史研究视野，包含了历史学、人类学、政治学及社会学等相关学科的理论与方法，推动社会史学家走出象牙塔，走向田野。田野调查可以透过乡土文化去发现历史。"通过实地调查可以增加对社区内部的各种社会关系和各种社会联系的了解，增加对当地宗教、宗族、风俗、基层组织和生活方式的直接感受，收集到极为丰富的民间文献，例如族谱、碑刻、书信、账本、契约、民间唱本、宗教书记、日记、笔记等，并且可以听到大量关于族谱、村源、村际关系、区内关系和其他方面的种种故事或传说，从而有助于站在社区传统的本来立场上达到对它的文化理解。"[1] 进入田野，可以让历史学者获取历史现场感，从区域社会的经验事实出发，去理解中国社会的深层结构与内在脉络。

小地方与大历史"自下而上"的研究方式，大大超越了社会史研究原有的范围。使史学研究从绝对的单线索脉络转向相对的、多线索脉络。研究者在多线索的历史脉络中，发现任何一个历史事件的发生都不是偶然的，而是"社会各因素合力作用的结果"[2]，历史的决定因素不是那些当政者的执政方针和施政利益，而是最具有时间性、结构性或最稳定的内容，如自然地理环境、百姓的日常生产与生活、风俗、信仰、心态等。年鉴学派早期代表人物吕西安·费弗尔针对传统史学的弊端，提出将史学从狭隘的政治史的局限中解脱出来，扩大史学的研究范围，把社会作为一个整体，立体多层次、全方位多角度地研究历史，不仅要研究人们所关注的事件历史，也要研究黎民百

---

[1] 蔡少卿、李良玉:《50年来的中国近代社会史研究》,《近代史研究》1999年第5期。
[2] 〔美〕格奥尔格·伊格尔斯:《欧洲史学新方向》,赵世玲、赵世瑜译,华夏出版社1989年版,第58页。

姓的日常生活、心态、思想活动等非事件历史。正如罗志田先生所述，省府县行政机构的实际运行、各类社会群体的日常生活状况、城乡风俗的变与不变、各区域文化的异同、乡镇士绅的社会角色（指具体的个案研究而非综合分析）、整体女性群体和包括"先进"与"落后"的特定女性群体（如数量不大的女学生和数量极大的缠足女性）、区域性的事件或全国性事件在不同地区的发生与发展等，都值得引起研究者更多的关注。[①] 在以往有关历史变迁的研究中，考虑较多的是社会属性，环境与生态问题一直为人们所忽视。近年来，社会史研究者提出要将自然环境的研究与社会变迁结合起来，关注区域历史发展过程中自然与社会的演变。这一研究使社会变迁的研究视野进一步扩大，学者们将土地、水、森林等自然资源的变化纳入了社会变迁范围进行了广泛的讨论，并深入探讨了人类行为对生态环境的影响，强调了生态环境变迁对大历史所起的作用。上文所提到的"基本经济区"的转移问题，实际上是地方水资源与国家的一个命题，"基本经济区"的灌溉农业主要依赖于由国家兴办与维修的各类水利工程所发挥的特有作用，在中国这样一个以农为主、旱灾害频仍的国度中，水是重要的生产资料，无论是水资源丰富的地区还是匮乏的地区，水都涉及百姓社会生活的各个方面，在日常生产、生活中关于分配水、管理水、使用水的命题从古至今都关系到国家与地方社会的安定，更是万千民众的重大问题。治水成为各朝各代稳定、发展的一种主要方式，水利成为农业社会竞争的核心资源，通常也是地方社会构成的重要因素，水到之处会形成不同的社会利益群体，以水为中心可以作为一条线索探讨区域社会全面的历史，也可以勾画国家与地方社会的关系。

此外，还有学者考察了明代后期万历和崇祯年间华北两次鼠疫流行病发生的原因和对社会产生的影响，曹树基先生就指出生态环境遭受破坏和气候异常情况的双重影响是鼠疫流行病发生的原因，而万历年间的华北鼠疫大流

[①] 罗志田：《见之于行事中国近代史研究的可能走向——兼及史料、理论与表述》，《历史研究》2002年第1期。

行使区域经济和社会的发展陷入了停滞状态，崇祯年间的鼠疫则在风起云涌的起义浪潮中加速了它的传播和扩散。其最终结果是明王朝在灾荒、民变、鼠疫和清兵的联合作用下灭亡。[①]在有关于明朝灭亡的历史研究中，研究成果多集中在阶级矛盾、政权斗争和民族纷争等方面。上述研究从一个新角度表明区域自然生态环境的异常也是造成明王朝灭亡的主要原因。

小地方与大历史"自下而上"的书写方式还在于其突破了行政区划"界"为依据而划定的区域社会及其发展的历史。在这里，我们通过对山西的"文化边界"研究来透视有别于传统区域共同体的中国社会。山西东面跨太行山与河北相邻，西隔黄河临近陕西，南面与河南相接，北直接与内蒙古毗邻，地域上接壤毗邻为人们迁徙带来方便，同时又促进了商业经济的发展和文化交流等。因此，山西各地的乡土文化由于受其毗邻地区的影响，多与邻近省区相同或相近，尤其是地方戏剧。蒲剧（蒲州梆子）是山西四大戏曲梆子之一，最早可追溯到明代嘉靖年间。其发源地蒲州地处黄河中游，此地毗连山西、陕西，是南方地区通往西北的交通要道，商业汇通，经济繁荣，因此，蒲州为戏曲发展、交流提供了有利的环境。在金元时期，这里杂剧演出极为盛行，明清以来，地方梆子盛行。蒲剧的渊源有两种说法，一说脱胎于晋南和陕西东部民间的锣鼓杂戏；二说是北方戏曲与山陕两省民歌小曲相结合的弦索调。至明中叶受青阳腔（清戏）影响后演变而成。到康乾盛世时传入北京，北京观众称蒲剧为西调、西秦腔、勾腔，后来又多以"山陕梆子"称之。所谓"山陕梆子"就是指山西的蒲州梆子和陕西的同州梆子。两地仅有黄河之隔，语言文化相近，风俗生活习惯相同，同时又有大庆关渡口将两地连为一体，艺人经常相互搭班演出，没有地域界限之分，乾隆年间秦腔名旦申祥麟曾由蒲州售技至太原，成为当地的佳话。嘉庆年间（1796—1820年）北京有"山陕班"演出，最为著名的是蒲州须生郭宝臣和同州工

---

① 曹树基：《鼠疫流行与华北社会的变迁》，《历史研究》1997年第1期。

旦白长命在北京搭梆子班演唱的《鞭打芦花》。[1] 这种融入了界线之外的地方戏剧文化在山西还有"上党梆子""北路梆子"等多种剧种。由于区域性及各自依附的地理条件、生活习俗以及社会环境等多种历史因素的差异，使得山西及与周边省域形成了区域文化凝固。地方戏剧作为一种文化传承的载体，使我们在品阅文化的同时不经意地领悟到了大历史演绎的过程。

从以上区域社会史研究的内容中我们发现，不论是对国家与区域社会关系的探讨，还是对文化信仰观念、民众社会生活以及生态环境等内容的剖析，虽然都以小地方为切入点，我们感知到的却是大历史的发展。近来，有区域社会史学者主张从社会史角度重提政治史的研究取向，强调突出区域社会史中国家的在场，从而呈现中国社会演进的脉络和特质，在区域研究实践中实现整体社会史的目标。可以说，区域社会史"自下而上"的研究视角，推动着社会史学家不断地重构历史。

三、大历史观照下的小地方

区域社会史所强调"区域"并不是与整体相对立的概念，这里所指的"区域"也并不是多维度的概念，而是在大历史因素积淀下来的多重复杂性元素形成的过程。因此，作为社会史的分支学科，区域社会史也是以"整体史"为其特征的。也就是说，尽管是在一定区域内的"小地方"研究，但在研究过程中必须要有总体的宏观把握和全局性的"大历史"眼光。正如雅克·勒高夫在论述"新史学"的特征时，所提出的"任何形式的新史学都试图研究总体史"的命题。

在目前的区域社会史研究中，出于认识上的偏差，有些学者在以区域理

---

[1] 河津县:《1963年戏剧资料普查汇编戏剧文物资料》(内部刊印本)。

论构建整体史的方法上并非恰当。最常见的问题就是研究者难以顾及整体研究的需要，其成果孤论、孤证、孤立，不能连贯统一，相互独立，社会史研究中的"碎化问题"应运而生。但同样是"碎化问题"，我们在这里所谈的碎化问题与西方史学界所谈的有着本质上的不同。"当代西方史学研究领域越来越宽泛，研究课题日益多样化。随之而来的是研究领域极大拓宽，越来越多的历史内容被纳入到史学研究者的视野之中，历史研究趋于细微化和专门化，一系列新的不同层次的分支学科相继诞生。这种被指责为历史的碎化现象，实质上是历史学的高度分化。"① 而我们所言的碎化是指当前在区域社会史研究中缺乏总体史关照的研究倾向，这种仅限于个别的、支离破碎的研究严重影响了社会史研究的发展。还有研究认为区域社会史就是专题研究相互积累，以此显示出整体性，因而在区域社会史研究中出现重视专题而忽视整体的片面性，这是区域社会史研究过于简单化的做法，也是完全错误的认识，要知道若干个专题研究简单机械叠加与整体的研究之间是不能画等号的，局部的专题性研究是不能代替宏观的整体性研究。乔志强先生很早就提出，微观研究应当从整体社会史的角度进行，即把微观研究的对象放在总体社会史中进行考察，在系统社会史的知识体系中明确专题研究的位置。这样，便可以寓宏观于微观之中，在微观中体现宏观，避免"只见树木不见森林"的缺陷。在区域社会史具体研究过程中，还有学者将微观的区域性研究与整体史对立起来，这不仅是对区域社会史主旨的偏离，同时也是对整体史的误解。"总体史固然强调宏观的、综合的、长时段的研究，具有'大历史'的特征，但它却并不排斥微观的、具体的历史研究，而常以微观、具体的历史研究作为其载体，或者更确切地说，是小中有大，以小见大，把握和审视是宏观的，切入和描述是微观的，将宏观历史研究与微观历史研究、长时段研究与短时段研究有机地结合在一起，才能从而形成一种新的史学风格。"②

---

① 赵建群：《论"历史的碎化"》，《史学理论研究》1993年第1期。
② 马敏：《商会史研究与新史学的范式转换》，载杨念群、黄必涛、毛丹主编《新史学——多学科对话的图景》，中国人民大学出版社2003年版，第504页。

小地方研究是在区域社会史的研究中必须开展的工作，但是在研究中处理好"小与大""微观与宏观"的关系，是每个研究者首要考虑的问题。区域本身也是一个相对的概念，所谓大和小是相对的，微观与宏观都是相对的，其大可至一国、一州，小可至一镇、一村，要避免历史的碎化，处理好区域社会史研究中大与小、宏观与微观的关系，确有必要对区域与整体之间的相互关系有准确的认识和把握，区域是有形的、局部的、四分五散的，而社会是具有整体性、系统性、集中性的，可以说，区域社会史研究的内容是具体的，而关注的却是整体的社会。区域社会史研究的价值，就在于通过探讨社会各要素之间的相互关系揭示区域的整体特征，进而去认识整个中国。而要做到整体大于部分之和，必须处理好微观与宏观、局部与整体等类似的关系。目前，日渐兴起的村落历史的研究可谓社会史研究中微观中的微观，村落是社会的基本单位，人们居住、生产、生活其间，其既具有独立性，也表现出与外部社会的关联性，村落的形成与社会生态环境及历史密切相关。通过对村落的基本要素人口、宗族、风俗、习惯与国家权力的关系等内容的考察，对于认识中国整体社会的物质生活、精神文化、民众意识有着重要意义。村落史的视角虽然从地理空间切入，其实质是生活史研究的深化。[①]区域社会史研究的价值不在于对一个相对小的历史时空进行细致深入的解剖，而在于通过解剖中国社会的某一个局部去认识整体中国，通过对局部研究的逐步深入去把握整体的特征。而整体特征的构成则是由区域相关系列的内在因素生成，这一特征同时又高于区域原有的属性，因此，看上去区域独立于整体，但其实区域正是依存整体而显现的，如果孤立于整体性之外，区域也就不具备了原有的特征。区域社会史研究对区域进行不同层面"形"的展现，但终极目标是要回归到整体史的"神"上来。这就要求研究者把区域社会史置于整体史的观照之下，了解区域社会史不仅是社会史的重要组成部分，更是一种历史研究的方法，是整体史的一个部分，其不过是更加突出了

[①] 常建华：《社会生活的历史学》，北京师范大学出版社 2004 年版，第 193 页。

社会层面的内容，突出了区域的特殊性，其目的就是要体现历史多元化、丰富化和全面化。

近年来，小地方研究中出现的"碎片化"问题，"主要还是由于各种各样的区域史（包括新社会史、新文化史、历史人类学）研究对中国近代史的整体面相不断进行局部解释的缘故"[1]。正因如此，区域社会史的研究往往被误认为是"碎片化"表现突出的领域。如何避免多层次研究过程中的"碎片化"问题，还是要注重区域社会的"整体的历史"，即全方位地立体地考察区域社会，从特定区域的生态环境、文化资源、权力网络、社会生活等方面，要将区域内的政治、自然、经济、社会、文化纳入一个完整的体系内探讨，展现这一地区的立体全景，在历时性的研究中加入共时性的分析，实现向整体社会史方向的迈进。区域社会史研究不是为了简单地去归纳地区特点，而是要发现社会和人的生存的机制，在研究的"细"与"小"之中必须包含"深"与"大"的社会意义。通过掌握历史上特定时空条件下，人们从事社会活动的最基本的行事方式，我们才会对整个社会的运行机制即历史发展的内在脉络进行把握，这正是区域社会史研究的意义所在。不可否认，目前学界确实存就地方论区域的研究方式，不能将区域内部以及区域与整体之间有机地联系起来讨论，问题不在于区域研究，正如陈春声先生所言："深化传统中国社会经济区域研究的关键之一，在于新一代的研究者要有把握区域社会发展内在脉络的自觉的学术追求。毋庸讳言，时下所见大量的区域研究作品中，具有严格学术史意义的思想创造的还是凤毛麟角，许多研究成果在学术上的贡献，仍主要限于地方性资料的发现与整理，以及在此基础上对某些过去较少为人注意的'地方性知识'的描述。"[2]

"地方性知识"最早存在于古希腊哲人的思想观念中。二战结束后，在

---

[1] 行龙：《克服"碎片化"回归总体史——中国近代史研究中的"碎片化"问题笔谈》，《近代史研究》2012年第4期。

[2] 陈春声：《走向历史现场——"历史田野"丛书总序》，《读书》2006年第9期。

全球化的背景下，人们认识到知识作为一种动态的文化形式在任何时间、地点都具有普世的价值。因此，所谓的地方性知识是指某一地区的民众在长期历史过程中形成的与自身生产和生活密切联系的知识体系，其包括以文字形式和非文字形式保存的民俗、礼仪、惯习、信仰、思维等内容，具有自主、专有和传递的特点。地方性中的"地方"与行政区划或地形、地貌特征无关，它指的是知识的生成特定的语境，包括历史因素、文化群体、共同价值观、特定的利益关系等。所以，地方性知识强调知识总是在一定的情境中生成并在特定的群体中运用。在吉尔兹的解释人类学中，一个极其重要的观念就是强调从文化持有者的内部眼光来看问题，而不是把研究者的观念强加到当地人的身上。即从当地人的自然观、宗教信仰、文化观念等出发来看待其自身的历史，突破以科学作为评判的标准，并以此来确定一种历史、文化的研究范围。这种研究方式绝不是要研究者原封不动地机械转述当地人的文化感受，"地方性知识"的获得有赖于文化研究者充分发挥主体能动性去寻求与"文化持有者"的积极对话。[1]

"地方性知识"是阐释人类学的一个核心命题，同时也为人类学研究者提供了"地方性"研究的理论与方法。人类学家通过与文化持有者的对话以获得、深化和校验地方性知识。此种认识论在于充分发挥认识者在认识活动过程中的主体能动意识，从而借助对文化符号的"深描"来达到对文化实体存在内在意义的解释。格尔茨认为人的行为是一种符号，一种文化现象，他都体现出深度描绘和浅度描绘某种意义，人类学家要解构符号中的层层意义，对文化现象进行深度阐释。他通过对"'巴厘岛人斗鸡'现象的描述，从斗鸡习俗到双方参与者的经济状况、社会身份等一直深入到对巴厘岛人的性格、气质、心态等方面进行了研究，从巴厘岛人的角度来解开斗鸡对他们

---

[1] 〔美〕克利福德·吉尔兹：《地方性知识——阐释人类学论文集》，王海龙、张家瑄译，中央编译出版社2000年版，第203、208页。

到底意味着什么，指出深度描绘的实质是对当地人解释的解释"①，通过对研究对象进行"深描"，细致分析逐步揭示文化符号所指代的深层内涵，这也是最有价值的"地方性知识"。"深描"的目的不是要具体描绘出各文化实体的共性特征，而是要发现其特殊之处，是要"通过对特殊问题的特殊对待，来达成其分析的进步"。格尔茨充分意识到"地方性知识"的多样性和复杂性，而丰富和深入揭示这种多样性与复杂性便是对人类学知识的最有实效的深化，即能反映出小地方与大历史的关系。

因此，人类学家更加注重区域社会的微小与细致，以村落设定为研究对象，秉承"大处着眼，小处着手"的方法论，对区域社会进行更加广泛的研究，小地方有助于研究者对区域社会自身发展达到既有深度又有广度的理解。吴文藻和费孝通先生曾主张以一个村为标本来研究宗教的皈依以及其他种种社会联系，进而观察这种种社会关系如何互相影响、如何综合以决定这社区的合作生活。从这研究中心沿着亲属系统、经济往来、社会合作等路线，推广我们的研究范围到邻近村落以及市镇。② 类似的人类学家还有杨懋春、林耀华和杨庆堃，他们都从不同的时空角度对村庄（山东台头村、福建黄村等）的社会变迁做了深入而细致的描述。人类学者给予区域社会研究的启示是通过地方感取得的，区域社会中的社会事件、人的互动关系、宗教信仰、意识观念、象征符号、闲暇趣事及社会流动性等内容被编排在同一个时空下，在这纷繁复杂的历史叙事中看到不同的空间与时间对历史产生影响的过程，或过程中的社会关系。在这一关系中，人类学者对具有普世意义的大历史观进行着颠覆与重构。

"地方性知识"从文化人类学理论中扩展到全球发展领域，内涵本土化，外延多样化，推动了社会学科的多样性思考和行动。对中国历史学而言，与"地方性知识"最先结盟的应是近年来兴起的"历史人类学"。历史人类学学

---

① 〔美〕克利福德·格尔茨：《文化的解释》，韩莉译，译林出版社1999年版，第530页。
② 费孝通：《江村经济》，载《费孝通文集》（第2卷），群言出版社1999年版，第5页。

者发现"小社区的典型研究对于理解一个社会内部多种因素的相互关系,从总体上把握社会发展的趋向,具有其他研究不能取代的意义"[①]。"在具体的研究过程中,提倡田野调查与文献分析、历时性研究与结构性分析、上层精英研究与基层社会研究的有机结合。强调从中国社会历史的实际和中国人自己的意识出发理解传统中国社会发展的各种现象,在理论分析中注意建立中国人文社会科学研究自己的方法体系和学术范畴。"[②] 这种将研究目标与实践场域相结合的思路,对于深化"地方性知识"研究有积极意义。在田野调查中,家谱、族谱、碑刻等民间留存资料,村民口耳相传的口碑资料,都为研究者揭示的社会文化内涵提供了有效途径,而通过这些资料同样为研究者提供了厚重的历史文化享受。历史人类学通过寻找"地方感"打破了以往受文献记载等因素的制约,使历史学科对区域社会发展的阐释具有更强的一种张力。由此可以看出,区域社会史越来越注重不同区域的具体性和特殊性,在越来越多的个案研究中,"田野调查"的采掘方式成为社会史研究者构造小地方与大历史的一个重要技术途径,在这样一种技术途径中,空间与时间成为社会史研究中两个最重要的维度,其两者之间的辩证关系日渐为学者重视:从文献中认知历史,在空间中感悟历史。"地方性知识"通过研究者的一种身临其境研究,将知识变成了研究者的一种感觉,研究者身份的转换使他们体验到小地方社会中很难由外人所知晓的生活百态,以及当地民众百姓的所知所感。这种直接体验空间历史的方法将文献上的字体变得具体、生动、鲜活了,使地方社会的价值不在是作为一种机械的系统知识存在,而成为研究者的一种丰富的体悟。因此,地方感的提出大大拓展了原有知识框架中所限定的地方社会。在具体实践中,区域社会史学家更加强调走进历史现场去找"地方感",在历史现场可以发现新的材料,不但可以有助于对传统史料的理解,还可以利用现场的景象和实际环境增强问题意识。

---

① 陈春声:《中国社会史必须重视田野调查》,《历史研究》1993年第2期。
② 《华南研究资料中心通讯》第23期,封二,2001年4月15日出版。

此外，由于地方感涉及若干个场域中不同背景的人群构造出一个整体的感觉世界的问题，因此它还成为区域社会史研究的另一种表述。在这个空间中，各种各样的人群都有他们特定感知周边世界的方式，而不是我们在传统历史教课书中被固定化的社会认知。研究者在地方感觉历史事件时往往发现史与实之间的距离，民众的表达也常常是他们对现实生活的解释，而不是历史事实本身，在这样的场景中，历史价值存在于百姓的记忆表达、当地文化的构造以及研究者在实地调查对问题的探究中，"感知地方"在这里成为建构地方与朝廷、国家与社会、过去与现在的一个重要内容。总的来说，通过田野调查与文献解读相结合的方法，更容易发现百姓日常活动所反映出来的空间观念和地域认同意识，以及国家与社会的长期互动中形成的话语背后的历史，这一发现有可能重新解释中国的社会历史。

毋庸置疑，任何一种"地方感"都是在种种无法克隆的"地域特殊"基础上建构起来的。在具体研究实践中，地方感不仅为区域社会史提供了思考的基础，而且为之提供了思考的对象。某一区域特殊的地理位置和自然条件产生其特殊的生产和生活方式，而这种特殊的生产、生活方式，又使其形成独具地域特色的文化背景，俗语讲："五里不同风，十里不同俗"，这种地域文化又对其地域经济和社会发展产生特殊的影响。从这一意义上说，某一区域的历史图像，正是由一个个的具有地域特色的元素所构成的。因此，对于任何一个对地域特色有兴趣的研究者而言，这种地方感的不可复制性是十分显见的。幅员广阔、历史悠久的中国，地方的社会文化具有很大的差异性，如何挖掘区域社会中的"地方性知识"，在区域社会史研究中发现社会发展的节奏并进行大历史叙事，成为区域社会史研究者所要思考的问题。针对以上问题，有学者强调在历史脉络梳理的过程中对所描述的地点要有敏锐的感觉，通过地方感觉中的社会叙述，按照事件发生的先后次序来探索历史的脉动，实际上早在 1949 年，法国著名人类学家克洛德·莱维－斯特劳斯就宣称："他们（历史学家和人类学家）是在同一条道路上、沿着同一方向走着同一个旅程；唯一不同的是他们的朝向。人类学家是朝前行进的，寻求通过他们早已深知的有意识现象获得对无意识的越来越多的了解；而历史学家却可以说是朝后行进的，他们把眼睛死盯着具体和特殊的行为，只在为了一个更全面和更丰富的观点上考察这些行为时才把眼光离开他们。这是一个真正的两面神伊阿努斯。正是这两门学科的结盟才使人们有可能看到一条完整的道路。"① 所以，在追寻区域社会历史的内在脉络时，几乎所有"地方性知识"的研究背后都隐藏着一种探寻普遍意义的宏大叙事目的，小地方实际上全息地反映了多重组合的社会变化历程，这一历程是曾经场景的重建与再现，并有可能孕育生成的"小地方与大历史"的图像展现于世人面前。

---

① 〔法〕克洛德·莱维-斯特劳斯：《历史学与人类学》，载《结构人类学》，谢维扬、俞宣孟译，上海译文出版社 1995 年版，第 29 页。